한국 현대 시인 25인과의 아름다운 만남

한국 현대 시인 25인과의 아름다운 만남

초판　1쇄 발행일_2001년 10월 10일
초판 34쇄 발행일_2025년　5월 20일

지은이 / 정효구
펴낸이 / 박진숙
펴낸곳 / 작가정신
주소 :(10881) 경기도 파주시 광인사길 143 2층
전화 :031-955-6230 | 팩스 :031-955-6294
E-mail:editor@jakka.co.kr
홈페이지:www.jakka.co.kr
출판등록 제406-2012-000021호

ISBN 978-89-7288-155-1  03810

*값은 뒤표지에 있습니다.
*잘못된 책은 바꿔드립니다.

# 시 읽는 기쁨

한국 현대 시인 25인과의 아름다운 만남

정효구 지음

작가정신

| 머리말 |

# 많은 사람들이 시를 사랑할 수 있게 된다면

　시를 공부하기 시작한 지 20년이 넘었습니다. 그동안 참 많은 시를 읽었습니다. 어느 때는 시를 연구하는 학자로, 어느 때는 시를 평론하는 비평가로, 어느 때는 시를 좋아하는 애독자로 시를 읽었습니다. 그러는 동안 우리 시단에 좋은 시가 참으로 많다는 것을 느끼곤 하였습니다. 저는 어느 때부터인가 제가 읽은 좋은 시를 많은 사람들에게 소개하고 싶다는 소망을 갖기 시작했습니다. 저 혼자 좋은 시를 알고 있다는 것이 안타까웠습니다. 이것이 제가 이 책을 출간하게 된 첫번째 이유입니다.

　시에 무관심한 사람이 너무나도 많습니다. 시를 어려워하는 사람도 너무나 많습니다. 시를 두려워하는 사람도 너무나 많습니다. 저는 이런 사람들을 보며 그들의 마음을 돌려놓고 싶었습니다. 시에 관심을 갖게 되면 삶이 깊어지기 때문입니다. 시는 그렇게 어려운 존재가 아니기 때문입니다. 시는 편안한 마음으로 다가갈 수 있는 대상이기 때문입니다. 저는 이 책을 통하여 시로부터 멀리 있거나 시를 어려워하고 두려워하는 사람들을 변화시키고 싶습니다. 이것이 제가 이 책을 출간하게 된 두번째 이유입니다.

　시인이라고 하면 중고등학교 교과서에 나왔던 시인들만을 어렴풋이 알고는 그들이 우리 현대 시인의 전부인 것처럼 느끼고 있는 사람이 참 많습니다. 시인이라고 하면 감상적이며 단순하기 그지없는 대중적인 시인들을 기억하며 그들이 우리 현대 시인의 대표 주자인 줄 아는 사람도 참 많습니다. 시인이라고 하면 저 서양에나 훌륭한 시인이 있는 줄로 착각하는 사람들도 참 많습니다. 저는 이런 사실이 안타까웠습니다. 우리 현대 시단에는 교과서의 위엄과 관계없이 좋은 시인들이 많이 숨어 있습니다. 우리 현대 시단에는 대중성이 떨어진다 해도 문제적인 세계를 지닌 좋은 시인들이 많이 숨어 있습니다. 우리 현대 시단에는 서양의 시인들 못지않게 우수한 시인들이 적잖이 숨어 있습니다. 이런 사실을 시작품을 통해 알리고 싶은 것이 이 책을 출간하게 된 세번째 이유입니다.

　영화를 사랑하는 사람이 참 많습니다. 대중가요를 사랑하는 사람도 참 많습니다. 컴퓨터 게임을 사랑하는 사람도 참 많습니다. 이런 일도 다 좋은 일입니다. 그러나 시를 사랑하는 사람은 그렇게 많지 않습니다. 시를 풍요롭게 읽어낼 수 있는 사람은 더욱더 많지 않습니다. 저는 이런 사실이 안타까웠습니다. 시를 사랑하는 일은 마음속에 자연을 품고 사는 일과 같기 때문입니다. 시를 풍요롭게 읽어낼 수 있다는 것은 자아와 세계를 통찰할 수 있는 힘이 있다는 것이기 때문입니다. 저는 많은 사람들이 시를 사랑하도록 이끌고 싶습니다. 또 많은 사람들이 시를 풍요롭게 읽어낼 수 있도록 도와주고 싶습니다. 이것이 이 책을 출간하게 된 네번째 이유입니다.

시가 죽어가고 있다며 소란을 떠는 사람이 많습니다. 시인들을 시대의 변방으로 밀어내려는 사람들도 많습니다. 시를 장식물처럼 생각하는 사람들도 많습니다. 그러나 시는 강한 생명력을 갖고 내밀한 세계를 활발히 만들어가고 있습니다. 시인들은 시대의 폭력과 관계없이 귀중한 역할을 계속하고 있습니다. 시는 장식물이 아니라 시대의 앞자리에 서서 직관과 상상의 힘을 발휘하고 있습니다. 저는 이런 사실을 알리며 우리 시와 시인들을 보기 좋은 모습으로 살려내고 싶었습니다. 이것이 제가 이 책을 출간하게 된 다섯번째 이유입니다.

아무쪼록 저의 이 책을 통하여 많은 사람들이 시를 사랑할 수 있게 되면 좋겠습니다. 또한 이 책을 통하여 많은 사람들이 그들의 삶을 한 차원 드높게 고양시킬 수 있으면 좋겠습니다. 더 바란다면 이 책이 글을 읽을 수 있는 사람이라면 누구나, 특히 학생들과 일반인들이 우리 시와 가까워질 수 있는 귀중한 기회가 되면 좋겠습니다. 저는 모든 사람들의 마음속에 시심(詩心)이 숨어 있다고 생각합니다. 그리고 때로는 그 시심이 작동을 하며 자신의 존재를 알리기도 할 것이라 생각합니다. 모든 사람들 속에 숨어 있는 이런 시심이 이 책을 통하여 왕성하게 피어날 수 있기를 기대해봅니다.

2001년 9월
정효구

# 차례

머리말 5

천상병_귀천
무한이 부르는 소리, 무한에 다가가는 소리  13

서정주_자화상
한번쯤 '자화상'을 그려보지 않으시렵니까?  27

오규원_프란츠 카프카
오늘 마신 커피는 '프란츠 카프카'였습니다  43

정현종_좋은 풍경
좋은 풍경을 보여드립니다  59

최승호_전집
죽은 후에 무엇을 남기고 싶습니까?  67

김용택_그 강에 가고 싶다
이제, 애가 타게 무엇을 기다리지 않을 때도 되지 않았는가…  77

이기철_벚꽃 그늘에 앉아보렴
벚꽃 그늘에 앉아 쉬어갈 때  91

이준관_여름밤
아름다운 여름밤은 뜬눈으로 새우자  103

안도현_너에게 묻는다
너는 누구에게 한 번이라도 뜨거운 사람이었느냐  115

유하 _ 나무를 낳는 새
**나무는 새의 입 속에 붉은 열매를 넣어주었습니다** 125

기형도 _ 엄마 걱정
**어린 시절의, 조용히 찾아오는 존재론적 고독감** 137

함민복 _ 눈물은 왜 짠가
**당신은 눈물이 왜 짠지 알 수 있습니까?** 147

고정희 _ 상한 영혼을 위하여
**상한 영혼을 치유하고 싶습니까?** 159

장경린 _ 이반 데니소비치의 하루
**우리들의 하루는 어떤 모양을 하고 흘러가는가?** 173

김상미 _ 오후 세 시
**오후 3시의 적막, 그 속에서 마시는 한 잔의 차** 195

김명인 _ 동두천 Ⅳ
**'동두천'에 가보셨습니까?** 211

오탁번 _ 토요일 오후
**이게 구슬이냐? 불알이냐?** 231

이승훈 _ 인생은 언제나 속였다
**인생은 언제나 우리를 속였다? 243**

김승희 _ 세상에서 가장 무거운 싸움 2
**당연한 세계에 소송을 걸어봅시다 253**

감태준 _ 흔들릴 때마다 한 잔
**흔들리지 않는 인생이 어디 있겠습니까? 267**

정진규 _ 놀고 있는 햇볕이 아깝다
**놀고 있는 햇볕이 아깝다는 말씀을 아시나요? 279**

최두석 _ 전쟁놀이
**전쟁이 놀이가 될 수 있나요? 287**

박세현 _ 행복
**'행복'을 무엇이라고 정의내리면 좋을까요? 299**

신현림 _ 아들 자랑
**아직도 아들 자랑으로 인생이 흘러가다니요 311**

황인숙 _ 말의 힘
**말의 힘을 느껴보세요 325**

# 천상병

귀천

## 무한이 부르는 소리, 무한에 다가가는 소리

1930년 경남 창원에서 태어났으며,

1952년 『문예』를 통해 등단했다.

시집으로

《새》《주막에서》

《천상병은 천상 시인이다》《저승가는 데도 여비가 든다면》

《귀천》 등이 있다.

1993년 작고하였다.

# 귀천

### 천상병

나 하늘로 돌아가리라
새벽빛 와 닿으면 스러지는
이슬 더불어 손에 손을 잡고,

나 하늘로 돌아가리라
노을빛 함께 단둘이서
기슭에서 놀다가 구름 손짓하면은,

나 하늘로 돌아가리라
아름다운 이 세상 소풍 끝내는 날,
가서, 아름다웠더라고 말하리라……

어떤 말로 **천상병** 시인에 대한 소개를 시작해야 할까요? 이 땅에 사는 사람들이라면, 게다가 시에 대해 조금이라도 관심이 있는 사람들이라면, 천상병 시인에 대한 한두 가지 이야기쯤은 다 들었을 터이니 말이에요.

편의상 얼마 전 작고한 서정주 시인과 비교해서 말씀드려보자면, 서정주 시인이 교과서적인 위엄을 갖고 있는 시인인 반면, 천상병 시인은 대중적인 친화감을 갖고 있는 시인이라고 하는 것이 좋을까요? 아마도 일반 대중들에게 서정주 시인과 천상병 시인, 두 시인을 놓고 그들 중 누구에게 더 친근감을 느끼느냐고 묻는다면, 모르긴 몰라도 제 짐작에는 천상병 시인이라고 말하는 쪽이 더 많을 것 같습니다. 물론 이것은 시의 수준을 논의하는 문제와는 좀 다른 차원의 것임을 여러분들도 알겠지요.

천상병 시인은 1952년 『문예』지를 통하여 시인으로 등단하였습니다. 그러니까 그가 시를 쓴 것은 1993년도에 세상을 떠나기 전까지, 약 40여 년간이 되는 셈입니다. 그는 이 사이에 《새》(1971),《주막에서》(1979),《천상병은 천상 시인이다》(1984),《저승가는 데도 여비가 든다면》(1987),《귀천》(1989) 등의 시집을 출간하였습니다.

천상병은 서울대학교 상과대학을 졸업하였습니다. 유용성과 이윤을 앞에 놓고 '최소의 노력으로 최대의 효과를 거두자'는 상과대학과 무용성의 즐거움과 진실성을 앞에 놓고 '최소의 노력으로 최소의 결과만을 기대하자'는 시인의 나라 사이에는, 아주 큰 거리가 마치 시장과 사원 사이의 거리처럼 멀게 놓여 있습니다. 그는 한때 상과

대학 출신답게 그에 맞는 직종에서 일을 한 적도 있습니다. 그러나 그는 상과대학 출신으로 그에 걸맞은 회사원 생활을 하면서도 이미 23세 때부터 시인이었습니다.

아시는 분은 아시겠지만 그는 1950년대 한국 시단의 3대 기인으로 불렸습니다. 자신의 명함에 '대한민국 김관식'이라고 찍어 갖고 다닌 서정주의 동서 김관식, 허무를 견디지 못해 바닷물에 흔적도 없이 빠져 죽으려고 허리에 돌멩이까지 두르고 제주행 배를 탔지만 자신이 그토록 좋아하는 술이나 실컷 먹고 죽자며 술을 마시다 그만 술에 취해버리는 바람에 죽을 기회를 잃어버리고 제주도에 닿아 뜻하지 않게 살아버리고 만 고은, 그리고 이 자리에서 우리가 〈귀천〉이라는 작품을 놓고 함께 만나보고자 하는 천상병, 이들 세 시인을 사람들은 1950년대의 기인이라고 불렀습니다.

지금까지 사람들은 이들을 기억하고 그들의 이러한 기이한 행동에 애정을 보입니다. 그것은 시인의 초월적인 행동을 수용할 만한 여유가 있다는 의미가 되기도 하겠지요. 그런가 하면 이런 자유분방한 행위, 아니 일탈적인 행위가 은근히 부럽다는 뜻을 드러내는 것이기도 하겠지요. 저는 인간사 속에 숨어 있는 이런 부분들을 소중하게 여깁니다. 현실적인 우리들의 삶은 너무나도 빡빡합니다. 도대체 너그러움이니 여유니 하는 것을 찾기가 쉽지 않습니다.

천상병 시인은 1960년대의 이른바 '동백림 사건'에 연루된 후유증으로, 기인에서 폐인으로 전락하였습니다. 아니 승격하였습니다. '동백림 사건'으로 인한 그의 고통을 알면서도 '승격'이란 말을 사용할 수 있는 것은 그를 '아름다운 폐인'으로 부를 수 있기 때문입니다. 다들 알다시피 천상병은 그의 아내가 인사동의 두 평 남짓한 좁은 공간에서 '귀천'이라는 찻집을 경영하는 덕에 먹고살았습니다. 폐인이 된 이후 천상병은 직업이 없었습니다. 그는 시인일 뿐이었습니다. 그는 기인이라고 불리던 당시부터도 남의 돈을 당당하게(?) 얻어 쓰며 산 것으로 유명했는데, '아름다운 폐인'이 된 이후로는 아내에게 하루치의 용돈을 당당하게(?) 받아서 살았다고 합니다. 정확한 액수는 모르겠으나 그가 하루에 받은 돈은 막걸리 한 병과 담배 한 갑을 살 수 있는 정도의 것이었다고 합니다. 그에게는 그 이상의 돈이 필요하지 않았습니다. 그는 사회인이라기보다 자연인에 가까웠습니다. 하지만 그는 그렇게 받은 용돈을 쓰고 그것이 조금 남으면 모았다가 생일날 아내에게 선물을 했다고 합니다. 이런 이야기들은 소문의 성격을 지니고, 그런 과정에서 왜곡되거나 과장되기 쉽기 때문에 사실 어디까지가 진실인지 우리는 알기 어렵습니다. 하지만 그것이 전달되는 과정에서 왜곡되고 과장되었다 하더라도 위와 같이 꾸며진 이야기는 우리의 삶을 한번쯤 새롭게 성찰할 수 있는 기회를 가져다 줍니다.

이런 '아름다운 폐인', 또 다른 말로 하면 '위대한 폐인' 천상병 시인이 1993년 천상으로 떠났습니다. 그 아내의 찻집 이름처럼, 그의 시작품 이름처럼 그는 '귀천(歸天)'하였습니다. 그가 남긴 것은 수많은 사람들에게 읽히곤 했던 〈귀천〉이란 시와 그 시를 포함한 몇 권의 시집뿐이었습니다. 아닙니다. 저는 사실 다른 말을 하려고 했습니다. 그가 귀천한 후 남긴 가장 실질적인 것은 그의 장례식 덕택에 들어온 얼마간의 부조돈이었습니다. 그가 세상을 떠나면서 가족에게 남겨준 유일한 재산이라고 합니다.

그런데 사건이 발생하였다고 들었습니다. 저는 이 사건의 실상을 일간신문에서 보았습니다. 처음으로 그렇게 많은 돈을 가져본 아내와 천상병의 모친이 이 돈을 도둑의 손이 타지 않게 잘 간수한다며 궁리 끝에 연탄 아궁이 아래에 넣어두었다는 것입니다. 그런데 이게 웬일입니까? 기억력이 좋지 못한 천상병 시인의 모친이 그만 이 사실을 잊고 아궁이에 연탄불을 사르고 만 것입니다. 그곳에 보물처럼 숨겨놨던 돈을 이런저런 모양으로 탄 채 꺼냈다는데 그 돈을 과연 은행에서 새 돈으로 교환해줄 수 있을지가 의문이라는 기사를 읽은 적이 있습니다. 그 후일담이 궁금하였지만 어쩌다 보니 저는 그 후일담을 입수하지 못하고 말았습니다.

기인이란 말은 너무 재미없습니다. 그는 '아름다운 폐인'이자 '위대한 폐인'이고, 더 나아가 '영원한 자유인'이었습니다. 그가 이렇게 불릴 수 있는 것은 단지 그의 행동거지 때문만은 아닙니다. 그와 더불어 그의 시가 그를 이렇게 불러도 좋다고 허락할 만큼 뒷받침하고 있기 때문입니다. 그러면 이제 그의 시를 만나보기로 하겠습니다.

누군들 죽음이 오면 우주 속으로 돌아가지 않겠습니까? 인간뿐만 아니라 생명을 가진 모든 것들은 그것이 미생물이라 할지라도 다 죽음과 더불어 우주 속으로 돌아가고야 맙니다. 그런데도 우주 속으로 선뜻 돌아가고 싶은 자가 누가 있겠습니까? 역시 생명을 가진 모든 것들은 그들만의 세상에서 생명의 끈을 가능하면 길고 길게 연장하고 싶은 욕망에서 벗어날 수가 없습니다. 인간이 그렇듯이 다른 모든 생명들도 다 마음 깊은 곳에서는 '영생'을 꿈꿀 것으로 보입니다.

사정이 이러하니 누군들 죽음이 두렵지 않겠습니까? 죽음만큼 우리를 불안하게 하는 것이 어디 있습니까? 그러므로 '죽어도 좋다'는 각오만 있다면 이 세상에서 무서울 것이 무엇이 있겠습니까? 우리가 이 세상에서 눈치보며 아첨하고 비굴해 하고 불안해 하는 것도 사실상 그 밑바닥을 적나라하게 들춰보면 죽음에 대한 공포 때문이 아닙니까? '죽어도 좋다'고 생명을 포기할 수가 없기 때문입니다. 그렇게 말할 자신이 없기 때문입니다. 그러므로 죽음과 화해하는 일만큼 어려운 일은 없습니다. 죽음과의 화해가 이루어졌다면 저는 그런 사람을 가리켜 '도인'이라고, '깨달은 자'라고 기꺼이 불러줄 수 있을 것 같습니다.

마찬가지로 가난을 두려워하지 않는 자가 얼마나 되겠습니까? 가난이 두렵지 않을 수 있다면 우리들은 얼마나 떳떳하고 자유롭게 살아갈 수 있겠습니까? 천상병 시인이 폐인이면서도 그 앞에 '아름다운' '위대한' '자유로운' 등과 같은 최고의 형용사를 부여받을 수 있었던 것은 이 엄청난 탐욕의 시대에 가난을 두려워하지 않았기 때문입니다. 실제로 우리가 가난을 두려워하는 것도 궁극적으로는 가난이 죽음을 가져올 것이라 생각하기 때문입니다. 하지만 가난보다 더 직접적인 얼굴로 우리에게 담판을 지으며 달려오는 것이 죽음입니다. 그 죽음 앞에서 누가 쉽게 초연해질 수 있겠습니까?

천상병 시인의 시 〈귀천〉이 수많은 사람들로부터 사랑을 받는 까닭은 이 엄청난 공포의 대상을 전혀 공포스럽지 않은 존재로 바꾸어 놓았기 때문입니다. 죽음과의 화해를, 이 시인이 먼저 아주 적극적으로, 그리고 자연스럽게 이룩해내었기 때문입니다. 이 시의 전문을 여기에 적어보기로 하겠습니다.

나 하늘로 돌아가리라
새벽빛 와 닿으면 스러지는
이슬 더불어 손에 손을 잡고,

나 하늘로 돌아가리라

노을빛 함께 단 둘이서
기슭에서 놀다가 구름 손짓하면은,

나 하늘로 돌아가리라
아름다운 이 세상 소풍 끝내는 날,
가서, 아름다웠더라고 말하리라……

— 〈귀천〉 전문

　위 시는 감상적인 '사(死)의 찬미'를 부른 것이 아닙니다. 저 1920년대 한국의 현대적인 희곡작가 김우진과 명가수 윤심덕이 현해탄에 몸을 던진 그런 '사(死)의 찬미'류가 아닌 것입니다. 더욱이 이 시는 가학적인 죽음이나 자학적인 죽음을 말하는 것도 아닙니다. 또한 이기적인 죽음이나 이타적인 죽음을 말하는 것도 아닙니다. 세속적인 죽음의 냄새가 맡아지지 않는 '아주 잘 익은 죽음'을 여기서 만나볼 수 있습니다. 저는 이것을 가리켜 죽음과 화해한 자가 부를 수 있는 긍정적인 노래라고 말하려 합니다.
　위 시를 보면 죽음에 대한 아무런 원망이 없습니다. 세속사에 대한 아무런 미련이 없습니다. 죽음을 맞이한 자는 심리적으로 '부정 – 분노 – 좌절 – 체념 – 수용'이라는 다섯 단계의 과정을 겪는다고 들었습니다. 저는 여기에다 한두 가지 요청 사항을 더 덧붙이고 싶습니다. 그것을 저는 천상병 시인의 위 시에서 암시받았습니다. '부정과 분노와 좌절과 체념과 수용'의 과정을 거친 다음 '긍정적인 화해와 자연스런 승화'의 과정이 뒤따라야 하지 않겠느냐는 생각입니다. 천상병 시인의 위 시가 감동적이고 아름다운 것은 죽음이란 문제를 말하면서 그것을 '긍정적인 화해와 자연스런 승화'의 시간으로

소화시켜 노래했기 때문이라고 봅니다.

  천상병 시인의 위 시는 총 3연의 각 연마다에서 약속이나 한 듯 "나 하늘로 돌아가리라"라고 말합니다. 그는 생명을 빼앗기거나 잃은 것이 아니라 그 스스로가 자발적으로 생명을 다른 곳으로 옮겨놓은 것으로 표현했습니다. 그러므로 "나 하늘로 돌아가리라"라는 그 말 앞에서 우리는 상실감을 느끼기보다 또 다른 생의 형태를 만나는 듯합니다. 얼마나 죽음과 친해지면, 또 얼마나 세속사에서 자유로워질 수 있으면 "나 하늘로 돌아가리라"라고 아무런 인간적 격정을 섞지 않고 담담히 말할 수 있을까요? 죽음에 끌려다니지 않고, 대신 죽음을 끌고 다닐 수 있는 사람 앞에서 우리는 적잖이 감동합니다. 그런 사람은 영웅처럼 보입니다. 영웅이라는 말에서 세속의 권력 냄새가 난다면, 저는 이 말을 고쳐서 그런 사람은 자유인처럼 보인다고 말하겠습니다.

  그러나 저는 한편 생각합니다. 이 시가 씌어지기 이전의 단계까지, 천상병 시인 역시 육신을 가진 한 인간으로 죽음 앞에서 '부정 – 분노 – 좌절 – 체념 – 수용' 등과 같은, 지극히 인간적인 과정을 거쳤을 것이라고요. 그렇지만 그는 위 시에서 이 과정을 넘어선 자의 말을 들려주었습니다.

  그렇다면 그는 어떻게 "나 하늘로 돌아가리라"라고 말한 것일까요? 우선 제1연을 보겠습니다. 그는 이곳에서 다음과 같이 말합니다.

    나 하늘로 돌아가리라
    새벽빛 와 닿으면 스러지는
    이슬 더불어 손에 손을 잡고,

위의 인용문을 보건대, 천상병 시인은 새벽빛이 비추면 금세 스러지고 마는 이슬의 손을 잡고 하늘로 돌아가겠다는 것입니다. 이슬은 물이지만 공기입니다. 그것은 땅의 공기 방울이지요. 그러므로 이슬은 어느 것보다도 아침이 되면 먼저 천상으로 돌아갈 채비를 합니다. 이슬이 떠난 자리에는 아무런 흔적도 없습니다. 다만 인간들의 추억 속에 이슬이 앉았다 떠난 자리가 남아 있고, 그 지상의 공기 방울 때문에 아침이 아름다웠다는 감탄의 흔적이 어딘가에 자리잡고 있지요. 천상병은 이슬과 손잡고 공기의 이미지로 하늘로 사라지고 싶다는 소망을 말한 것입니다. 여기서 이슬과 천상병 시인은 한 몸입니다. 천상병 시인은 이슬을 닮고, 이슬은 천상병 시인을 닮은 것입니다. 혹자는 말할 것입니다. 진정 죽음의 고통 속에서 이렇게 말할 수 있는 것이 가능하겠느냐고 말입니다. 그렇습니다. 저도 이 물음 앞에서 어떻게 말해야 할지 자신은 없습니다. 그러나 천상병 시인의 시에 나오는 정황처럼 죽음을 맞이하고 싶은 소망만은 강렬하다고 말할 수 있습니다.

천상병 시인은 위 시의 제2연에서 다시 다음과 같이 말합니다.

나 하늘로 돌아가리라
노을빛 함께 단 둘이서
기슭에서 놀다가 구름 손짓하면은,

풀어서 말하자면, 노을빛과 함께 놀다가 하늘의 구름이 오라고 손짓하면 즐거이 하늘로 돌아가겠다는 것입니다. 왜 이 부분을 읽는데 저의 머리 속에 갑자기 몽골의 초원과 하늘이 떠오르는지 모르겠습니다. 몇 해 전 여름, 몽골에 갔을 때, 저는 그 끝도 없는 녹색의 초원 위로 구름 한 점 없는 그 높디높은, 그 맑디맑은 하늘을 보며 정신을 차릴 수가 없었습니다. 그것은 죽어도 좋을 것 같은 풍경이었습니다. 에덴 동산이 있다면, 아니 무릉도원이 있다면 이런 곳을 지칭하는 것이 아닌가 하는 생각이 떠나질 않았습니다. 그런 하늘에 저녁이 되자 노을이 몰려왔습니다. 그리고 그 푸르디푸른, 높디높은, 맑디맑은 하늘에 구름 한 점이 손님처럼 찾아왔습니다. 천상병 시인의 위 인용문처럼 저는 순간적으로 그 초원 위에서 노을빛과 놀다가 손님처럼 찾아온 구름을 따라 하늘로 오르고 싶었습니다. 끝도 없는 푸른 초원은, 서울 종로 거리를 거닐 때처럼 저로 하여금 탐욕의 바지저고리를 잡고 허덕이게 하는 것이 아니었습니다. 그곳에서 저는 날개 없이도 날 수 있을 것 같았습니다. 날면 날아오를 것 같았습니다. 위에 인용한 천상병 시인의 시 제2연은 세속사를 넘어선 자가 이미 우주적 존재들과 노닐면서 그들이 눈짓만 살짝 하면 금방 승천, 아니 귀천하겠다는 시인의 탈속한 의지를 담아내고 있습니다.

이제 마지막으로 제3연을 보아야 하겠습니다. 이 제3연은 앞의 제1연과 제2연을 받침돌로 삼으면서 천상병 시인의 가장 빛나는 정신세계를 압축시켜놓고 있습니다. 역시 제3연의 전문을 다시 인용해봅니다.

나 하늘로 돌아가리라
아름다운 이 세상 소풍 끝내는 날,
가서, 아름다웠더라고 말하리라……

천상병 시인은 이승과 저승, 현실과 천상을 악과 선의 대비 구도로 만들어놓지 않았습니다. 사람들은 죽어서 가야 할 하늘나라(우주)도 두려워하면서 그들이 사는 현실 또한 두려움 속에서 온갖 험담으로 비난합니다. 눈에 보이는 이승에서의 생은 고단하고, 알 수 없는 하늘나라는 불안하기 때문이겠지요. 그런데 천상병 시인은 현실과 천상을 모두 긍정하는 새로운 면모를 보여주었습니다. 그에게 이 현실에서의 유한한 생은 고달픈 역경의 나날 같지 않고 아름다운 소풍날처럼 인식되었습니다. 누구는 이런 천상병 시인의 세계 인식을 두고 사회의식의 부재를 거론하기도 할 것이고 현실 인식의 관념성을 지적하기도 할 것입니다. 물론 그럴 수 있습니다. 리얼리즘의 입장에서 보면 그런 세계 인식이야말로 인간사의 적나라한 현실과 맞지 않으니까요.

  그러나 우리는 다시 생각해볼 수 있습니다. 시에는 여러 종류의 시가 있다는 사실을 전제하고 볼 때, 천상병 시인의 위 시는 초월을 꿈꾸는 시의 일종이기 때문입니다. 시란 소설과 달라서 초월을 꿈꾸는 데서 그 힘을 얻는 경우가 일반적이지요. 그것이 비록 환각이라 할지라도 초월을 지향하는 데는 힘이 있고, 그 초월의 일종인 환각 자체에도 힘이 있습니다. 그러므로 시는 언제나 낭만성과 이상성을 저변에 깔고 있습니다. 한번 생각해보십시오. 낭만성과 이상성이 없는 세상은 제도와 법과 이성만이 판치는 '편리한 감옥' 같지 않겠습니까? 낭만성과 이상성은 우리를 행복하게 만들어줍니다. 이것은 편리함과는 다른 차원의 것이지요.

  다시 〈귀천〉의 제3연을 두고 이야기를 더 나누어보겠습니다. 천상병 시인은 인생이 무거워서 허덕이는 중생들 앞에서 '뭐 그럴 것 있니? 인생은 아름다운 세상으로 소풍 온 것과 같아'라고 말하며, 우리의 옆구리를 툭툭 친 후 히히 웃습니다. 저는 여기서 또 상상력을 발동시켜 한마디 더 거들고자 합니다. 아마도 천상병 시인은 '야,

뭐 그리 심각하게 구니? 모든 부정은 긍정을 전제로 해야 돼. 그러니까 너의 소풍 장소는 아름다웠다고, 너의 소풍도 재미있었다고 긍정하는 것이 옳아. 나는 그렇게 생각하고 이 세상을 떠난다', 이렇게 말하고 싶었을 것이라 생각됩니다. 그러므로 그는 자신의 시 〈귀천〉을 "아름다운 이 세상 소풍 끝내는 날,/ 가서, 아름다웠더라고 말하리라……"라고 말했던 것이 아닐까요?

인생 혹은 죽음 앞에서 천상병 시인이 보여준 이런 태도는 우리 모두의 숨은 소망을 반영하는 것일 터입니다. 우리가 그렇게 인생 혹은 죽음을 맞이할 수 없기 때문에, 천상병 시인의 이 긍정성과 무심성과 천진성과 초월성과 무한성이 더욱 가슴 깊이 파고드는지 모르겠습니다. 그러나 아름다운 세상과 아름다운 소풍과 아름다운 죽음은 이 땅에 사는 인간들 모두가 노력하며 만들어가야 할 영원한 숙제입니다.

글을 끝내려니 1980년대 초 제5공화국 시절, 필화 사건으로 고초를 당하다 실패한 현실인으로 전락한, 그러나 타고난 자질로 아름다운 서정시인이 되어 노래하며 살다 일찍이 43세(1988년)에 세상을 떠난 박정만 시인의 마지막 시가 떠오릅니다. 올(2000년) 봄 그의 시비가 지인들에 의하여 세워졌다는 소식을 접하고 보니 더욱 그의 시가 생각납니다. 그 시는 딱 두 행입니다.

나는 사라진다
저 광활한 우주 속으로
— 박정만의 〈종시(終詩)〉 전문

박정만 시인도 사라졌고, 천상병 시인도 사라졌습니다. 두 사람다 시대의 피해자입니다. 광활한 우주 속에서, 그래도 그들은 '아름다운 이 세상에서의 소풍날'을 추억하며 이야기를 나누고 있을까요? 모를 일이지요. 그러나 저는 시와 시인의 존재 이유인 승화와 초월의 힘을 믿습니다.

# 서정주

자화상

## 한번쯤 '자화상'을 그려보지 않으시렵니까?

1915년 전북 고창에서 태어났으며,

1936년 『동아일보』 신춘문예를

통해 등단했다.

시집으로 《화사집》

《귀촉도》《질마재 신화》

《미당 서정주 시전집》 등이 있다.

2000년 작고하였다.

## 자화상

　　　　서정주

애비는 종이었다 밤이 깊어도 오지 않았다.
파뿌리같이 늙은 할머니와 대추꽃이 한주 서 있을 뿐이었다.
어매는 달을 두고 풋살구가 꼭 하나만 먹고 싶다 하였으나…… 흙으로 바람벽한 호롱불 밑에
손톱이 까만 에미의 아들.
갑오년이라든가 바다에 나가서는 돌아오지 않는다 하는 외할아버지의 숱 많은 머리털과
그 크다란 눈이 나는 닮었다 한다.
스물세 해 동안 나를 키운 건 팔할이 바람이다.
세상은 가도가도 부끄럽기만 하더라.
어떤 이는 내 눈에서 죄인을 읽고 가고
어떤 이는 내 눈에서 천치를 읽고 가나
나는 아무것도 뉘우치진 않을란다.

찬란히 틔워오는 어느 아침에도
이마 우에 얹힌 시의 이슬에는
몇 방울의 피가 언제나 섞여 있어
볕이거나 그늘이거나 혓바닥 늘어트린
병든 수캐만냥 헐떡거리며 나는 왔다.

**서정주**, 아마도 해방 이후 한국에서 제도권 내의 교육을 받은 사람이라면 그를 모르는 경우가 거의 없을 것입니다. 그만큼 서정주의 이름은 이 땅에 널리 알려져 있고, 그는 명실공히 한국의 대표적인 시인으로 손꼽혀왔습니다. 그러나 그의 이름이 너무나도 널리 알려져 있기 때문에, 그리고 그의 이름과 시를 권위적인 교과서를 통하여 만나기 시작한 사람들이 상당히 많기 때문에, 진정 서정주의 시를 깊이 읽어보고 사랑한다는 말을 할 수 있는 사람이 얼마나 될 것인가 하는 의문은 사라지지 않습니다. 하지만 저는 감히 말할 수 있습니다. 모든 선입견을 다 던져버리고 서정주 시와 허심한 마음으로 직접 대면하는 시간을 갖게 된다면, 그의 시를 사랑하지 않을 수 없을 것이고 그를 시인 중의 시인으로 손꼽는 데 주저할 수 없을 것이라고 말입니다.

서정주는 지금(2000년) 86세입니다. 그는 1915년생입니다. 1930년대에 활동한 시인 이상(李箱)이 1910년생이고, 〈서시〉의 시인으로 사랑받아온 윤동주가 1917년생이니까 서정주는 이들과 동세대의 시인인 셈입니다. 그러나 이상은 28세라는 나이에 세상을 등지고 말았습니다. 윤동주 역시 29세라는 나이에 잽싼 걸음으로 세상과 이별하였습니다. 시인도 오래 살 수 있다는 사실을 희망적으로 보여준 서정주 시인도 요즘은 질병을 앓고 있습니다. 심장에 물기가 말라가는 질병이라고 시인 스스로 말하는 소리를 들었습니다(아! 그런데 안타깝게도 제가 이 글을 쓰고 얼마 지나지 않아 저는 서정주의 부음을 접해야 했습니다. 그는 2000년 12월 24일, 그가 오래 살았던 사당동 예술인 마을 자택에서 아내 방옥숙 여사가 세상을 떠난 지 두어 달 남짓 된 시간에 그의 아내를 따라 이 세상과 이별한 사람이 되고 말았습니다). 서정주 시인은 그가 이런 심장병을 앓고 있다는 사실 앞에서 다음과 같이 시인다운 말을 감동적으로 하였습니다.

그 왜 있지 않나? 나는 시인이니까, 내가 한 60년이 넘도록 시를 써왔으니까, 그동안 내가 심장을 어지간히 흥분시키지 않았겠는가? 시인은 심장으로 시를 쓰는 것인데 내가 60년이 넘도록 시를 썼으니 심장병을 앓게 된 일은 아주 자연스럽고 시적인 일이라고 생각하네.

저는 서정주 시인의 이 말을 들으면서 불현듯 그의 격정적인 초기 시가 떠오르는 것을 어찌할 수 없었습니다. 그리고 심장에 물기가 유난히도 많은 사람들, 그들이 시인들인지도 모른다는 생각을 하였습니다. 그 가운데서도 서정주의 심장에 그 어느 때보다도 물기가 많았던 시절의 시, 다시 말해 그의 심장이 그 어느 때보다도 격하게 요동치던 청년기의 시 〈자화상〉을 떠올리지 않을 수가 없었습니다. 고백하건대 저는 제가 나이를 먹을수록 그가 청년기에 쓴 시 〈자화상〉이 더욱더 살을 에듯 제 몸 속으로 감동의 물결을 이루며 스며들곤 하는 것을 느끼곤 하였습니다. 그러던 참에 심장을 한 60년이 넘도록 격하게 써왔으니 시인이 심장병을 앓는 것은 진정 시인답지 않느냐는 서정주의 말을 듣자 저는 그 말 앞에서 혼자 속울음을 울지 않을 수가 없었습니다.

많은 시인들이 다양한 형태로 '자화상'이란 제목으로 시를 씁니다. 많은 화가들이 다양한 형식으로 '자화상'이란 제목으로 그림을 그립니다. 어디 예술가들뿐이겠습니까? 보통 사람들도 자신들의 자화상을 머리 속에 써보거나 그려봅니다. 아니 일기장 한구석에 써보거나 그려봅니다. 그것도 아니라면 낙서장에 자신의 자화상을 써보거나 그려봅니다.

'나는 누구인가?'라는 물음과 '나는 어떻게 살아가야 할 것인가?'라는 물음을 간직한 사람이라면 그가 누구든 자화상을 떠올려 보았을 것이라고 짐작됩니다. 그리고 모든 사람들은 다 자신들이 쓰거나 그린 이런 자화상에 대하여 상당한 애착을 가질 것이라 짐작됩니다. 자화상은 그만큼 우리의 나르시시즘적인 본능을 촉발합니다. 아니, 우리의 자아 검열 욕구를 채워줍니다. 저는 참으로 많은 시인들이 쓴 '자화상'이란 제목의 시를 읽어보았지만 그 가운데서도 서정주의 〈자화상〉이야말로 우리 시단이 낳은 최고의 자화상이라고 평가하는 데 주저하지 않습니다.

애비는 종이었다 밤이 깊어도 오지 않았다.
파뿌리같이 늙은 할머니와 대추꽃이 한 주 서 있을 뿐이었다.
어매는 달을 두고 풋살구가 꼭 하나만 먹고 싶다 하였으나…… 흙으로 바람벽한 호롱불 밑에
손톱이 까만 에미의 아들.
갑오년이라든가 바다에 나가서는 돌아오지 않는다 하는 외할아버지의 숱많은 머리털과
그 크다란 눈이 나는 닮았다 한다.
스물세 해 동안 나를 키운 건 팔할이 바람이다.
세상은 가도가도 부끄럽기만 하더라.
어떤 이는 내 눈에서 죄인을 읽고 가고
어떤 이는 내 눈에서 천치를 읽고 가나

나는 아무것도 뉘우치진 않을란다.

찬란히 틔워오는 어느 아침에도
이마 우에 얹힌 시의 이슬에는
몇 방울의 피가 언제나 섞여 있어
볕이거나 그늘이거나 혓바닥 늘어트린
병든 수캐만냥 헐떡거리며 나는 왔다.
— 〈자화상〉 전문

  이 시는 서정주의 첫 시집 《화사집》(1938년)에 실려 있습니다. 사실 시인의 시쓰기란 '도대체 나란 누구인가?' '도대체 나란 어떤 존재인가?' '도대체 나는 진정으로 잘 살고 있는 것인가?'와 같은 물음을 갖는 일로부터 시작될 수밖에 없지요. 그런 물음이 전제되지 않는다면 시를 쓸 욕구가 생기지 않을 터이니까요. 여기서 좀더 확대시켜본다면 '세계란 도대체 어떤 존재인가?' 혹은 '세계란 도대체 어떤 의미를 갖고 있는가?'와 같은 물음을 갖기 시작할 때 시쓰기가 시작된다고 말할 수 있겠지요. 세계에 대한 궁금증이 없는 자가 어떻게 시를 쓸 수 있겠어요. 이런 점에서 서정주의 위 시는 진정한 시인이 되기 위한 '입사식 작품' 같은 것으로 볼 수도 있습니다.
  저는 저의 자화상을 그려 보이기가 겁이 납니다. 자화상을 그려 보이려면 더 이상 내려갈 수 없을 만큼의 깊이까지 심층적인 자기 분석을 감행해야 하고 그 분석 내용을 백일하에 고백해야 하는데 저에게는 그런 용기가 없는 것인지도 모릅니다. 그것을 달리 말하면 아직도 제가 가면을 쓰고 살아가려는 사람이라는 징표일지 모릅니다. 그러기에 서정주의 시 〈자화상〉을 제가 좋아하는지도 모를 일입니다. 언제쯤 저도 제대로 된 자화상을 하나쯤 그려 보일 수 있을지 모르겠으나, 한 가지 분명한 것은 앞서 말했듯이 적나라하게 심층적으로 자기 분석을 감행하고 그것을 자연스럽게 고백하며 승화시킬 수 있을 때, 비로소 한 인간은 그의 존재 전체, 그의 인생 전체와 화해를 이룩하고 평화로운 삶을 살 수 있을 것이라는 점입니다.

서정주는 그의 시 〈자화상〉의 첫 구절을 "애비는 종이었다"로 시작하였습니다. 무척이나 파격적인 선언입니다. 저는 서정주의 이 고백적인 선언 앞에서 그와 손이 부스러질 정도로 깊고 따스한 악수를 나누고 싶습니다. 그것은 "애비는 종이었다"는 이 말이야말로 '나는 종이었다'는 그 말보다도 더 고백하기 힘든 말이기 때문입니다. 사실 우리가 원한 바도 아닌데, 부모들은 일방적으로 우리에게 몸을 물려주고, 게다가 성까지 물려주었습니다. 어디 그뿐인가요? 부모들은 그들의 신분까지도 함께 원하지 않는 우리에게 물려주었습니다. 그래서 우리는 항상 누구의 아들이고 딸이었습니다. 그러므로 부모는 항상 우리에게 애증의 대상입니다. 시인 장정일은 "아버지가 죽은 날 나는 만세를 불렀다"고 말했습니다. 시인 기형도는 초등학교 시절 "선생님 가정방문은 가지 마세요"라고 애원하며 병든 아버지가 넘겨준 무겁고 가난한 유산 앞에서 비틀거리며, 하교길에 "월말 고사 상장을 접어 개천에 종이배로 띄"워버렸습니다.

그러나 장정일처럼 아버지가 죽은 날 만세를 불러도, 기형도처럼 가정방문을 거부해도, 아버지의 유산은 언제나 우리의 몸 속에 들어와 앉아 있습니다. 이것을 가리켜 인간의 운명적인 '역사성'이라고, 이러한 우리들을 가리켜 불가피한 '역사적 존재'라고 그럴듯한 추상적 용어로 설명할 수 있을까요? 이런 점에서 역사성과 역사의 연속성은 강한 폭력적 실체입니다. 끊으려 해도 끊을 수가 없기 때문입니다. 그러기에 서정주는 "애비는 종이었다"는 고백으로부터 〈자화상〉을 쓸 수밖에 없었는지 모릅니다. 그것을 고백하지 않고는 자신의 정체성을 도저히 만들어갈 수가 없었던 것으로 보입니다.

"애비는 종이었다"라고 고백할 때, 서정주의 심정은 어떠했을까요? 실제로 서정주의 아버지는 그의 고향 고창에서 만석군 지주로 군림한, 현재 『동아일보』의 설립자이고 고려대학교의 설립자인 인촌 김성수 집안의 마름이었다고 합니다. 서정주의 고향 마을에 가서 서정주가 살았던 초라한 세 칸 집과 김성수 일가가 살았던 대궐 같은 집을 함께 본 사람은 당시의 정황을 어렴풋하게나마 상상할 수 있을 것입니다. 물론 서정주가 여기서 고백한 "애비는 종이었다"는 말이 사실과 다른 상상력의 산물이라도 상관없습니다. 어쨌든 우리는 이 고백적인 문장으로부터 나라는 존재의 자기 규정이 독립된 나 자신으로부터 시작되지 않고 아비로 상징되는 부모 혹은 조상으로부터 시작된다는 이 사실을 직시하게 되고, 더 나아가 이런 인간 존재의 역사성 때문에 못난(?) 조상의 자식들은 태어날 때부터 죽을 때까지 무겁기 그지없는 운명적인 짐을 지고 허덕인다는 걸 인식하면 그만이기 때문입니다. 우리는 자신이 못난 조상의 자식임을 인정하는 것으로부터 자신의 자화상을 써내려가야만 할 때, 아니 잘난 조상이라 할지라도 그 존재 자체가 부담으로 작용할 때, '나는 고아이다' '나는 부모도 조상도 없다' '나는 나일 뿐이다'라고 자신을 단독자로 규정하고 싶은 욕구를 느낄 것입니다. 이것은 도덕적 차원을 넘어선 인간 존재의 솔직한 내면세계를 알려주는 부분입니다.

그러나 서정주는 '나는 고아이다'라고 말하지 않고, "애비는 종이었다"라고 말했습니다. 그는 자신의 운명을 수락했습니다. 자신에게 불가항력적으로 덮쳐온 운명과 화해하고자 했습니다. 그러나 그 화해는 '아픈 화해'이자 '슬픈 화해'였습니다. 그런 아버지는 "밤이 깊어도 오지 않았다"고 말한 데서 드러나듯이 고단한 인생을 사는 분이었습니다.

그런 서정주의 집에는 "파뿌리같이 늙은 할머니와 대추꽃이 한 주 서 있을 뿐이었다"고 했습니다. 아버지가 없는 자리에 파뿌리같이 늙은 할머니와 대추나무 한 그루가 서서 집 안을 지키고 있었던 것입니다. "파뿌리같이 늙은 할머니"는 얼마나 힘없는 존재인가요? 한 그루의 대추나무 또한 얼마나 무력한 존재인가요? 그렇지만 이렇게 연약한 것들이라도 그들이 있음으로 해서 서정주의 어린 시절은 얼마간 위안받을 수 있었을까요? 아니면 더 처량한 느낌을 받았을까요? 밤이 깊어도 아버지가 돌아오지 않는 그 허허로운 집 안에, 연약하고 무력하기 짝이 없는 할머니와 대추나무만이 무심하게 한 그루 서 있던 것이 서정주의 집 안 풍경인 것이었습니다. 이것이 그의 자화상 첫 페이지를 장식하는 내용입니다. 그에게 이것은 그의 자화상을 그리고자 할 때 잊을 수 없는 초벌그림 같은 것이었습니다.

서정주의 자화상 그리기는 아버지를 기억하는 것에서 할머니와 대추나무를 기억하는 것으로, 다시 할머니와 대추나무를 기억하는 것에서 어머니를 기억하는 것으로 이어집니다. 이렇게 차례로 기억의 실타래에 묻어 나온 서정주의 가족사 속에서, 어머니는 "달을 두고 풋살구가 꼭 하나만 먹고 싶다 하였으나" 그 풋살구를 먹을 수 없는, 가난한 가정의 임신부였습니다. 상상하건대 남편조차 들어오지 않는 깊은 밤에 달은 휘영청 밝게 떠올랐던 것 같습니다. 임신부인 서정주의 어머니는 입덧을 하면서 달을 보고 풋살구가 먹고 싶었던 것 같습니다. 그렇지 않다면 달을 보고 풋살구를 먹게 해달라고 소원을 말했던 것 같습니다. 그러나 그렇게 먹고 싶은 풋살구를 이 임신부는 먹을 수 없는 처지였습니다. 그 역시 종인 남편의 아내이며, 가난한 시대의 가난한 가정에서 살아갈 수밖에 없는 존재이기 때문입니다. 어린 서정주의 기억 속에 이것은 강력한 그림자로 남아 있습니다.

아, 그렇다면 이런 가정 속의 서정주는 어떤 모습을 하고 있었던 것인가요? 서정주는 자신의 유년을 다음과 같이 회상하였습니다.

흙으로 바람벽한 호롱불 밑에
손톱이 까만 에미의 아들.

그는 종인 아비의 아들이면서 동시에 풋살구를 먹을 수 없는 가난한 어미의 아들이었던 것입니다. 그 아비와 어미의 아들인 서정주는 "흙으로 바람벽한" 초라한 집의, '호롱불'로 어둠을 가까스로 거두어내고 있는 가난한 집의, 미처 부모의 손길이 미치기 어려웠던 여유 없는 집의, 손톱이 까만 시골 아이였던 것입니다.

방금 보았듯이 그는 내세울 것 하나 없는 유년기의 소년입니다. 아버지도, 할머니도, 어머니도, 그에겐 후광으로 작용하지 않습니다. 철부지 소년은 어렴풋이 그가 놓인 어둠의 자리, 슬픔의 자리, 비애의 자리, 고독의 자리, 서러움의 자리를 느낄 뿐입니다. 그가 이렇게 느낀 것은 그의 자화상에서 원형을 이룹니다. 이것은 도저히 떨쳐버리기 어려운, 그 자신을 생각하면 맨 먼저 떠오르는, 바로 그 부분인 것입니다.

그런데 서정주의 자화상은 다시 그의 가족사를 기억하는 부분으로 또 이어집니다. 그는 분명 자신이 아비의 아들이며, 어미의 아들이고, 할머니의 손자라는 사실을 말했습니다. 그러나 이것만으로는 그의 자화상이 완성될 수 없습니다. 그는 자신이 외할아버지의 핏줄에 연속돼 있다는 점을 끄집어내지 않을 수 없는 처지입니다. 그런데 그의 아버지와 어머니와 할머니가 그렇듯이, 그의 외할아버지 또한 비극적 운명을 짊어진 사람입니다. 서정주의 〈자화상〉에서 그 시구를 빌려 표현하자면 그의 외할아버지는 "갑오년이라든가 바다에 나가서는 돌아오지 않는다 하는" "숱 많은 머리털"과 "크다란 눈"을 가진 사람입니다. 서정주의 외할아버지는 고기잡이하러 바다에 나갔다가 세상을 떠난 사람인 것입니다. 그 비극적 주인공인 외할아버지와 서정주는 닮았다고 합니다. 구체적으로 "숱 많은 머리털"과 "크다란 눈"이 닮았다고 합니다. 그러니 서정주는 외할아버지의 몸을 이어받은 존재입니다. 이런 그가 그린 자화상엔 외할아버지가 함께 들어 있을 수밖에 없습니다. 아, 그러고 보니 서정주의 자화상 속에는 아버지가, 어머니가, 할머니가, 대추나무가, 외할아버지가 들어 있습니다. 그들의 슬픈 삶과 역사와 인생이 들어 있습니다. 어디 그것뿐이겠습니까? 가족주의를 넘어서서 생각한다면, 실제로 그의 자화상 속에는 이 땅의 전 역사가 다 들어 있을 것입니다. 이 작품을 쓴 시기가 일제 강점기였다는 점을 생각하면 더욱 그런 해석이 가능하지요.

서정주는 이 시를 스물세 살에 썼나 봅니다. 그러니까 "스물세 해 동안 나를 키운 건 팔할이 바람이다"라고 했겠지요. 가족사를 언급하는 것으로부터 자화상을 그리기 시작한 서정주가 이제 그의 시 〈자화상〉 제1연 제7행부터는 자기 자신에게만으로 시선을 집중시키며 시상의 변화를 꾀했습니다. 그때 처음으로 한 말이 바로 앞서 제시한,

스물세 해 동안 나를 키운 건 팔할이 바람이다.

라는 것입니다. 여러분은 여러분의 생을 지금까지 키운 것이 무엇이라고 생각하십니까? 하늘입니까? 사랑입니까? 친구입니까? 투쟁입니까? 희망입니까? 돈입니까? 공부입니까? 자연입니까? 한마디로 말하기가 어려울 것입니다. 그런데 바로 우리들 대신 서정주가 "스물세 해 동안 나를 키운 건 팔할이 바람이다"라고 한 이 충격적인 말 앞에서 우리는 우리의 젊은 시절에 얼마나 마음 설레며 공감하곤 했습니까? 제가 저도 모르게 '우리'라는 표현을 썼군요. 정확하게 쓰자면 '저'라고 쓰는 것이 맞겠지만, 제 주변에 있는 많은 친구들이 이 말 앞에서 함께 가슴 두근거리며 공감하곤 했던 추억이 떠올랐기 때문에 그랬습니다.

　서정주는 '스물세 해 동안 나를 키운 건 바람이다'라고 말하지 않았습니다. 그 대신 "스물세 해 동안 나를 키운 건 팔할이 바람이다"라고 말했습니다. 그는 나머지 2할의 여분을 남겨놓고 말했던 것입니다. 만약 8할이라는 말 대신 10할이라는 말을 썼다면 이 시의 매력은 많이 줄어들었을 것입니다. 그는 여백의 묘미를 잘 살린 것입니다.

　그렇다면 "스물세 해 동안 나를 키운 건 팔할이 바람이다"라는 이 시구가 의미하는 바는 무엇일까요? 여러분들은 이 시구를 어떻게 해석하고 받아들이십니까? 이 시구에서 가장 주목을 끄는 시어는 말할 것도 없이 '바람'인데, 저는 이 말 앞에서 자유, 방황, 떠돎, 불안, 번뇌, 갈망, 초월, 흥분, 가변, 외침, 객기, 욕망 등과 같은 것들을 떠올립니다. 그러니까 이 모든 것들은 한 인간을 키운 자양분이자 한 인간이 감당해야 할 불안한 운명의 몫이었던 것입니다.

서정주는 이런 그의 생을 돌아보면서 '부끄러움'을 느낍니다. 조금만 자기 성찰을 가할 줄 아는 인간이라면 부끄럽지 않은 사람이 누가 있을까요? 부끄러움은 자아 존중감과 겸허함의 결과물이지요. 서정주는 이런 부끄러움을 느끼며 "세상은 가도가도 부끄럽기만 하더라"라고 말했습니다. 개인적인 문제, 사회적인 문제, 우주적인 문제, 그 모든 것들이 결합되면서 한 인간이 이 세계 속에서 느끼는 부끄러움을 이렇게 표현한 것이겠지요.

그러나 부끄러움은 자멸로 이어지지 않습니다. 창조적인 부끄러움은 우리를 성장시킵니다. 저는 부끄러움을 말하는 서정주의 '자화상' 속에서 창조적인 부끄러움의 한 모습을 봅니다. 서정주는 이렇게 말했습니다.

> 세상은 가도가도 부끄럽기만 하더라.
> 어떤 이는 내 눈에서 죄인을 읽고 가고
> 어떤 이는 내 입에서 천치를 읽고 가나
> 나는 아무것도 뉘우치진 않을란다.

라고 말입니다. 어떤 이가 서정주의 모습에서 '죄인'과 '천치'를 읽기 이전에 아마도 그 자신이 자신의 자화상에서 '죄인'과 '천치'의 모습을 읽었을 것입니다. 그만큼 그는 자신을 먼저 깊이 들여다본 것이지요. 그렇지만 모를 일이지요. 누군가가 그렇게 읽고 가는 것을 이 시인이 눈치챘는지도 말입니다. 어쨌든 좋아요. 무엇이 계기가 되었든 간에 그는 자신에게서 '죄인'과 '천치'의 모습을 보았고 그것은 그에게 부끄러움을 가르쳤습니다. 그렇지만 이 세상에서 죄인 아닌 자가 누가 있습니까? 또한 이 세상에 바보 아닌 자가 누가 있습니까?

그런 자신들의 그림자를 기어코 보지 않으려고 애를 쓸 뿐이지요. 그런 그림자를 보았다고 하더라도 그것을 남의 것으로 투사시켜 돌려버리는 사람들이 대부분이지요. 너무나도 정직하고 예민한 사람만이 그런 사실을 느끼면서 괴로워하는 것이지요.

그런데 서정주는 "나는 아무것도 뉘우치진 않을란다"라고 그 자신을 긍정하며 부끄러움을 창조적인 단계로 끌어올리고자 하였습니다. 이것은 있는 그대로의 자신의 자화상을 수락할 수밖에 없는 것이 아니냐는 뜻이라 여겨집니다. 부끄러운 존재, 죄인 같은 존재, 천치 같은 존재가 바로 자기 자신이지만, 그러한 자기 자신을 스스로 돌보지 않으면 누가 돌보겠느냐, 그런 자신일지라도 사랑할 수밖에 더 있느냐, 우둔한 나로서는 최선을 다한 게 이 모양이라는 복잡한 목소리가 이 시구에서 들려오는 듯합니다.

서정주는 제2연에 와서 그가 시를 쓰는 사람이었다는 것을 비로소 밝힙니다. 그러므로 그의 자화상은 일상인으로서의 삶과 시인으로서의 삶이 복합적으로 작용하여 만들어진 것 같습니다. 심장에 물기가 마르는 질병을 앓으며 고통스러워하는 그가, "시인이란 심장을 많이 쓰는 사람이 아닌가! 흥분하고, 슬퍼하고, 감격하고, 불쌍해 하고……" "그러니 60년이 넘도록 심장을 과도하게 쓴 내가 심장병을 앓는 것은 아주 자연스러운 일이지"라고 말한 것처럼 그의 자화상은 시를 쓰는 일과 떼어놓을 수 없는 것입니다. 서정주는 시인으로 시를 써온 자신의 자화상을 다음과 같이 표현했습니다.

찬란히 틔워오는 어느 아침에도
이마 우에 얹힌 시의 이슬에는
몇 방울의 피가 언제나 섞여 있어

> 볕이거나 그늘이거나 혓바닥 늘어트린
> 병든 수캐만냥 헐떡거리며 나는 왔다.

　서정주가 쓴 〈자화상〉의 마지막 연을 다시 한 번 옮겨보았습니다. 위 인용 부분을 보건대 그는 몸에 시의 이슬을 달고 살았던 것입니다. "이마 우에 얹힌 시의 이슬"이라는 말을 한번 상상해보십시오. 시라는 이슬을 아침결의 풀잎처럼 그는 몸에 달고 살았던 것 아닙니까? 그런데 문제는 그 이슬이, 제아무리 "찬란히 틔워오는 어느 아침"결의 이슬이라 할지라도, "몇 방울의 피"를 언제나 섞고 있었다는 사실에 있습니다. 그가 몸에 달고 다니는, 아니 몸으로부터 솟아난, 그 시의 이슬은 해맑은 순수의 동심 같은 천진무구한 이슬이 아니었던 것입니다. 그 속에는 인생의 아픔과 번뇌와 열정과 소망과 비탄과 방황이 들끓으며 녹아 있었던 것입니다. 세상의 모든 고뇌를 몸으로 감당하고 싶은, 비록 풋내나는 젊은 시절의 그것일지는 모르지만, 그의 진심을 다한 청춘의 뜨거운 피가 그 속에 들어 있었던 것입니다. 서정주는 이렇게 살아온 그의 시력을 가리켜 "볕이거나 그늘이거나 혓바닥 늘어트린/병든 수캐만냥 헐떡거리며 나는 왔다"라고 표현했습니다. 저는 이 시구에서 '헐떡거리며'라는 데로 자꾸만 눈길이 갑니다. 아직 세상 물정을 잘 모르는 스물세 살의 청춘기, 그래서 볕인지 그늘인지 구별조차 가지 않는 혼돈기, 그렇지만 길을 찾아 몸을 불사르고 싶어 언제나 헐떡이는 발정기, 그 속에서 열정에 스스로의 몸이 달구어져 초월을 꿈꾼 이상기, 이 모든 것들이 앞의 시구 '헐떡거리며' 속에 압축돼 있기 때문인 것 같습니다.

　누구나 나이를 먹으면 약아집니다. 청춘 시절처럼 순진성과 열정이 상승 작용을 일으켜 '헐떡거리며' 달리는 일이 줄어듭니다. 헐떡거리며 사는 그 무모한 순진성과 열정의 시대가 반드시 인생의 최고 단계라고 말할 수는 없습니다. 그러나 그 시절은 위험하면서 아름답고, 서투르면서도 감격적인 시기로 기억됩니다. 서정주의 〈자화상〉에서 마지막 연을 읽고 나이와 관계없이 감동할 수 있는 것은 젊은이는 동감의 시간을, 나이 든 사람들은 추억의 시간을 가질 수 있기 때문인 것 같습니다. 아니, 아직도 "애비는 종이었다"고 고백하며 자화상의 첫 줄을 시작할 수 없었던 사람은 그가 누구든 간에 서정주의 이 고백 앞에서 한참을 멈춰 설 수밖에 없을 것이기 때문입니다. 어디 그뿐인가요. 이 시를 읽은 이가 젊은이든, 나이 든 사람이든, 삶의 세련된 기교를 배우지 못해서 늘 세상일에 뒤뚱거리는 사람들이라면, 나이를 먹어도 여전히 '헐떡거리며' 사는 자신을 서정주의 시에 이입시켜보며 위로를 받을 수도 있을 것이기 때문입니다. 그러나 몇 사람을 빼어놓는다면 이 힘난한 세상의 다리를 건너면서 뒤뚱거리거나 헐떡거리지 않을 사람이 누가 있겠습니까? 그런 점에서 이 시의 공감 영역이 넓어집니다.

"애비는 종이었다"로 시작해서 "병든 수캐만냥 헐떡거리며 나는 왔다"로 끝나는 서정주의 이 〈자화상〉에서, 저는 운명이라는 말로밖에는 설명할 수 없는 가족사의 비극과, 심장에 물기가 마를 때까지 시를 쓸 수밖에 없었던 한 시인의 운명을 함께 보았습니다. 하지만 그 운명은 슬프고 고단한 세계를 품고 있으면서도, 비극적 황홀감, 또는 초월을 꿈꾸는 자의 아름다움을 볼 수 있게 합니다.

스스로 가장 시인다운 질병을 앓고 있다는 서정주, 그의 심장에서 우러나온 시가 우리의 메마른 심장에 물기를 더해준다면 이것이 시의 신비가 아니고 무엇이겠습니까? 서정주의 시로 인하여 참 많은 사람들의 메마른 심장에 물기가 촉촉이 깃들였을 것입니다.

# 오규원

프란츠 카프카

## 오늘 마신 커피는 '프란츠 카프카'였습니다

1941년 경남 밀양에서 태어났으며,

1968년 『현대문학』을 통해

등단했다.

시집으로 《왕자가 아닌 한 아이에게》

《이 땅에 씌어지는 서정시》

《길, 골목, 호텔 그리고 강물소리》

등이 있다.

# 프란츠 카프카

### 오규원

― MEMU ―

| | |
|---|---|
| 샤를르 보들레르 | 800원 |
| 칼 샌드버그 | 800원 |
| 프란츠 카프카 | 800원 |
| | |
| 이브 본느프와 | 1,000원 |
| 에리카 종 | 1,000원 |
| | |
| 가스통 바슐라르 | 1,200원 |
| 이하브 핫산 | 1,200원 |
| 제레미 리프킨 | 1,200원 |
| 위르겐 하버마스 | 1,200원 |

시를 공부하겠다는
미친 제자와 앉아
커피를 마신다
제일 값싼
프란츠 카프카

**오규원**은 법학을 전공한 사람입니다. 그런데 그는 법관이 되지 않고 시인이 되었습니다. 뿐만 아니라 그는 지금 서울예술전문대학 문예창작과에서 시를 가르치는 교수로 있습니다.

이렇게 말하고 나니 법과 시 사이의 거리가 무엇이며, 그들 사이의 인연이 무엇인지 궁금해집니다. 법은 한마디로 현실 원칙의 지배를 받습니다. 그만큼 냉정하고 사실적입니다. 이에 비해 시는 진실 원칙의 지배를 받습니다. 그만큼 유연한 마음과 높은 꿈을 담고 있습니다. 세상을 법으로만 다스리고 해석할 수 있다면 수학 공식에 의거해 문제를 풀듯이 세상살이는 참으로 편리해질지도 모릅니다. 그런데 다행인지 불행인지 세상은 그렇게 될 수가 없습니다. 인간이란 아주 복잡하기 짝이 없는 입체적 존재이니까요.

인간이란 때에 따라 현실적이고 도구적인 세계를 원하지만, 또 때에 따라 낭만적이고 자율적인 삶을 원합니다. 인간들은 때에 따라 다른 사람들과 구별 없는 일상의 삶을 살기 바라지만, 또 때에 따라 그들만의 독자적인 세계 속에서 남들보다 자신의 존재와 영혼을 높이 들어올리며 남다른 삶을 살고 싶어합니다. 이렇게 자신의 존재와 영혼을 높이 들어올리고 싶어하는 사람들을 위하여 시가 있습니다. 법의 무차별적 편리성을 넘어서고 싶은 사람들을 위하여 시가 있는 것입니다. 저는 오규원 시인에게 왜 법을 더 공부하지 않고 시를 쓰게 되었느냐고, 더 나아가 시를 가르치게 되었느냐고 물어본 적이 없습니다. 그러므로 다만 일반론에 비추어 그 점을 추측할 수 있을 뿐입니다. 바로 위에서 제가 말한 바를 여기에 적용한다면, 오규원은 법의 현실 원칙만으로 만족하지 못하고 시의 진실 원칙을 소망한 것입니다. 법이 사람을 사무적이게 만든다면, 시는 사람을 너그럽게 만듭니다. 법이 세상을 질서 있게 만든다면, 시는 세상을 풍요롭게 만듭니다.

물론 저는 법의 현실 원칙을 존중합니다. 그것이 바탕을 이루지 못한다면, 우리들이 사는 세상에서 시의 진실 원칙도 제대로 피어나기 힘들기 때문입니다. 그런가 하면 인간들이 살아가는 데는, 본래 인간이라고 하는 존재가 너무나도 자기 중심적이고 때에 따라서는 무정부적인 상태를 야기할 만큼 위험한 존재이기 때문에, 법이라는 제도적 장치는 필요악과 같은 존재이지만 꼭 필요합니다. 그런 점에서 법의 현실 원칙은 우리가 시적 진실의 세계를 마음놓고 찾아가는 데 파수꾼과 같은 역할을 해준다고 볼 수도 있습니다. 말할 것도 없이 이때의 법이란 인간의 행복을 지향하며 만들어진 법이고 그것을 위해 집행되는 법을 전제로 하는 것이지요.

오규원은 1968년도에 『현대문학』을 통하여 등단한 이후 여러 권의 시집을 출간하였습니다. 그가 출간한 시집으로는 《분명한 사건》 《순례》 《왕자가 아닌 한 아이에게》 《이 땅에 씌어지는 서정시》 《가끔은 주목받는 생이고 싶다》 《길, 골목, 호텔 그리고 강물소리》 등이 있습니다. 저는 이렇게 많은 시집을 내면서 시를 써온 오규원의 시 가운데서 〈프란츠 카프카〉라는 작품을 가장 흥미롭게 읽었습니다. 이 시는 형식과 내용 양 측면에서 신선한 충격을 주기에 부족함이 없습니다. 참고로 말씀드리자면, 이 시는 오규원의 시집 《가끔은 주목받는 생이고 싶다》 속에 들어 있습니다.

― MENU ―

| | |
|---|---|
| 샤를르 보들레르 | 800원 |
| 칼 샌드버그 | 800원 |
| 프란츠 카프카 | 800원 |
| | |
| 이브 본느프와 | 1,000원 |
| 에리카 종 | 1,000원 |
| | |
| 가스통 바슐라르 | 1,200원 |
| 이하브 핫산 | 1,200원 |
| 제레미 리프킨 | 1,200원 |
| 위르겐 하버마스 | 1,200원 |

시를 공부하겠다는

미친 제자와 앉아

커피를 마신다

제일 값싼

프란츠 카프카

― 〈프란츠 카프카〉 전문

    위 시의 제목은 앞서 밝혔듯이 '프란츠 카프카'입니다. 여러분은 프란츠 카프카를 알고 계시겠지요? 한국에서 프란츠 카프카는 참으로 널리 알려지는 행운을 얻었습니다. 저 동구의 체코에서 태어난 한 작가가 동방의 한국 독자들에게 무한한 사랑을 받은 것입니다.

지식인들은 말할 것도 없고, 문학에 약간 관심이라도 있는 사람이라면 대부분 그의 이름과 작품을 잘 알고 있을 정도입니다.

몇 년 전, 저는 러시아를 거쳐 동유럽의 몇 나라를 여행하던 중, 체코의 프라하에 있는 카프카의 생가에 가보았습니다. 그의 작품 〈성〉을 쓰는 데 배경이 되었다는 프라하 성 주변에도 가보았습니다. 카프카는 거기서뿐만 아니라 프라하 전체에서, 아니 체코 전체에서 그들을 빛내주는 자랑거리였습니다. 손수건에도, 옷에도, 문구류에도, 엽서에도, 달력에도, 액자에도 온통 카프카가 들어 있었습니다.

이런 모습들은 일면 아주 고상한 분위기를 자아냈습니다. 도시 전체가 카프카의 예술정신으로 채색된 느낌이었습니다. 그곳에 사는 사람들이 모두 카프카의 지적 수준만큼 올라가 있는 것 같았습니다. 그러나 그 이면을 들여다보면 카프카는 상품화된 물건들 속에서 캐릭터 노릇을 하기에 바빴습니다. 상품과 문화가 교묘하게 만나는 자리였습니다. 좀더 직접적으로 말하면 문화산업, 아니 문학산업이 어떤 것인지를 보여주는 중요한 자리였습니다. 그곳에서 카프카는 산업을 발전시키는 중요한 자원이었던 것입니다. 카프카의 의도와 관계없이, 카프카가 보험회사를 뛰쳐나와 지향한 저 비영리적인 예술의 세계와는 무관하게 그는 체코 경제에 이바지하는 주요 인물이 되어 있었습니다.

바야흐로 우리나라에서도 문화산업이라는 말이 신문지상에 자주 오르내리고 있습니다. 더 나아가 문화도 산업이 되어야 한다는 요청이 강하게 제기되고 있습니다. 쉽게 말하면 모든 게 돈벌이에 응용되어야 한다는 것입니다. 그것도 달러를 벌어들이는 데 응용되어야 한다는 것입니다. 무엇인가로 돈을 벌 수 있다는 것은 좋은 일입니다. 돈의 긍정적 기능을 우리는 결코 무시할 수 없으니까요.

그러나 문화가 돈벌이를 위한 산업이 되었을 때, 문화는 도구적 성격을 강하게 지닙니다. 도구적 성격이란 말 그대로 문화가 자족적으로 존재하는 기쁨을 상실하고 그야말로 인간의 욕망과 편리를 위한 도구가 된다는 것이죠. 사람이 살아가는 데는 참으로 많은 도구가 필요합니다. 그러므로 도구란 그 나름의 효용성이 있습니다. 그러나 인간들은 도구를 만들어내고 그것을 사용하면서도, 도구적 존재 이상의 것을 희구합니다. 말하자면 무용지용(無用之用)의 세계에서 자족적인 기쁨을 맛보고자 합니다. 어느 것에도 이용당하지 않는, 그런가 하면 어느 것도 이용하지 않는 상태에서, 순수한 기쁨을 맛보고 싶어하는 것입니다. 이런 점에서 참다운 문화란 타율에 의하여 강요된 것이 아니라 자율에 의하여 자연발생적으로 생성된 것입니다.

경제의 위력이 대단해진 이 시대에는, 모든 것이 경제를 위하여 존재하는 것 같습니다. 교육도, 정치도, 문화도, 직업도 오직 경제 성장을 위한 도구처럼 생각됩니다. 이런 시대에는 모든 것이 다 상품이 되어 팔리기를 기대합니다. 전 국민이 세일즈맨의 정신을 갖고 살기를 바랍니다. 상품이 될 수 없는 것은 퇴출되어야 한다고 주장합니다. 우리가 사는 곳 어디에나 시장이 서고, 그 시장에서 유통되는 이른바 상인의 정신이 모든 걸 주도해 나아가야 한다고 생각합니다. 이런 법칙에서 어긋난다면, 전 지구적 차원에서 벌어지는 무한 경쟁시대에 살아남을 수 없다고 겁을 줍니다.

시장, 상품, 산업, 이익, 경쟁 등과 같은 용어가 최고의 대접을 받고 관심을 끕니다. 이런 시대에는 진리 탐구가 목적이라던 대학에서의 학문 연구도 응용학문이기를 요구합니다. 쉽게 말하면, 상품 생산에 이바지하기를 바란다는 것입니다. 제가 너무 노골적이었나요. 그렇다면 점잖은 용어를 써서 다시 말씀드리죠. 요즘 논의되는 이른바 '신지식'이 되기를 바란다는 것입니다. 말할 것도 없이 '신지식'을 창출하는 사람이 '신지식인'입니다. '지식'과 '지식인'이라는 말 앞에 '신'이라는 접두사가 붙은 꼴입니다. 그렇다면 '신지식' 그리고 '신지식인'이란 무엇을 의미하는 말일까요. 간단히 말씀드리자면 요즘 논의되고 있는 '신지식'이란 '사물지(事物知)'와 '사실지(事實知)'를 넘어 '방법지(方法知)'의 수준으로 나아간 지식을 의미합니다. 여기서 '사물지'란 사물의 실재 그 자체를 아는 것입니다. 이에 비해 '사실지'는 사물의 원리를 아는 것입니다. 이 두 가지에 비해 '방법지'는 사물지와 사실지를 어떻게 응용할 것인가를 아는 것입니다. 응용의 최후 단계가 상품화임은 두말할 나위도 없습니다.

우리들이 사는 시대가 이처럼 바뀌었다는 점을 염두에 두면서 오규원 시인이 그의 시 〈프란츠 카프카〉에서 들려주는 목소리에 귀를 기울여봅시다. 오규원은 그의 작품 첫머리에서 대뜸 찻집의 메뉴판을 보여줍니다. 차라도 한 잔 주문하라는 것일까요? 지면에서 차를 마실 수는 없으니 그것은 아니겠지요? 그러나 혹 누가 알아요? 요즘은 컴퓨터 화면의 가상 현실이 진짜 현실을 대체하는 시대이니까 지면 위의 메뉴판을 쳐다보면서도 차를 주문하는 기쁨에 젖어들지요.

조금 농담을 했습니다. 그렇지만 가상 현실의 위력이 어느 정도인가를 생각해보라고 그런 농담을 던졌습니다. 다시 농담의 가운을 벗겨버리고 진지하게 이야기를 나누어봅시다. 제가 먼저 묻겠습니다. 여러분들은 오규원 시인이 작품의 첫머리에서 대뜸 보여주는 이 메뉴판을 보고 무슨 생각을 하셨습니까? 찻집 주인의 교양이 대단하다는 것을 확인하셨습니까? 참 이상한 메뉴판도 다 있구나, 하고 생각하셨습니까? 이런저런 생각들을 하셨을 것으로 짐작합니다. 어쨌든 좀 낯선 메뉴판임은 분명하지요? 그러면 무엇 때문에 낯설다는 느낌을 받았을까요? 우리는 어렵지 않게 이 물음에 답할 수 있습니다. 그것은 메뉴판에 붙은 커피 이름이 커피의 원산지도, 커피의 유행지도, 커피의 회사명도 아닌, 세계의 뛰어난 예술가, 석학 등이라는 사실 때문입니다. 샤를르 보들레르, 칼 샌드버그, 프란츠 카프카, 이브 본느프와, 에리카 종, 가스통 바쉴라르, 이하브 핫산, 제레미 리프킨, 위르겐 하버마스 등이 커피 명단에 올라와 있습니다.

샤를르 보들레르가 누구입니까? 시집 《악의 꽃》을 출간한 프랑스의 뛰어난 현대 시인임을 여러분들은 알 것입니다. 칼 샌드버그는 누구입니까? 도시 문명의 문제를 탐구한 미국의 현대 시인입니다. 프란츠 카프카는 누구입니까? 더 말할 나위도 없습니다. 이브 본느프와는 누구입니까? 폴 발레리 이후 프랑스 현대시의 전통을 이었다는, 시집 《두브의 운동과 부동(不動)》을 출간한 20세기의 뛰어난 현대 시인입니다. 에리카 종은 누구입니까? 그는 페미니즘의 시각에서 소설 《나는 것이 두렵다》를 출간한 미국의 여성 소설가입니다. 가스통 바쉴라르는 누구입니까? 그는 과학철학자에서 상상력 이론가로 변모하여 물질적 혹은 역동적 상상력의 소중함을 가르쳐준 프랑스의 현대 석학입니다. 그의 상상력 이론이 사람들을 행복한 세계로 안내한다고 하여 그의 시학은 '행복의 시학'이라고 불립니다. 이하브 핫산은 누구입니까? 그는 이집트에서 출생하여 미국인으로 귀화하였는데 그가 우리에게 알려진 것은 20세기 후반의 화두인 포스트모더니즘 이론을 선도하였기 때문입니다. 제레미 리프킨은 누구입니까? 그는 미국의 석학으로 우리나라에도 번역·소개되어 관심을 불러일으킨 《노동의 종말》과 《엔트로피》라는 책을 쓴 저자입니다. 마지막으로 위르겐 하버마스는 누구입니까? 그는 독일의 저명한 철학자이자 사회학자입니다. 한마디로 이들은 모두 20세기 세계의 정신사를 개척한 인물들입니다.

그런데 이들이 찻집 메뉴판 위에 커피 이름으로 등장하였습니다. 도대체 이것을 어떻게 해석하여야 할까요? 이제 커피는 성분을 마시는 시대가 아니라 분위기를 마시는 시대라는 뜻일까요? 커피는 단순히 상품이 아니라 문화라는 주장일까요? 커피를 마심으로써 지성까지도 얻을 수 있다는 뜻일까요? 20세기의 정신적 스승들에 대한 흠모의 마음을 담은 것일까요? 본질을 기호로 가리고자 하는 의도일까요? 음료와 지성 혹은 대중과 지성 사이의 벽을 과감하게 파괴하자는 시도일까요? 도대체 무엇일까요?

방금 제가 제시한 것들이 다 가능성을 갖고 있습니다. 그런데 왜 오규원 시인은 이런 메뉴판의 등장을 안타까운 심정으로 바라보고 있는 것일까요? 저는 이렇게 생각합니다. 오규원 시인은 본질이 이미지로 포장된 시대, 상품을 위하여 아첨하는 시대, 모든 것이 도구화된 시대를 안타까워한 것입니다. 이미지, 포장, 상품, 아첨, 도구 등은 인간살이의 필수품인지도 모릅니다. 하지만 그렇다고 해서 이들이 인간살이의 최종 목표인 것처럼 행세해서는 곤란합니다. 인간만큼 자존심 강하고 도구적 존재가 되기를 마음속 깊은 곳에서 거부하는 동물도 이 땅에는 드물 것입니다. 저는 인간이 존중받을 수 있는 것은, 비록 살기 위한 방편으로 자신을 도구화시킨다 하더라도, 실제로는 그렇게 도구화된 자신을 거부하려고, 아니 넘어서려고 한다는 데 있다고 생각합니다. 오규원 시인이 찻집 메뉴판을 보고 안타까워한 것은 바로 인간의 모든 것이 상품을 위해 도구화된 현장을 그곳에서 적나라하게 보았기 때문입니다.

오규원 시인은 찻집 메뉴판을 제시한 다음 그 아래 마치 주석과 같은 형태로 자신의 심정을 밝히고 있습니다. 그 부분을 한번 더 옮겨볼까요?

> 시를 공부하겠다는
> 미친 제자와 앉아
> 커피를 마신다
> 제일 값싼
> 프란츠 카프카

그는 시를 '공부'하겠다는 제자를 '미친 제자'라고 불렀습니다. 그러고 보니 오규원의 시 〈프란츠 카프카〉 속에 나오는 화자는 그 신분이 시를 가르치는 선생입니다. 그 선생에게 역시 시를 공부하겠다는 제자가 찾아왔습니다. 선생은 이 시대에 시가 어떻게 대접받고 있는가를 너무나도 잘 알고 있기 때문에 마음이 여간 불편한 게 아닙니다. 시가 이 시대에 어떻게 대접받는지 알고 싶습니까? 제가 이에 대해 조금만 말씀드리죠.

물론 대접을 받는다는 것은 여러 측면에서 생각할 수 있습니다. 미학적·정신적·지성적인 측면에서 본다면, 시인은 꽤 대접을 받는 셈입니다. 그러나 돈이 모든 것을 말하는 이 시대에, 경제적인 측면에서 본다면, 시인은 최하층의 프롤레타리아 대접을 받습니다. 그게 무슨 소리인지 좀 애매하게 들리실지 모르겠습니다.

그래서 좀더 구체적으로 현실을 말씀드리겠습니다. 시인들이 문학지에 시 한 편을 발표하게 되면, 원고료로 약 3만 원에서 10만 원을 받습니다. 그런데 10만 원은 아주 대단한 원로 시인의 경우에나 해당되고, 보통은 3만 원 내지 5만 원을 받습니다. 그렇더라도 매달 혹은 매계절 아주 많은 문학지에 아주 많은 시를 발표할 수 있다면 꽤 많은 수입을 얻을 수 있을 것입니다. 그리고 그렇게 발표할 수 있을 만큼 시가, 그것도 좋은 시가 술술 씌어진다면 문제되지 않을 것입니다. 그러나 애석하게도 시인 한 사람이 1년에 발표할 수 있는 시는 보통 3, 4편에 지나지 않고, 그것도 소수의 시인들만 이런 혜택을 받습니다. 더욱이 시가, 앞에서 말한 좋은 시가 술술 씌어진다는 것은 참으로 어려운 일입니다. 시 한 편이 만들어지기까지는 참으로 많은 시간과 노력이 필요하고, 남다른 재능도 요구됩니다. 시집을 내서 많이 팔면 되지 않겠느냐고 말하실지 모르겠습니다. 그것도 좋은 생각입니다. 그러나 시집 한 권의 정가가 4000원 내지 5000원일 터인데, 특별한 경우를 제외한다면, 일반적으로 시인들이 출간한 시집은 2000부 이상 팔리기가 어렵습니다. 시인들이 시집을 내고 출판사에서 받는 인세가 정가의 10퍼센트이니까, 5000원이 정가인 시집을 2000부 출간해야 시인에게 돌아오는 수입은 100만 원밖에 되지 않습니다.

그런데 문단에는 시를 쓰거나 비평하는 사람들끼리 서로 시집을 나눠 보는 풍습이 있기 때문에, 많은 시인들이 인세 받은 돈으로 자신의 시집을 출판사로부터 100권 내지 300권쯤 사는 게 보통입니다. 그렇게 되면 오히려 시인들은 인세를 받기는커녕, 수중의 돈을 더 지출하게 됩니다. 이렇게 볼 때, 시를 쓰는 일은 말 그대로, 수지가 맞지 않는 일입니다. 시만 써서 생계를 유지하기란 불가능합니다. 또한 하루 종일 책상 앞에 앉아 시를 쓰고자 한다고 해서 좋은 시가 샘솟듯 솟아날 수도 없습니다.

그래서 아무 일도 하지 않고 좋은 시만 쓰는 것을 직업으로 삼는,

이른바 '전업시인'이 되기란 여간 힘든 게 아닙니다. 시인들 역시 생활인입니다. 그들 역시 결혼하여 딸과 아들을 낳고 살아가야 합니다. 그러니까 자연 시인들은 다른 직업을 가질 수밖에 없습니다. 이처럼 시를 쓰는 일이란, 경제적인 측면에서 보면 대접받지 못하는 일입니다. 한마디로 상품 가치가 떨어져서 시장으로부터 환영을 받지 못한다는 뜻이지요.

그럼에도 불구하고 많은 사람들이 시를 씁니다. 매달 혹은 매계절 나오는 문학지마다 시인이 되겠다고 작품을 투고하는 사람들은 줄어들 기색을 보이지 않습니다. 매년 시행하는 각 일간지의 '신춘문예' 행사에는, 그야말로 구름처럼 예비 시인들이 몰려듭니다. 이런 공식적인 통로 이외에도, 일기장에, 낙서장에, 수첩 갈피에 자기만의 언어로 시를 쓰는 사람들도 아주 많습니다. 그런가 하면 아예 자비로 시집을 출간하는 사람도 적지 않습니다. 앞에서 말씀드렸듯이, 시를 써가지고 세 끼 밥을 먹고살기도 힘이 드는데, 왜 그토록 많은 사람들이 이렇게 시를 쓰고자 하는 것일까요?

제가 여러분과 함께 감상하고자 한 오규원의 시 〈프란츠 카프카〉 뒷부분을 보면, 화자인 선생은 시를 공부하겠다고 찾아온 제자를 가리켜 '미친 제자'라고 불렀습니다. 그리고 그 제자와 함께 찻집의 메뉴판을 보며 그 가운데서 제일 값싼 '프란츠 카프카'라는 커피를 마셨습니다. 눈치 빠른 독자들은 왜 선생인 그가 이렇게 말했는지, 그리고 그들이 왜 제일 값싼 커피를 마셨는지 그 속뜻을 더 깊이 짐작하셨으리라 생각합니다. 그래도 좀더 문제를 확실하게 하기 위하여 제가 여기서 한번 더 말씀드리자면, 작품 속의 선생이 시를 공부하겠다는 제자를 가리켜 '미친 제자'라고 부른 것은 경제적으로 수지가 맞지 않는, 상품으로서 환영받지 못하는 시공부(쓰기)를 그 제자가 하겠다고 찾아왔기 때문입니다. 아무리 계산을 하여도 돈이 되지 않는 시쓰기를 왜 하겠다고 하는지 한편 마음이 착잡해진 것입니다. 그리고 그가 제자와 함께 가장 값싼 커피를 마실 수밖에 없었던 것은 선생이나 제자나 모두 시를 쓰는 가난한 사람이었기 때문입니다. 한마디로 상품 가치가 없는 물건을 생산하는 사람들이었기 때문입니다.

그러나 오규원의 시 〈프란츠 카프카〉를 잘 읽어보면 그 속의 화자는 기가 죽어 있지 않습니다. 오히려 도구화되고 상품화된 시대상을 비판하며, 자신은 물론 그를 찾아온 제자가 세속적 가치에 굴복하지 않은 것에 자부심(?)을 느끼는 눈치입니다. 경제적인 측면에서 보자면, 자신들은 생산성이 낮은 일에 종사하는 것이 틀림없으나, 인간의 삶은 그것만으로 이루어질 수 없다는 것을 알고 있기 때문이라 보입니다. 더 나아가 세속적 가치를 초월하고자 하는 용기와 그런 행위 속에 깃들인 가치와 보람을 알고 있기 때문이라 보입니다.

저는 앞에서 사물지(事物知), 사실지(事實知), 방법지(方法知)라는 말을 쓰면서 이 시대가 요구하는 새로운 지식과 지식인상에 대하여 언급한 바 있습니다. 그렇다면 시를 쓴다는 것은 어떤 지식을 창출하는 데 속할까요? 제가 생각하기에, 앞의 세 가지 지식은 시를 쓰는 일을 설명하기에 만족스럽지 못합니다. 그래서 제가 시인들의 시 쓰기를 위하여 새로운 지식의 종류를 만들어본다면, '의미지(意味知)'라는 말을 만들 수 있을 것 같습니다. 제가 임의로 만든 용어이니, 이 말의 뜻을 설명하면 다음과 같습니다. '의미지'란 사물지를 넘어, 사실지를 넘어, 방법지를 넘어, 무엇인가를 앞에 놓고 도대체 그것이 무슨 의미가 있느냐고 묻는 일을 말합니다. 예를 들어 여기 나무 한 그루가 있다고 합시다. 그 나무가 무슨 나무인지를 아는 것은 사물지입니다. 그리고 그 나무가 어떤 원리의 지배를 받는지 아는 것은 사실지입니다. 또한 그 나무의 이러한 원리를 어디에 응용하여 인간사에 보탬이 되는 물건을 만들까 하는 것은 방법지에 속합니다. 이에 반해 나무로 그런 물건을 만들고 또 그것을 사용하는 것이 무슨 의미가 있느냐고 묻는 것은 의미지에 속합니다. 시인들은 바로 존재하는 모든 것들의 의미를 탐구하는 사람들입니다. 이렇게 의미를 묻거나 생각하지 않고 살아갈 수 있다면 그것도 좋은 일이지만, 인간이란 운명적으로 의미를 묻거나 생각하며 살아가도록 조건 지어져 있습니다. 여기 밥이 한 그릇 있다고 할 때 시인들은 그 밥을 어떻게 경제적으로 먹을까를 묻지 않고, 우리가 밥을 먹는 것의 의미가 무엇이냐고 묻습니다. 이렇게 볼 때, 시인들이 갖고 있는 의미지는 상당히 높은 차원의 지식입니다. 그러나 다른 한편 먹고사는 데 직접적으로 필요한 지식은 아닙니다. 먹고사는 데 직접적으로 필요한 지식이 아닌 것은 세속사회에서 언제나 높지만 외롭고 쓸쓸한 자리에 있습니다. 오규원의 시 〈프란츠 카프카〉에 나오는 선생과 제자는 이런 세계를 추구하는 사람들입니다. 그들은 높지만 쓸모없는 세계를 추구하는 대가로, 외롭고 쓸쓸할 수밖에 없습니다.

 사람들이 시를 읽는 것도, 시 한 편을 읽었다고 해서 배가 부르기 때문도 아니요, 돈벌이가 되기 때문도 아닙니다. 시를 읽는 일은 먹고사는 일과 직접적으로 관계가 있는 것은 아니지만, 무엇인가를 먹으면서도 '그것이 도대체 무슨 의미가 있느냐'고 물을 수밖에 없는 우리의 드높은 영혼이 칭얼대기 때문입니다.

 저는 오규원의 시 〈프란츠 카프카〉를, 그리고 저의 이 글을 읽으면서 여러분들이 진정 나는 얼마만큼 도구적인 삶을 살고 있으며, 또 얼마만큼 자율적인 삶을 살고 있는지 진지하게 성찰해보시기를 권합니다. 최대의 이윤을 남기는 일이 최고의 가치를 실현하는 일과 등식일 수 없으며, 그것이 성공의 절대적인 척도가 될 수 없음은 자명하지 않습니까? 제일 값싼 커피 '프란츠 카프카'를 마시면서도 자존심을 잃지 않는다는 것은 아름답게 보이지 않습니까? 아예 제일 값싼 커피 '프란츠 카프카'조차도 거부하고 카프카의 삶과 그의 작품을 음미하며, 진정 자유로움을 추구한 카프카의 영혼과 만나는 일은 더욱더 아름답지 않습니까?

# 정현종

좋은 풍경

## 좋은 풍경을 보여 드립니다

1939년 서울에서 태어났으며,

1965년 『현대문학』을 통해 등단했다.

시집으로 《고통의 축제》

《떨어져도 튀는 공처럼》

《사랑할 시간이 많지 않다》

《한 꽃송이》

등이 있다.

## 좋은 풍경

### 정현종

늦겨울 눈 오는 날
날은 푸근하고 눈은 부드러워
새살인 듯 덮인 숲 속으로
남녀 발자국 한 쌍이 올라가더니
골짜기에 온통 입김을 풀어놓으며
밤나무에 기대서 그짓을 하는 바람에
예년보다 빨리 온 올 봄 그 밤나무는
여러 날 피울 꽃을 얼떨결에
한나절에 다 피워놓고 서 있었습니다.

**정현종** 시인은 우리 시단의 실력 있는 중진 시인입니다. 그는 연세대학교에서 학부 시절 철학을 전공했는데 그의 전공과는 다르게 같은 대학의 국문학과에서 시를 가르치는 교수로 있습니다. 이 사실 앞에서, 어떻게 철학을 전공하고서 시를 가르치는 국문학과 교수가 될 수 있었는가 하고 궁금해 하는 분이 있을지 모르겠습니다. 저도 그 속사정을 자세히 알 수는 없으나 이를 통해 다음의 두 가지 점만은 분명히 말할 수 있습니다. 그 하나는 시인이 되기 위해 꼭 국문학과나 문예창작과를 나올 필요가 없듯이 그가 철학을 전공한 것이 시인으로 활동하고 대접받는 데 전혀 문제가 되지 않는다는 점입니다. 그리고 다른 하나는 정현종 시인의 시적 재능이 높이 평가된 결과 학부 시절의 전공과 관계없이 그가 국문학과에서 시를 가르칠 수 있게 되었을 거라는 점입니다. 실제로 시인들을 보면 학력이 초등학교 졸업자에서부터 박사 학위를 받은 사람까지 다양하고 전공도 의학에서부터 생물학에 이르기까지 다양하며, 직업도 남대문시장 지게꾼부터 사장님에 이르기까지 다양합니다. 이런 학력, 전공, 직업 등과 같은 것들은 시인으로 활동하거나 성공하는 데 아무런 문제가 되지 않습니다.

정현종 시인의 시 가운데는 좋은 작품이 많습니다. 그 가운데 좋은 시이면서 재미있고 또 정현종다운 특성이 들어 있는 시를 고르다 보니 〈좋은 풍경〉이 눈에 들어왔습니다. 이 시는 정현종의 시집 《한 꽃송이》 속에 들어 있습니다. 방금 앞에서 제가 '좋은 풍경'이라는 정현종의 시제목을 들었습니다. 이 제목을 들으신 여러분께서는 잠시 마음속에 각자가 생각하는 좋은 풍경을 떠올려보시기 바랍니다. 시는 머리로 읽는 것이 아니라 자신의 전 체험을 투여해 읽는 것이기 때문에, 여러분이 좋은 풍경으로 떠올린 내용은 각자 다 다를 것입니다. '좋은 풍경', 생각만 해도 기분이 좋아집니다. 그러면 정현종은 무엇을 '좋은 풍경'이라고 했을까요. 혹시 역설이나 아이러니가 담긴 제목은 아닐까요. 여러분들이 잘 아는 현진건의 소설〈운수 좋은 날〉이라는 제목처럼 말이에요. 그러나 일단 순진한 척하고 문자 그대로 '좋은 풍경'이 전개될 것이라고 믿어보는 게 어떨까요. 정현종의 시〈좋은 풍경〉의 전문을 인용하면 다음과 같습니다.

> 늦겨울 눈 오는 날
> 날은 푸근하고 눈은 부드러워
> 새살인 듯 덮인 숲 속으로
> 남녀 발자국 한 쌍이 올라가더니
> 골짜기에 온통 입김을 풀어놓으며
> 밤나무에 기대서 그짓을 하는 바람에
> 예년보다 빨리 온 올 봄 그 밤나무는
> 여러 날 피울 꽃을 얼떨결에
> 한나절에 다 피워놓고 서 있었습니다.
>
> ─〈좋은 풍경〉 전문

어디 여러분들이 상상한 좋은 풍경과 일치했나요. 그리고 우리가 제목을 보며 걸었던 기대를 충족시켜줬나요. 저는 이 시가 우리의 기대를 충족시켜줬다고 생각합니다. 실제로 위 시에는 '좋은 풍경'이 나오지 않습니까? 누구는 머리를 흔들며 외설적인 풍경이 나왔다고 말할지도 모르겠습니다. 또한 부도덕한 풍경이 전개되었다고 말할지도 모르겠습니다. 그래요. 어찌 보면 외설적이고 부도덕한 풍경이 펼쳐진 것 같습니다. 그러나 한번 우리가 가진 고정관념을 버리고 텅 빈 마음으로 이 시를 감상해보면 어떨까요?

우선 저는 여러분에게 시는 도덕을 존중하면서 도덕을 초월한다고 말씀드리고 싶습니다. 또한 시는 관습을 존중하면서도 관습을 초월한다고 말씀드리고 싶습니다. 조금 어려운 말을 쓰자면 이런 것을 가리켜 시와 시인에게 주어지는 '시적 허용' 혹은 '예술적 허용'이라고 할 수 있습니다. 시인들(예술가들)이란 이 시대가 만든 도덕, 법, 관습 등의 막힌 장벽을 넘어서도록 허용받은 '자유인' 그룹에 속합니다. 자유 혹은 자유인의 삶을 마음속에 품고 산다는 것은 한 개인의 삶을 위해서도 필요한 일이지만 사회를 위해서도 필요한 일이지요. 이렇게 볼 때 이 사회는 자유인을 필요로 하고, 그렇기 때문에 자유인 그룹을 허용합니다. 그들은 법과 도덕과 관습의 장벽 속에서 숨막혀 하는 우리들에게 우리들 대신 그것을 넘어설 수 있는 '숨길'을 내줍니다. 법이니 도덕이니 관습이니 하는 것은 얼마나 딱딱합니까? 거기에는 숨길이 없습니다. 오직 통제와 질서만 있습니다. 사람은 숨을 쉬어야 하고, 그렇게 숨을 쉬려면 숨길이 필요한데, 그 숨길을 사람들은 예술, 그 가운데서도 시에서 찾는 경우가 많습니다. 여러분, 시에는 숨길이 많습니다. 아니, 시 자체가 숨길입니다. 이런 점에서 위 시의 풍경은 외설적인 풍경이나 부도덕한 풍경이 아니라 아름다운 풍경입니다. 시인의 말대로 좋은 풍경입니다.

그렇다면 도대체 뭐가 그렇게 아름답고 좋은 풍경이란 말입니까? 이런 질문을 품으면서 우리는 위 시를 첫 줄부터 차례로 읽어나갈 수도 있습니다. 그러나 꼭 그런 순서를 지킬 필요는 없습니다. 시를 읽는 일은 일직선의 길을 따라가는 일이 아니라 거미줄처럼 얽혀 있는 수많은 길을 나름대로 재편성하며 오히려 길을 만드는 일이니까요. 그 길을 만드는 주인공은 바로 자기 자신입니다.

위 시에서 아름답고 좋은 풍경은 눈 덮인 산 속으로 사랑하는 남녀 한 쌍이 올라가더니 밤나무에 기대어 사랑을 나누는 바람에 그 사랑의 숨결이 얼마나 뜨거웠던지 그만 밤나무가 봄이 온 줄 알고 얼떨결에 여러 날 피울 꽃을 한나절에 다 피워놓고 서 있는 풍경을 뜻합니다. 얼마나 아름답고 또 좋은 풍경입니까? 우리들이 가진 성(性)이란 잘못 쓰면 상스럽지만, 잘 쓰면 성(聖)스럽습니다. 성을 잘 씀으로써 성(聖)스러움으로 승화되고 그 결실로 생명이 탄생합니다. 이 세상에서 생명보다, 아니 자기 분신인 자식보다 더 사랑스러운 존재가 어디 있습니까. 개인적인 고백을 하자면 저는 저에게 하나밖에 없는 딸을 통하여 사랑을 몸 전체로 느꼈습니다.

그런데 정현종 시인은 이런 좋고 아름다운 풍경을 매우 '재미있게' 전달합니다. 어떠세요. 재미있지 않습니까. 저는 이 시를 읽을 때마다 터져나오는 웃음을 막을 수가 없습니다. 사랑하는 남녀의 '그짓'으로 주변에 열기가 피어난 것인데, 아 순진하기 짝이 없는 밤나무는 그게 봄이 온 것인 줄 알고 꽃을 피워버렸던 것입니다. 남녀의 사랑과 그들의 온기와 그 가운데서 피어난 밤나무꽃 그리고 이들의 배경을 이루는 흰눈의 어울림이야말로 아름답고 재미있는 광경이 아니겠습니까. 어떻게 이런 상상을 했는지 궁금합니다. 짐작건대 정현종 시인의 생명사상이 이런 광경을 창조했다고 보입니다.

정현종 시인은 정신의 근저에 생명사상을 깔고 있습니다. 그에게 시의 화두는 '생명'이에요. 그러니까 위 시의 좋은 풍경은 생명의 살림 혹은 피어남이라는 문제를 보여주는 것입니다. 그런데 흥미로운 것은 이런 무거운 주제를 아주 재미있게 전달했다는 것입니다. 실제로 20세기 우리 시는 불행히도 너무나 험난한 시대적 상황(일제 강점기, 6·25, 유신시대, 광주항쟁 등) 속에서 창조되었기 때문에 웃음이니 재미니 하는 것을 살리지 못했어요. 한마디로 우리 시는 너무나도 무겁고 진지하고 비극적인 분위기를 띠었어요. 아마 여러분이 중고등학교 시절 국어 교재나 문학 교재에서 접한 시만 떠올려봐도 그럴 겁니다. 참으로 시들이 무거웠어요. 말할 것도 없이 무거움이니 진지함이니 하는 것도 생의 훌륭한 인식 결과이며 그에 대한 태도 가운데 하나이지요. 그러나 재미와 웃음이 없는 인생처럼 고단하고 지루한 것도 없습니다. 그런 점에서 저는 먼저 위의 시 〈좋은 풍경〉이 재미와 웃음을 유발한다는 데 마음이 끌려요. 인생이란 생각하기에 따라 아주 심각하기도 하고, 또 아주 우습기도 하지요. 물론 이 양자를 함께 느끼고 체험하며 살 수밖에 없는 것이 우리들의 생이지만요.

  위 시에서 돋보이는 또 한 가지는 아주 재치 있는 표현이 들어 있다는 겁니다. 그게 무엇일까요. 저는 두 가지 표현을 들고 싶습니다. 그 하나는 "남녀 발자국 한 쌍이 올라가더니"라는 것이고, 다른 하나는 "밤나무에 기대서 그짓을 하는 바람에"라는 표현입니다. 시인은 이 두 곳에서 아주 간접적인 표현을 재치 있게 잘 사용했어요. 간접적인 표현의 묘미라고나 부를까요. 언어란 참 미묘한 것이라서 때로는 직접적 표현이 효과적이지만 때로는 간접적 표현이 훨씬 효과적이에요. 비유하자면 직접적 표현이란 직선의 효과를, 간접적 표현이란 곡선의 효과를 가져온다고 할 수 있어요. 시는 이 두 가지를 같이 쓰지만 주로 간접적 표현에 의거한 곡선의 효과를 즐기지요.

  만약 정현종 시인이 "남녀 발자국 한 쌍이 올라가더니"를 '남녀 한 쌍이 올라가더니'로 표현했다면 표현의 묘미는 반감됐을 거예요. 또

이 시인이 "밤나무에 기대서 그짓을 하는 바람에"를 '밤나무에 기대서 키스를 하는 바람에'라고 표현했다면 시적 묘미는 거의 없어졌을 거예요. 우리는 너나 할 것 없이 '그짓'이 무엇인지 다 알잖아요. 굳이 다 아는 공공연한 비밀을 공론화할 필요는 없지 않겠어요. 공공연한 비밀의 즐거움을 말없음표를 유지하는 가운데 즐기는 방식도 좋으니까요.

정현종의 위 시를 읽으면서 우리는 도덕과 법과 제도와 관습을 초월한 자유인의 상상력을 만나볼 수 있습니다. 정현종의 위 시를 읽으면서 우리는 성(性)이 성(聖)으로 승화된 비밀을 볼 수 있습니다. 정현종의 위 시를 읽으면서 우리는 가장 아름다운 풍경은 사랑으로 만난 두 존재의 교감 속에 있다는 걸 생각할 수 있습니다. 정현종의 위 시를 읽으면서 우리는 간접적 언어의 신비로운 묘미를 체험할 수 있습니다. 정현종의 위 시를 읽으면서 우리는 시인과 더불어 자유인의 해방감을 함께 맛볼 수 있습니다. 또한 정현종의 위 시를 읽으면서 우리는 재미와 웃음의 미학을 만나볼 수 있습니다.

위 시는 사실이 아니라 비유이고 상징이며 상상의 장면입니다. 만약 이것이 사실이라면 봄이 온 줄 알고 한나절에 꽃을 다 피워낸 밤나무가 그 이후의 추위 속에서 어떻게 되었을지 궁금합니다.

# 최승호

전집

## 죽은 후에
## 무엇을 남기고 싶습니까?

1954년 강원도 춘천에서 태어났으며,

1977년 『현대시학』을 통해 등단했다.

시집으로

《대설주의보》

《진흙소를 타고》《고슴도치의 마을》

《세속도시의 즐거움》

등이 있다.

# 전집

최승호

놀라워라, 조개는 오직 조개껍질만을 남겼다

**한 사람**의 문학평론가로 활동하다 보면 특별히 어느 시인이나 소설가와 궁합(?)이 잘 맞는 경우가 있습니다. 그럴 경우 저는 해당 시인이나 소설가에 대한 글을 쓸 때 마냥 신이 나고 그 시인이나 소설가의 아주 작은 변화까지도 세심하게 쫓아가보는 일이 흥미롭기만 합니다. 저의 경우 참 많은 시인들에 대하여, 참 많은 글을 썼지만, 최승호 시인에 대하여 글을 쓸 때는 언제나 특히 공감의 폭이 크고 신이 납니다. 저와 그는 한 사람의 문학평론가와 시인으로서 궁합이 잘 맞는 것 같습니다.

그러므로 최승호가 새로 시를 발표하거나 새 시집을 출간하였을 때, 저는 조금 흥분합니다. 그리고 이어서 그의 정신적 궤적을 따라갑니다. 그가 한 사람의 시인으로서 비밀스럽게 내어놓은 길을 혼자서 몰래 뒤따라가는 것 같아 스릴도 느낍니다.

언젠가 최승호 시인을 만났을 때, 그가 이렇게 말하더군요. 자신이 시를 발표하였을 때 어떤 평론가가 뒤를 바짝 따라오면 그만 어디론가 달아나야 할 것 같아 궁리가 많아진다고요. 저는 그 심정을 충분히 이해합니다. 시인들이란 그들의 은유적인 말 속에 비밀을 숨겨놓고 시치미떼는 사람들과 같으니까요. 숨겨놓은 비밀을 발각당했을 때의 충격을 그들은 기쁨과 아쉬움 속에서 느끼는 것입니다. 그것이 기쁘다고 느끼는 까닭은 자신의 영혼에 공감하는 누군가가 있다는 것을 알기 때문입니다. 그럼에도 불구하고 아쉽다고 느끼는 까닭은 누구도 모르는 오솔길을 만들어놓고 싶기 때문입니다. 어쨌든 평론가들은 시인들의 뒤를 자꾸만 따라다니며 그들의 흔적을 같이 밟아보려고 합니다.

최승호의 시집 《여백》이 출간되었을 때도 저는 하루 저녁에 시집을 다 읽어버렸습니다. 제7시집 《눈사람》에 이어 나온 제8시집 《여백》은 그만큼 흥미로운 세계를 내장시키고 있었습니다. 이 시집은 이전 시집 《눈사람》의 세계와 이어지면서도 그것을 더욱 심화시켜 최승호의 정신을 한 차원 드높이는 데 성공하였습니다. 아주 깨끗하고 단순한 표지의 시집 《여백》은 저의 관심을 끌기에 충분하였습니다.

이 시집 속에 들어 있는 작품 중 가장 짧은 작품이면서 동시에 최승호가 가진 정신의 핵심을 담고 있는 시 한 편을 여러분들에게 소개하고 싶습니다. 단 한 줄로 이루어진 이 시 앞에서 저는 입을 딱 벌리고 말았습니다. 그것은 바로 제가 지향하는 세계이면서, 또한 도저히 이룰 수 없는 세계이기도 했기 때문이었습니다. 그 단 한 줄로 이루어진 시는 다음과 같습니다. 시의 제목은 '전집(全集)'입니다.

놀라워라. 조개는 오직 조개껍질만을 남겼다
— 〈전집〉 전문

무슨 생각을 하셨습니까? 어떤 느낌이 다가왔습니까? 혹시 당황하지는 않으셨습니까? 여러분 나름대로의 생각과 느낌이 있으셨을 터이고, 당황하기도 했을 것이라 짐작합니다.

최승호는 앞에 인용한 그의 시 〈전집〉에서 조개가 죽고 난 후에 고작 그가 남긴 것이라곤 조개 껍데기가 전부라는 말을 하였습니다. 그렇습니다. 조개는 오직 죽은 후에 그의 몸을 감쌌던 껍데기 하나만을 이 우주에 던져놓고 사라집니다. 그에게는 껍데기만이 이 우주 속에 태어나 남기고 간 재산의 전부이자 흔적의 전부입니다.

인간들은 말합니다. 호랑이는 죽어서 가죽을 남기고 사람은 죽어서 이름을 남긴다고. 여러분들은 이 말을 어떻게 해석하는지 알 수 없지만, 저는 이 말을 다음과 같이 해석합니다. 사람이란 모름지기 호랑이보다 나은 존재인데 죽은 후에 호랑이의 가죽보다 훌륭한 그들의 이름을 역사에 길이길이 남기는 게 잘하는 일이라고 말입니다. 이 땅에서 흔적을 남기고 그것을 역사라는 이름으로 만들어가는 존재는 오직 인간밖에 없습니다. 역사는 인간의 위대한 산물이기도 하지만, 그것은 또한 인간 욕망의 집적물이기도 합니다. 역사 속에는 욕망이라는 말로 설명될 수 없는 엄청난 인간적 탐욕이 도사리고 있습니다. 탐욕이 역사의 원동력이었다고 말한다면 좀 지나친 해석일까요?

한 인간이 남긴 역사의 흔적을 우리는 '전집'이라는 이름으로 묶어내곤 합니다. 저는 누군가의 전집 앞에 서면 괜스레 주눅이 들기도 합니다. 뭔가 엄청난 무게가 저를 압도해오는 느낌입니다. 한편으로 누군가의 전집 앞에 서면 인간적인, 너무나도 인간적인 행위가 여기서도 벌어졌구나 생각하며 인간에 대한 연민의 마음이 솟아오르기도 합니다. 그러나 때론 누군가의 전집 앞에 섰을 때 인간의 위대함(?)에 놀라기도 합니다. 누군가가 전집을 묶는다는 것은 자기 역사의 정리이자 자기 역사에 대한 애착 혹은 집착입니다. 더 나아가 그렇게 전집을 묶는다는 것은 뒤에 오는 사람들과 대화를 나누고 싶다는 소망의 표현이기도 합니다. 그러나 그렇게 전집을 묶는다는 것은 뒤에 오는 사람에게까지 자신을 기억시키고 싶다는 소망이자 그들에게 영향력을 끼치고 싶다는 욕구의 반영이기도 합니다.

그러나 우리는 형식적으로 전집을 묶든 묶지 않든, 우리가 살아온 삶 전체를 한 곳에 모아놓고 싶어합니다. 그리고 이것이 당대는 물론 후대에까지 기억되기를 바라는 게 보통입니다. 만약 우리가 살아온 삶 전체가 전집으로 묶인다면 우리들 각자의 전집은 도서관 하나를 가득 채우고도 남을 만큼 엄청난 분량일 것입니다. 이때 전집은 긍정적 기능도 할 터이지만 욕망의 쓰레기가 집적된 것 같은 부정적 기능도 할 것입니다.

우리는 무엇을 남기고자 애를 씁니다. 그것의 가장 적나라한 형식 가운데 하나가 전집을 묶는 일입니다. 최승호 시인은 이런 인간들의 행위를 어리석은 것으로 여기는 듯합니다. 이 땅에서 우리가 다른 인간들로부터 인정을 받고 그들의 정신을 지배하기 위하여 전집을 묶는다는 것은 유치한 일이 아니냐고 그는 말하는 듯합니다. 더욱이 우리가 이 세상에 남긴 것 중에 자연과 우주의 순환적인 흐름을 차단하는 공해 물질과 같은 성격의 것이 얼마나 많은가를 떠올릴 때, 엄청난 분량의 전집은 욕망의 바벨탑을 상징하는 것이라 볼 수 있기 때문입니다.

오직, 자연의 순환적인 고리 속으로 시간의 흐름과 더불어 자연스럽게 돌아갈 수 있는 조개 껍데기 하나만을 남기고 생을 마감한 조개, 그 조개의 전집이라곤 바로 그가 남긴 조개 껍데기 하나밖에 없다는 사실이 '허심(虛心)'한 삶의 아름다움과 진정한 의미가 무엇인지를 생각하게 만듭니다. 사는 동안에는 세 끼의 밥을 해결해야 하기 때문에 우리는 탐욕적인 삶을 살 수밖에 없습니다. 그러나 죽은 이후까지 무엇인가를 남기겠다는 탐욕으로 살아간다는 것은 얼마나 추하고 어리석은 삶입니까? 우리는 죽음과 동시에 모든 것을 버리고 자연 속으로 조용히 돌아가야 합니다. 우리가 만들어낸 모든 것들은 자연 속으로 돌아갈 수 있는 것이거나, 자연의 흐름처럼 세상의 막힌 통로를 피가 잘 돌도록 틔워주는 데 기여해야 합니다. 그런데 인간들은 지혜가 부족하여 무엇인가를 하는 순간부터 쓰레기를 양산하고, 무엇인가를 이루려고 하는 순간부터 탐욕의 포로가 되기 쉽습니다. 그래서 아무것도 하지 않고 사는 삶이 가장 죄없는 삶이라는 말도 가능한 것이 아닐까요?

　사는 동안은 물론 죽은 이후에까지 쓰레기와 같은 탐욕의 산물을 이 세상에 남기지 않고 진정 '허심(虛心)'하고 '자유(自遊)'로운 상태에서 살다가 죽음의 시간으로 돌아가 자연의 품에 안기고자 한다면, 그런 생각만으로도 우리의 마음은 가벼워집니다. 이런 생각을 할 수 있는 사람은 우주의 무심함과 허심함을 아는 사람일 것입니다. 그리고 역사와 문명이라는 이름의 인간적 행위가 얼마나 탐욕스러운 인간 존재의 산물인가도 아는 사람일 것입니다.

　우리는 출가승처럼 이 세상에서 살 수 없습니다. 그러나 무엇인가를 더 소유하고 싶어서 안달이 날 때, 무엇인가를 더 남기고 싶어 잠이 다 안 올 때, 죽은 이후까지도 누군가가 나를 기억해주기를 은근히 소망하며 타인의 눈치를 살필 때, 최승호의 시 〈전집〉을 읽어보면 한결 마음이 편안해질 것입니다. 이것은 인간이 역사적, 사회적 존재이기 이전에 생물학적 존재임을 떠올려보는 일과도 같은 의미입니다. 제아무리 대단한 역사와 사회의 바벨탑도 생물학적 흐름 위에서는 무력할 수밖에 없으니까요. 생물로서의 인간은 죽음의 시간이 오면 누구나 역사와 사회적 존재로서의 옷을 벗고 조개처럼 알몸의 생물이 되어 자연의 흐름 속에 동참할 수밖에 없지요.

　조개 껍데기만 남기고 죽은 조개 앞에서 "놀라워라"라고 감탄사를 발하며 조개의 삶을 찬탄한 것은 반역사적인 태도입니다. 아니, 이 말이 거슬린다면 초역사적인 태도입니다. 역사가 인간의 필요악일 뿐 절대성을 가진 것이 아님을 아는 사람이라면 반역사성과 초역사성의 높은 의미를 짐작할 수 있을 것입니다. 역사성 앞에서 우리의 몸과 마음을 저당잡히고 말았을 때, 우리는 반역사성과 초역사성을 떠올리며 저당잡힌 우리의 몸을 풀어내고 자유의 세계로 걸어갈 수 있습니다. 그런 점에서 역사성만을 생과 우주의 전부라고 생각하며 사는 사람은 안타까운 사람입니다. 잠시 눈을 들어 하늘을 보고, 또다시 눈을 아래로 내려 들판의 꽃과 나무를 볼 때, 우리는 반역사성과 초역사성의 의미가 무엇인지를 암시받을 수 있을 것입니다.

언어도 역사의 산물로서 인간의 욕망이 만들어낸 것입니다. 최승호는 조개 껍데기만 남기고 우주 속으로 사라진 조개처럼 우리가 지금까지 함께 이야기를 나누어온 그의 시 〈전집〉을 딱 한 줄의 글로 끝냈습니다. 가장 적은 언어로 그가 지향하는 세계를 전하고 싶었던 모양입니다. 그런데 저는 그 이야기를 하느라고 이렇게 많은 언어를 사용하고 말았습니다.

혹시 최승호의 시 〈전집〉이 너무 짧아서 아쉬움을 느끼신 분이 있다면 최승호의 다른 시 한 편을 읽어보시면 어떨까요? 최승호가 전해주는, 흔적 없이 사는 일의 참된 의미가 무엇인지를 보다 실감 있게 느낄 수 있는 기회가 될 것 같습니다. 그는 자신의 다른 시 〈여행가방〉에서 다음과 같이 쓰고 있습니다.

> 자궁에서 나올 때부터 눈썹이 유난히 희었다는 노자(老子)는 여백에서 왔다가 여백으로 돌아간 여백의 백성이다. 그는 긴 여행 중에 가방을 하나 분실했는데, 그것이 바로 후세에 전해진 《노자》이다.
>
> ― 〈여행가방〉 전문

한마디로 말씀드리자면 최승호는 이 시에서 "여백에서 왔다가 여백으로 돌아간" 노자를 흠모합니다. 그가 분실로 잘못하다 남긴 것이 그 유명한 노자의 《도덕경》이라고 그는 말해주고 있습니다. 또 최승호의 다른 시 〈꿩 발자국〉에 나오는 다음과 같은 말은 어떨까요?

> 발자국을 남기기 위해 꿩이 눈밭을 걸어다니지는 않았을 것이다. 그리고 뚜렷한 족적(足跡)을 위해 어깨에 힘을 주면서 발자국 찍기에 몰두한 것도 아니리라
>
> ―〈꿩 발자국〉 부분

여기서 보듯이 최승호는 무상(無償)의, 무심(無心)의 삶을 기리고 있습니다. 채움으로써 행복해질 수도 있습니다. 그러나 비움으로써 행복해질 수도 있습니다. 최승호는 이 중 후자 쪽에 비중을 두고 있는 것 같습니다. 이런 말을 하면서 글을 마쳐도 괜찮을까요?

# 김용택

그 강에 가고 싶다

이제, 애가 타게 무엇을
기다리지 않을 때도 되지 않았는가…

1948년 전북 임실에서 태어났으며,

1982년《꺼지지 않는 횃불》에

시를 발표하면서

작품활동을 시작했다.

시집으로

《섬진강》《맑은 날》

《그대, 거침없는 사랑》《그 여자네 집》

등이 있다.

## 그 강에 가고 싶다
### 김용택

그 강에 가고 싶다
사람이 없더라도 강물은 저 홀로 흐르고
사람이 없더라도 강물은 멀리 간다
인자는 나도
애가 타게 무엇을 기다리지 않을 때도 되었다
봄이 되어 꽃이 핀다고
금방 기뻐 웃을 일도 아니고
가을이 되어 잎이 진다고
산에서 눈길을 쉬이 거둘 일도 아니다

강가에서 그저 물을 볼 일이요
가만가만 다가가서 물 깊이 산을 볼 일이다
무엇이 바쁜가
이만큼 살아서 마주할 산이 거기 늘 앉아 있고
이만큼 걸어 항상 물이 거기 흐른다
인자는 강가에 가지 않아도
산은 내 머리맡에 와 앉아 쉬었다가 저 혼자 가고
강물도 저 혼자 돌아간다

그 강에 가고 싶다
물이 산을 두고 가지 않고
산 또한 물을 두고 가지 않는다
그 산에 그 강
그 강에 가고 싶다

**김용택**, 그의 이름을 부르고 나면 시를 평해온 저까지도 그가 시인이라는 생각보다 전라북도 임실군에 자리잡은 작디작은 마암분교, 10여 명이 채 안 되는 그 마암분교의 학생들을 업어주기도 하고 가르치기도 하는 자애로운 시골 선생님의 얼굴이 먼저 떠오릅니다. 그도 역시 아들딸 낳고 살아가는 생활인이지만, 아무도 가려고 하지 않는 시골 초등학교를, 그것도 분교를 자진해서 택한 선생님, 전교생이라곤 10여 명도 안 되는 아이들을 한 교실에 모아놓고 '가갸거겨' 하며 한글을, '이이는 사, 이삼은 육' 하며 구구단을 가르치는 선생님, 그뿐 아니라 그 아이들에게 지천으로 피어 있는 각양각색의 들꽃과 몸이 까만 개미들과 속이 들여다보이는 시냇물을 보여주며 그들을 사랑하고 그들과 함께 살아갈 수 있는 방법을 알려주는 선생님, 더욱이 그 아이들의 몸 속에 임실군을 끼고 도는 섬진강물이 언제나 살아서 흐르도록 강물을 사랑하고 그 강물의 의미를 알게 하는 선생님, 이런 선생님의 아름다운 모습이 떠오르는 것입니다.

　그뿐 아닙니다. 그를 '섬진강의 시인'이라고 부르듯이, 그의 이름을 들으면 곧바로 한국에서 가장 깨끗하고 아름답다는 섬진강이 함께 떠오릅니다.

　하지만 인간은 누구나 세속적인 인간의 길을 완전히 떠날 수가 없습니다. 이것은 인간됨의 조건이자 인간으로 살기 위해 우리가 감당해야 할 운명과도 같은 것입니다. 그러므로 그를 가까이서 본 어떤 사람들은 제가 김용택의 삶을 아름답게만 묘사한 것에 불만을 표시하며 이내 그의 세속적인 측면들을 들춰내고는 '그게 아니라고' 다른 표정을 지어 보일 수도 있을 것입니다. 이 점은 섬진강을 말하는 데서도 마찬가지일 것입니다. 섬진강도 인간과 함께 살아가는 자연의 강이자 인간의 강인지라 섬진강을 가까이서 본 어떤 사람들은 섬진강에 대한 저의 아름다운 묘사와 다른 측면들을 들춰내며 섬진강은 당신이 말하는 것처럼 아름다운 강의 대명사일 수만은 없다고 저의 단순함을 지적할 수도 있기 때문입니다. 그러나 이런 것이 사실이라 하더라도, 이런 사실과 관계없이, 잠시나마 우리가 누군가를 혹은 무엇인가를 아름답게만 말함으로써 그 아름다운 대상을 더욱 아름답게 만들고, 더 나아가 그 아름다운 대상을 통하여 세속사에 발이 빠져 허우적거리던 우리들까지 끌어올려 투명하게 정화시키고 드높게 고양시켜보는 것도 그런대로 괜찮은 사람살이의 한 방법이 될 수 없을까요? 자그마한 농촌 마을, 전교생이 10여 명도 안 되는 초등학교 분교, 그 학교에서 가르치는 일에 만족하는 선생님, 학생과 선생님과 마을을 감싸며 흐르는 섬진강, 그 속에서 시를 쓰는 한 사람의 시인, 이런 풍경들이 어울려 있는 세상을 이들과 조금 떨어진 자리에서 거리를 두고 상상으로 그려보는 일이야말로 비록 그것이 얼마간의 환상을 내포하고 있는 것이라 하더라도 매우 즐거운 일이 아닐 수 없을 것입니다.

    저는 개인적으로 김용택 시인을 단 한번도 만난 적이 없기 때문에 제가 김용택 시인에 대해 갖게 된 이미지는 순전히 그의 글과 그에 관한 글에 의존하여 만들어진 것입니다. 그러므로 많은 한계가 있는 것을 알지만, 저는 그의 시 〈그 강에 가고 싶다〉를 여러분과 함께 감상하는 이 시간만큼은 그런 한계가 가져다 주는 환상의 아름다움을 오히려 함께 나누어보고 싶습니다. 그것은 그렇게 함으로써 그의 시 〈그 강에 가고 싶다〉를 더 깊숙이 만나는 게 가능할 것이라고 보기 때문입니다.

  섬진강을 품고 사는 김용택 시인은 '섬진강의 시인'답게 《섬진강》이라는 시집도 출간하였고, 섬진강을 소재로 삼아 많은 시와 산문도 썼습니다. 그 가운데서 저는 최근에 나온 그의 시집 《그 여자네 집》 속에 들어 있는 시 〈그 강에 가고 싶다〉를 바로 섬진강과 관련된 그의 글들을 떠올리며 여러분과 함께 감상해보고자 합니다.

> 그 강에 가고 싶다
> 사람이 없더라도 강물은 저 홀로 흐르고
> 사람이 없더라도 강물은 멀리 간다
> 인자는 나도
> 애가 타게 무엇을 기다리지 않을 때도 되었다
> 봄이 되어 꽃이 핀다고
> 금방 기뻐 웃을 일도 아니고
> 가을이 되어 잎이 진다고
> 산에서 눈길을 쉬이 거둘 일도 아니다
>
> 강가에서 그저 물을 볼 일이요
> 가만가만 다가가서 물 깊이 산을 볼 일이다
> 무엇이 바쁜가
> 이만큼 살아서 마주할 산이 거기 늘 앉아 있고
> 이만큼 걸어 항상 물이 거기 흐른다
> 인자는 강가에 가지 않아도
> 산은 내 머리맡에 와 앉아 쉬었다가 저 혼자 가고

강물도 저 혼자 돌아간다

그 강에 가고 싶다
물이 산을 두고 가지 않고
산 또한 물을 두고 가지 않는다
그 산에 그 강
그 강에 가고 싶다
　　　—〈그 강에 가고 싶다〉전문

　위 시의 소재는 강입니다. 그런데 김용택은 위 시에서 그 강을 '섬진강'이라고 말하지 않았습니다. 대신 그는 그저 '그 강'이라고 불렀습니다. 그런데도 왜 '그 강'이 저에게는 '섬진강'으로 읽힐까요. 말할 것도 없이 우리는 '그 강'을 저처럼 '섬진강'으로 읽어도 좋을 것이지만 어떤 다른 강으로 읽어도 상관이 없을 것입니다. 우리의 체험 내용은 모두 다 다르니까요. 그러므로 제가 '그 강'을 '섬진강'으로 읽힌다고 먼저 말해버린 것이나, 김용택의 기존 글들과 삶들을 토대로 하여 그를 '섬진강의 시인'이라고 미리 말해버린 것은 여러분들의 상상력을 침해한 행위인지도 모릅니다. 그러니 자유로워지십시오. 여러분들의 마음속에 떠오르는 여러분들만의 '그 강'을 상상하며 위 시를 읽으십시오.
　여러분들도 느끼셨는지 모르지만, 김용택의 위 시는, 저의 해설이 오히려 군더더기가 되어 시의 참맛을 그르칠지도 모른다고 걱정을 하게 만들 만큼 자연스러운 흐름을 가지고 있을 뿐만 아니라 미학적으로도 완결된 한 편의 서정시입니다. 그러므로 그냥 각자가 소리내서 위 시를 여러 번 읽어보기만 해도 좋고, 혹시 마음에 드는 특별한 한 구절만 눈에 들어온다면 그곳에 눈길을 모으고 충분히 음미한 다음, 천천히 다른 곳으로도 관심을 자유롭게 넓혀가는 방법 또한 좋습니다. 어디 이런 방법만 있겠습니까? 마음이 내키거든 여러 사람들과 함께 목소리를 맞추어 낭송을 해도 좋을 것 같고, 이 시를 읽는 데 다른 사람들이 번거롭다고 생각되거든 골방에 들어박혀서 혼자 조용히 소리내지 않고 묵상하듯 시를 꿰뚫어보아도 좋을 것입니다. 시란 원래 어떤 방식으로든 여러분들과 만나기를 기다리고 있으니까요. 이것을 가리켜 시의 포용력이라고 불러도 될까요?

그런데 이런 사실을 알면서도 저는 김용택의 위 시를 제 방식으로 독자와 연결시켜주고 싶다는 비평가적 욕망 때문에 사족과 같은 해설을 아래와 같이 붙이지 않을 수 없습니다. 사족의 효용성을 입증할 수 있을지 걱정이 되는군요.

김용택의 위 시에서 핵심을 이루는 말은 시의 제목이기도 한 "그 강에 가고 싶다"는 것입니다. 이 말은 위 시의 화두와 같습니다. 그러나 혹자는 이 말을 보거나 듣고 오락적인 장소로서의 강을, 혹은 센티멘털한 낭만적인 장소로서의 강을 먼저 떠올릴지도 모르겠습니다. 그만큼 우리의 강은 이 시대에 들어와 우리들의 세속적인 삶과 더불어 세속화되었습니다. 물론 세속화된 것이 꼭 나쁜 것만은 아닙니다. 그리고 인간이 세속적인 존재임을 누가 부정할 수 있겠습니까? 그러나 세속 너머의 신성한 세계 혹은 고양된 세계를 꿈꾸는 사람들에게는 세속적인 차원에서 모든 것을 멈추어버리는 일이 안타깝기 그지없는 노릇이지요. 여러분들도 위 시를 읽으면서 느끼셨겠지만 김용택이 위 시에서 그토록 간절하게 "그 강에 가고 싶다"고 말한 것은 세속적인 이유 때문이 아니지요. 그렇다면 그가 "그 강에 가고 싶다"고 말한 것은 무슨 이유일까요? 저는 다음과 같은 몇 가지 이유를 생각해봅니다.

첫째는 제1연의 제2행과 3행에 제시되었듯이 "사람이 없더라도 강물은 저 홀로 흐르고/사람이 없더라도 강물은 멀리 간다"는 사실 때문입니다. 세속의 다급하고, 변덕스럽고, 탐욕스러운 문법과는 아무런 관계도 없다는 듯이, 그저 자신의 타고난 천성대로 '홀로 흐르고' '멀리 가는' 강물의 자연스러움과 의연함 앞에서 김용택 시인은 무한한 매력을 느낀 것입니다. 여기서 강물의 이런 속성은 시인 김용택에게 스승과 같은 역할을 말없이 합니다. 김용택은 '사람이 없더라도' '저 홀로 흐르고' '사람이 없더라도' '멀리 간다'고 생각되는 강물을 바라보고, 사실은 그 자신의 삶을 가만히 바라보고 강물의 삶과 대비시켜본 것입니다. 과연 나도 그 무엇에 흔들림 없이 '홀로 흐를 수 있는가', 그리고 가장 자연스러운 태도로 무던하게 '강물처럼 멀리 갈 수 있는가'라고 그는 자성해본 것입니다.

이렇게 스승과 같은 모습으로 흐르는 강물 앞에서 김용택은 한 가지 커다란 자각에 이르렀습니다. 그 자각의 내용은 바로 그의 시 〈그 강에 가고 싶다〉의 제1연 제3행부터 마지막 행에 이르는 가운데에 들어 있습니다. 구체적으로 그 내용이란 "인자는 나도/ 애가 타게 무엇을 기다리지 않을 때도 되었다"는 것과 "봄이 되어 꽃이 핀다고/금방 기뻐 웃을 일도 아니고/가을이 되어 잎이 진다고/산에서 눈길을 쉬이 거둘 일도 아니다"라는 것입니다. 이 짧고 유한한 인생사 속에서 더 이상, 촐랑대는 물결처럼 이런저런 일에 휘둘려서는 안 되지 않겠느냐는 것입니다. 세속의 일로 애타게 기다리거나 그리워하며 마음 상해 할 일 없이 자족적이며 자유로운 삶을 살고 싶다는 것입니다. 더 나아가 세속적인 희로애락의 분별 없는 감정을 넘어서서 거대한 우주의 순환적인 흐름에 조용히 몸을 맡긴 채 그 속에 함께 섞여서 무심의 삶을 살고 싶다는 것입니다.

그렇다면 그는 그가 그토록 가고 싶은 그 강, 그의 말대로 '저 홀로 흐르고' '저 홀로 멀리 가는' 그 강에 가서 무엇을 하고 싶은 것일까요? 그가 하고 싶은 것은 아주 간단합니다. 그러나 그것은 아주 심원한 의미로 가득 차 있습니다. 위의 시 제2연에 나오는 것처럼 그는 "강가에서 그저 물을 볼 일이요 / 가만가만 다가가서 물 깊이 산을 볼 일이다"라고 말할 뿐입니다. 그 강에 가서 도구를 가지고 무엇을 하겠다는 것이 아니라, 그냥 강물을 바라보고, 그 강물에 비친 산을 또한 바라보고 오겠다는 것입니다. 아무런 흔적도 남김없이, 아무런 세속적 욕망의 추구나 실현도 꿈꾸지 않은 채, 아무도 왔다 가지 않은 듯 조용히 다가가서 그 강물의 흐름과 그 강물 속의 산그림자를 보기만 하고 돌아오겠다는 것입니다. 한마디로 말씀드리자면 빈 마음으로 강물과 강물 속의 산그림자를 만나보고 오겠다는 것입니다. 여러분들은 보았을 것입니다. 저녁이면 산그림자가 동네로 내려오지만 아무런 흔적도 남김없이 그가 가야 할 시간이 되면 고요히 사라지는 모습을…….

이런 생각을 가진 그는 그래서 다음과 같이 말하고 있습니다. 도대체 당신이나 나나 무엇이 그렇게 이 인생사 속에서 바쁜 것이냐고 말입니다. 사실 그렇지요. 우리는 너무나도 바쁘게 삽니다. 산다고 표현하는 것이 미안할 만큼 바쁨 속에 빠져서 허우적거리고 허둥대며 자아의 본모습을 잃곤 합니다. 흥분하다가 하루가 다 가는 수도 많습니다. 어찌 하루뿐이겠습니까? 흥분하다가 인생이 다 가는 수도 얼마든지 있습니다. 이 시대는 속도의 시대라서 실제로는 바쁘지 않은 사람까지도 바쁜 것처럼 착각하고 살아갑니다. 아니, 바쁘지 않은 사람까지도 바쁘게 살라고 그 무엇인가가 자꾸만 채근하고 유혹합니다. 오늘 하루는 정말 느긋하게 살리라고 다짐하여도 아침부터 광고지가 몰려들고 뉴스가 몰려들고 전화통에 불이 납니다. 그러다 보니 누구나 다 바쁜 것 같고, 바쁘게 일을 만들면서 살지 않으면 그것 자체가 이상하게 여겨져서 허전한 두 손을 어디에 두어야 할지 모를 바가 되는 세상입니다. 김용택 시인은 이러한 자기 자신과 우리들을 향하여 이제는 강물처럼 조금 담담해지자고, 넉넉해지자고, 무심해지자고, 자유로워지자고, 느긋해지자고 권유합니다. "마주할 산이 거기 늘 앉아" 당신을 기다리고 있고, '바라볼 강물이 항상 거기서 흐르'며 당신을 초대하고 있으니, 외롭다고 허둥대거나 바쁘다고 자신을 상실하지 말자는 것입니다. 늘 거기에 앉아 있는 산, 늘 거기에서 흐르고 있는 강물은 당신의 영원한 친구가 되어줄 수 있지 않겠느냐고 그는 우리에게 암시를 줍니다. 여기까지만 읽어도, 세상에 휘둘리며 정신을 잃고 흥분하거나 조급해 하던 우리들의 마음에 의연함과 담담함과 여유로움이 생기는 것 같지 않습니까?

그런데 김용택의 시 〈그 강에 가고 싶다〉의 제2연이 빛나는 것은 지금까지 언급한 앞의 내용 때문이기도 하지만 그 제2연의 뒷부분 때문입니다. 그 뒷부분을 다시 한 번 살펴보면 거기에는 다음과 같은 말이 나와 있습니다.

> 인자는 강가에 가지 않아도
> 산은 내 머리맡에 와 앉아 쉬었다가 저 혼자 가고
> 강물도 저 혼자 돌아간다

굳이 강을 찾아가지 않아도 강을 볼 수 있는 삶, 굳이 산을 찾아가지 않아도 산을 머리맡에 두고 살 수 있는 삶이 찾아왔다는 것입니다. 그 강에 가서 담담하고 초연한 마음으로 그 강을 만나고 돌아오는 일, 그 산에 가서 허허롭고 무심한 마음으로 그 산을 만나고 돌아오는 일도 소중하지만, 여기서 한 발짝 더 나아가면 아예 그 강을 찾아가지 않아도, 그 산을 찾아가지 않아도, 그 강과 그 산을 가까이 불러들여 함께 친구 삼아 놀 수가 있다는 것입니다. 어떻게 하면 이 경지에 도달할 수 있을까요? 저만 하더라도 주기적으로 산을 찾아가지 않으면, 강이나 바다를 찾아가지 않으면 세속사에 휘둘린 저 자신을 고요하게 가라앉히지 못하고 허둥댈 때가 많은데 말입니다. 도대체 어떻게 가만히 앉아서 강과 산을 머리맡으로 불러들여 함께 숨쉬며 대화를 할 수가 있을까요? 김용택이 제2연의 뒷부분에서 말한 것처럼 "인자는 강가에 가지 않아도 / 산은 내 머리맡에 와 앉아 쉬었다가 저 혼자 가고 / 강물도 저 혼자 돌아간다"는 경지에 도달하려면, 저도 참 많은 수양을 해야 할 것 같습니다.

그런데, 그런데 말입니다. 그렇게 김용택 시인의 삶 속으로 찾아온 강과 산은 김용택 시인에게 치근거리지 않습니다. 더욱이 내가 왔노라고, 내가 왔다 가노라고 말하며 자신의 존재를 소란스럽게 알리지 않습니다. 그 강과 그 산은 그저 머리맡에 와 앉아 쉬었다가 혼자 돌아가곤 할 뿐입니다. 그러므로 시인과 이들 사이에는 말이 필요 없습니다. 서로 가만히 바라다보거나 그저 함께 이 우주 속에 존재한다는 것 자체로 그들 서로간의 욕구를 만족시키고 있습니다.

이제 김용택의 시 〈그 강에 가고 싶다〉에서 마지막 연인 제3연을 함께 볼 시간입니다. 그 제3연을 다시 한 번 옮기고 이야기를 계속해 나가겠습니다.

그 강에 가고 싶다

    물이 산을 두고 가지 않고
    산 또한 물을 두고 가지 않는다
    그 산에 그 강
    그 강에 가고 싶다

  여기서 김용택은 "그 강에 가고 싶다"는 말을 두 번씩이나 반복합니다. 그런데 이 말은 직접 그 강에 가고 싶다는 의미도 되지만, 가만히 누워 있어도 자신에게 찾아오는 그 강을 맞이하고 싶다는 의미도 됩니다. 어쨌든 그는 '그 강'을 만나면서 살고 싶은 것입니다. 강은 그에게 스승과 같은 존재이니까요. 그러고 보면 그는 '그 강'이라는 스승을 마음속에 품고서 살고 싶은 것입니다. 그러나 그는 자신이 그 강에 가지 않으면 그 강이 자신을 버릴지도 모른다고 안달하지 않습니다. 그것은 "물이 산을 두고 가지 않고/산 또한 물을 두고 가지 않는" 것을 그가 알기 때문입니다. 강물이 산을 그 속에 품어안고, 산이 강물 속에 뿌리내리며 언제나 함께 가는 이 우주의 신비한 공존과 공생, 더 나아가 어울림의 신비를 그는 믿고 있기 때문입니다.

  그렇다면 그 강과 그 산은 그들을 사모하는 이 우주 속의 시인도 함께 맞이하여 데리고 갈 것입니다. 그 강에 그 시인이, 그 시인 속에 그 강이, 그 산에 그 시인이, 그 시인 속에 그 산이 함께 어울려 끝도 없는 이 우주사의 흐름 위에 몸을 싣고 갈 것입니다. 이때 그 강과 그 산과 그 시인은 우주사의 흐름 위에 동참한 친구와 같은 존재들입니다.

  이런 강과 산을 발견한 시인은 외로운 것 같지만 외롭지 않습니다. 조급한 것 같지만 조급하지 않습니다. 두려운 것 같지만 두렵지 않습니다. 혼자인 것 같지만 늘 친구가 있습니다. 힘든 것 같지만 힘들지 않습니다. 초라한 것 같지만 초라하지 않습니다. 가난한 것 같지만 가난하지 않습니다. 그는 고요하지만 깊이, 오래, 멀리 흐르는 강처럼, 무뚝뚝하지만 의연하게, 흔들림 없이, 영원의 모습으로 서 있는 산을 닮고자 하는 가운데, 그 강과 그 산을 수시로 자신의 삶 속에 초대하며 누구보다 넉넉하게 살아가는 자입니다.

# 이기철

벚꽃 그늘에 앉아보렴

## 벚꽃 그늘에 앉아 쉬어갈 때

1943년 경남 거창에서 태어났으며,

1972년 『현대문학』을 통해

등단했다.

시집으로 《청산행》

《우수의 이불을 덮고》《유리의 나날》

《내가 만난 사람은 모두 아름다웠다》

등이 있다.

## 벚꽃 그늘에 앉아보렴
### 이기철

벚꽃 그늘 아래 잠시 생애를 벗어 놓아보렴
입던 옷 신던 신발 벗어놓고
누구의 아비 누구의 남편도 벗어놓고
햇살처럼 쨍쨍한 맨몸으로 앉아보렴
직업도 이름도 벗어놓고
본적도 주소도 벗어놓고
구름처럼 하이얗게 벚꽃 그늘에 앉아보렴
그러면 늘 무겁고 불편한 오늘과
저당 잡힌 내일이
새의 날개처럼 가벼워지는 것을
알게 될 것이다

벚꽃 그늘 아래 한 며칠
두근거리는 생애를 벗어 놓아보렴
그리움도 서러움도 벗어놓고
사랑도 미움도 벗어놓고
바람처럼 잘 씻긴 알몸으로 앉아보렴
더 걸어야 닿는 집도
더 부서져야 완성되는 하루도
도전처럼 초조한 생각도
늘 가볍기만 한 적금통장도 벗어놓고
벚꽃 그늘처럼 청정하게 앉아보렴

그러면 용서할 것도 용서받을 것도 없는
우리 삶
벌떼 잉잉거리는 벚꽃처럼

넉넉해지고 싱싱해짐을 알 것이다
그대 흐린 삶이 노래처럼 즐거워지길 원하거든
이미 벚꽃 스친 바람이 노래가 된
벚꽃 그늘로 오렴

이기철 시인은 영남대학교에서 시를 가르치는 교수이자, 제가 그를 방금 시인이라고 호칭했듯이 한국의 중견 시인입니다. 그의 시는 언어가 아름답습니다. 언어가 아름답다는 저의 이 말을 어떻게 설명하면 좋을까요. 그것은 분명 그가 예쁜 말만을 골라 쓴다는 뜻이 아닙니다. 그렇다면 무엇일까요? 곰곰이 제가 한 말을 생각해보니, 저의 이 말은 이기철 시인이 언어를 잘 갈고 닦을 줄 안다는 뜻을 담고 있는 것 같습니다. 때로 시인들이 쓰는 언어에는 타제석기 시대의 도구처럼 거칠고 투박하지만 아주 직설적이면서 소박한 매력을 가진 경우가 있습니다. 이에 반해 마제석기 시대의 잘 갈린 도구처럼 매끄럽고 섬세하여 유연한 느낌을 주는 경우도 있지요. 이기철 시인의 언어는 이 중 후자에 속한다고 보아야 할 것입니다. 그러므로 그의 시를 읽고 있노라면, 감미롭고 유연한 파도에 몸을 싣고 있는 느낌이 옵니다.

이기철 시인이 1999년도 계간문예지 『문예중앙』 봄호에 〈벚꽃 그늘에 앉아보렴〉이라는 시를 발표했습니다(이 시는 이후 그의 시집 《내가 만난 사람은 모두 아름다웠다》 속에 수록되었습니다). 이 시는 우리의 삶을 고요히 성찰해보면서 쉬도록 안내하는 힘이 있습니다. 전문을 여기에 옮겨보면 다음과 같습니다.

    벚꽃 그늘 아래 잠시 생애를 벗어 놓아보렴
    입던 옷 신던 신발 벗어놓고
    누구의 아비 누구의 남편도 벗어놓고

햇살처럼 쨍쨍한 맨몸으로 앉아보렴

직업도 이름도 벗어놓고

본적도 주소도 벗어놓고

구름처럼 하이얗게 벚꽃 그늘에 앉아보렴

그러면 늘 무겁고 불편한 오늘과

저당 잡힌 내일이

새의 날개처럼 가벼워지는 것을

알게 될 것이다


벚꽃 그늘 아래 한 며칠

두근거리는 생애를 벗어 놓아보렴

그리움도 서러움도 벗어놓고

사랑도 미움도 벗어놓고

바람처럼 잘 씻긴 알몸으로 앉아보렴

더 걸어야 닿는 집도

더 부서져야 완성되는 하루도

도전처럼 초조한 생각도

늘 가볍기만 한 적금통장도 벗어놓고

벚꽃 그늘처럼 청정하게 앉아보렴


그러면 용서할 것도 용서받을 것도 없는

우리 삶

벌떼 잉잉거리는 벚꽃처럼

넉넉해지고 싱싱해짐을 알 것이다

그대 흐린 삶이 노래처럼 즐거워지길 원하거든

이미 벚꽃 스친 바람이 노래가 된
벚꽃 그늘로 오렴
— 〈벚꽃 그늘에 앉아보렴〉 전문

　시를 다 읽고 나니 마음이 편해지질 않습니까? 아마도 그러리라고 짐작합니다. 저 자신도 이 시를 처음부터 다 읽고 난 지금, 다시금 편안해지는 제 마음을 느낄 수 있으니까요.
　이기철 시인은 그의 시 〈벚꽃 그늘에 앉아보렴〉에서 우리를 '벚꽃 그늘'로 초대합니다. 벚꽃은 역사적 아픔을 갖고 있는 꽃이라고 해서 우리나라 사람들은 벚꽃의 아름다움을 있는 그대로 느끼지 못할 때가 많습니다. 그러나 여기서는 일본 식민지 시절과 얽힌 역사성은 잠시 뒤로 미뤄둔 채, 벚꽃나무 그 자체의 미와 신비 속으로 들어가 보는 게 어떨까요? 그것은 일제 강점기의 비극을 무시해서가 아니라 그것이 이 시를 보다 잘 감상하기 위한 방법이기 때문이지요.
　여러분들은 벚꽃 그늘에 앉아본 추억이 있습니까? 잎보다 꽃이 먼저 피는 벚나무의 화려한 꽃들은 그 꽃들 자체로 그늘을 만듭니다. 벚꽃 그늘이 아니더라도 그늘은 얼마나 편안하고 아늑한 공간입니까? 우리는 몸과 마음이 피곤해 지쳐 있을 때, 손바닥만한 그늘이라도 찾아가려고 하지 않습니까? 부모님들이 우리에게 만들어주는 그늘, 믿음직한 인생의 선배가 만들어주는 그늘, 훌륭한 종교가 만들어주는 그늘, 처마 밑의 한 뼘쯤 되는 작은 그늘, 동네 한가운데 서 있는 당산나무의 그늘, 파라솔로 만드는 그늘, 나무 아래 펼쳐진 넓은 그늘, 아, 그중에 이기철 시인이 말하는 꽃 그늘도 있습니다. 꽃 그늘에 앉아 있으면 꽃의 향기가 스미나요? 꽃의 그늘에 들어가면 꽃의 색깔이 배어드나요? 꽃의 그늘에 몸을 맡기면 꽃의 노랫소리가 들리나요? 아마 그렇겠지요. 꽃 그늘은 꽃 그늘로서의 매력을 풍기고 있겠지요. 그렇지 않다면 누가 그 그늘을 찾아가겠어요.

그러면 우리 함께 이기철 시인이 초대하는 벚꽃 그늘로 찾아가봅시다. 그런데 이기철 시인은 그 꽃 그늘에 들어온 사람들에게 또다시 많은 권유를 합니다. 힘들고 고단한 당신들, 그동안의 무거운 생애를 잠시 이 그늘 아래 벗어놓으면 어떻겠어요. 그리고 진짜 잘 씻긴 알몸이 되어 꽃 그늘 아래에서 뒹군다면 어떻겠어요. 벚꽃 그늘로 들어오려면 당신의 무거운 생애를 잠시나마 벗어놓을 때, 그 참뜻이 살아날 수 있어요. 그러니 제 말대로 한번 무거운 생애를 벗어놓아볼까요?

이기철 시인은 우리가 벗어나야 할 세목을 알려줍니다. 물론 이것은 비유적이고 상징적인 것들이지요. 그러나 이런 비유와 상징의 언어들을 잘 듣다 보면 어느새 우리의 몸은 깨끗하게 잘 씻겨져 꽃 그늘 아래에 '성자'처럼 깃들이게 된 것 같아요. 이기철 시인은 우리에게 "입던 옷 신던 신발 벗어놓"으라고, "누구의 아비 누구의 남편도 벗어놓"으라고, "직업도 이름도 벗어놓"으라고, "본적도 주소도 벗어놓"으라고, "그리움도 서러움도 벗어놓"으라고, "사랑도 미움도 벗어놓"으라고, "더 걸어야 닿는 집도" 벗어놓으라고, "더 부서져야 완성되는 하루도" 벗어놓으라고, "도전처럼 초조한 생각도" 벗어놓으라고, "늘 가볍기만 한 적금통장도 벗어놓"으라고 우리에게 알려줍니다. 그렇게 일상의 짐과 같았던 것을, 우리 자신을 서서히 짓누르며 다가왔던 것을 훌훌 벗어버리라고 알려줍니다. 그리고 모처럼 벚꽃 그늘 아래, 벚꽃 그늘처럼 맑은 마음이 되어 앉아보라고 권유합니다. 이렇게 되고 보면 벚꽃 그늘 아래에는 벚꽃 그늘을 닮은 한 자유인이 앉아 있는 셈입니다.

자유(自遊)의 시간을 맞이한다는 것, 허심(虛心)의 시간을 맞이한다는 것, 쉴 수 있는 시간을 맞이한다는 것, 일상성과 의무감을 벗어버린다는 것, 이 모든 것은 우리들의 삶 속에서 너무나도 중요한 것입니다. 저는 가끔 생각합니다. 우리는 일하기 위하여 이 세상에 왔는가, 아니면 아주 잘 쉬기 위하여 이 세상에 왔는가 하고 말입니다. 이 세속적인 세상의 논리에 세뇌당한 우리들은, 이런 물음 앞에서 대번 말할 것입니다. 우리들은 일하기 위하여 세상에 왔고, 쉰다는 것은 더 잘하기 위한 하나의 수단에 불과하다고 말입니다. 정말 그럴까요? 그럴지도 모르겠습니다. 그러나 우리의 일이 레저처럼 즐거움의 과정으로 이루어진 것이 아니라면, 그리고 우리들의 일상이 레저처럼 우리를 가볍게 하는 것이 아니라면, 모든 일과 일상은 고통을 수반합니다. 그래도 우리는 일하기 위해 이 세상에 왔고, 쉼은 단지 일을 하기 위한 수단이라고 말하는 것이 전적으로 타당할까요? 현실적으로 보면 우리의 많은 일들은, 이 경쟁사회에서 살아남기 위한 수단일 때가 많습니다. 실제로 일은 대부분 도구적입니다. 될 수만 있다면 그 일로부터 벗어나고 싶어합니다. 그렇다면 이쯤에서 다른 말도 해볼 수 있지 않을까요? 우리가 고단한 일 혹은 도구적인 일을 하는 것은 더 잘 쉬기 위한 수단이거나, 우리의 일이란 쉬는 것과 같은 즐거움과 평화 속에서 이루어져야 한다고 말입니다.
　저는 가끔 생각합니다. 인간에게 가장 중요한 것은, 물론 사람에 따라 다르겠지만, 생명을 유지할 만한 세 끼의 밥과 마음의 평화라고 말입니다. 이 중 첫째는 말할 것도 없이 생명을 유지할 만한 세 끼의 식사이겠지요. 그리고 다음은 마음의 평화입니다. 누구는 명예라고, 누구는 부자가 되는 것이라고, 누구는 학식을 쌓는 것이라고 말할지 모르겠습니다. 저는 이런 심정들을 충분히 이해합니다. 그러나 여러분들이 가만히 잘 생각해본다면 제가 앞에서 한 말에 동의할 수도 있을 것이라 여겨집니다. 생명을 유지할 만큼의 밥과 마음의 평화, 저는 이 두 가지를 우리 인생의 에센스라고 보는 것입니다.

이기철 시인은 그의 시 〈벚꽃 그늘에 앉아보렴〉에서 우리에게 마음의 평화를 느껴보라고 권유합니다. 그래서 그는 그 방법으로 우리가 우리를 억압하던 모든 것들을 지적하며, 그것을 잠시나마 벗어버리지 않겠느냐고 제안합니다. 그야말로 맨몸의 자연이 된 상태에서 맨몸으로 그늘을 만들고 있는 벚꽃 그늘에, 마치 벗어도 부끄럽지 않은 이들처럼 벚꽃과 우리가 몸을 섞는다면, 그것은 최고의 열락을 안겨줄 것이라고, 그는 말합니다. 이처럼 너와 내가 무위(無爲)의 빈 몸 속에서 평화의 순간을 만들어내었을 때, 우리는 자학과 피학, 방어와 공격, 타산과 이익 등의 세속적 손익계산서를 넘어서서 하나의 무해한 자연이 되고 맙니다.

이기철 시인은 우리에게 다시 말합니다. 당신들이 당신들을 억압했던 모든 것으로부터 벗어나 벚꽃 나무 그늘이 만들어줄 그 평화 속으로 깃들인다면, "용서할 것도 용서받을 것도 없는" 무심(無心)의 경지에 도달할 수 있을 것이라고 말입니다. 애증의 인간적 감정을 넘어선 그 무심의 자리에 깃들인다면, 당신들은 "벌떼 잉잉거리는 벚꽃처럼" 당신들의 몸이 "넉넉해지고 싱싱해짐을 알 것"이라고 말입니다. 넉넉해지고 싱싱해지는 우리의 몸을 상상한다는 것은 상상만으로도 참 기분 좋은 일입니다. '넉넉함'이란 얼마나 높은 단계인가요? '싱싱함'이란 것 또한 얼마나 드높은 단계인가요? 우리가 '넉넉함'과 '싱싱함'을 갖춘다면, 우리의 몸은 모든 것을 다 갖춘 것이나 마찬가지일 겁니다.

또한 이기철 시인은 말합니다. 그대의 "흐린 삶이 노래처럼 즐거워지길 원하거든" "벚꽃 그늘로 오렴"이라고 말입니다. 흐린 삶이 노래처럼 즐거워진다는 것은 무엇을 뜻하는 것일까요? 우리의 삶은 일반적으로 흐려 있습니다. 우리는 우울하고 불안하고 무겁고 어려운 삶을 살기가 일쑤입니다. 하루를 다 살고 난 후에, 우리는 오늘 하루를 참 잘 살았다고 생각하는 경우보다 그렇지 않은 경우가 훨씬 많습니다. 그야말로 '흐린 날'의 연속과 같은 우리들의 삶을 어떻게 노래의 단계로 끌어올릴 수 있을까요? 우리의 삶이란 본래 인간으로서의 운명적인 조건을 지고 살아갈 수밖에 없는 것이라서, 우리의 삶이 늘 노래처럼 즐거울 수는 없겠지만, 가능하다면 그런 세계로 끌어올리는 방법은 없을까요? 이기철 시인은 우리에게 그 방법을 은밀히 알려줍니다. 그가 알려준 방법은 "벚꽃 스친 바람이 노래가 된/벚꽃 그늘로 오라(렴)"는 것입니다. 이 부분은 아주 비유적인 표현이라서 약간의 설명이 필요합니다. 저는 이기철이 말한바 "벚꽃 스친 바람이 노래가 된/벚꽃 그늘"은 모든 일상의 짐을 벗어놓고 바람처럼 가벼워진 몸으로 벚꽃 그늘의 그 아늑하고 편안한 곳으로 들어오라는 것을 뜻한다고 봅니다. 노래가 된 바람과 일상의 짐을 벗어놓은 자유인 그리고 벚꽃이 만든 그늘의 만남 속에서라면 노래처럼 즐거운 시간이 만들어질 것이라 생각합니다.

저는 다시금 조심스럽게 말합니다. 우리에게 가장 중요한 것은 세 끼의 따뜻한 밥과 마음의 평화라고 말입니다. 세 끼의 따뜻한 밥을 잃는 것이 육체적인 목숨을 잃는 일이라면, 마음의 평화를 잃는 일은 정신적인 생명을 위협받는 일입니다. 우리는 세 끼의 따뜻한 밥을 벌어야 합니다. 왜냐하면 인간은 생물로서의 조건을 저버릴 수 없기 때문입니다. 또한 우리는 마음의 평화를 위해 노력해야 합니다. 왜냐하면 인간이 영혼을 가진 존재로서 소망하는 바이기 때문입니다. 특히 이런 마음의 평화를 위해, 우리는 여러 가지 길을 모색할 수도 있겠으나, 이기철 시인이 그의 시 〈벚꽃 그늘에 앉아보렴〉에서 제안하듯이, 가벼워진 알몸으로 벚꽃 그늘의 무위(無爲) 속으로 들어가보는 것도 가능할 것입니다.

저도 여러분들이 편안히 쉴 수 있기를 소망합니다. 그리고 넉넉해지고 싱싱해지는 몸을 느끼실 수 있기 바랍니다. 더욱이 그 속에서 참다운 자유인의 시간을 만끽할 수 있기 바랍니다. 우리는 초조하고 불안한 존재가 되기 위해 태어난 것이 아닙니다. 그러나 평화와 자유의 노래같이 즐거운 시간은 전적으로 노력에 의하여 만들어집니다. 진정으로 쉴 줄 아는 자에게 복이 있나니, 천국이 저희 것이라는 말이 입 안에서 빙빙 맴도는군요.

그러면 글을 마치면서 이기철 시인의 시 중 마지막 연을 함께 읽어볼까요? 이 부분을 읽는 동안 뭔가 흩어졌던 마음이 다시금 정리되는 느낌을 받을 것입니다.

> 그러면 용서할 것도 용서받을 것도 없는
> 우리 삶
> 벌떼 잉잉거리는 벚꽃처럼
> 넉넉해지고 싱싱해짐을 알 것이다
> 그대 흐린 삶이 노래처럼 즐거워지길 원하거든
> 이미 벚꽃 스친 바람이 노래가 된
> 벚꽃 그늘로 오렴

# 이준관

여름밤

## 아름다운 여름밤은 뜬눈으로 새우자

1949년 전북 정읍에서 태어났으며,

1974년 『심상』을 통해

등단했다.

시집으로

《황야》《가을 떡갈나무 숲》

《열 손가락에 달을 달고》

등이 있다.

# 여름밤

### 이준관

여름밤은 아름답구나.
여름밤은 뜬눈으로 지새우자.
아들아, 내가 이야기를 하마.
무릎 사이에 얼굴을 꼭 끼고 가까이 오라.
하늘의 저 많은 별들이
우리들을 그냥 잠들도록 놓아주지 않는구나.
나뭇잎에 진 한낮의 태양이
회중전등을 켜고 우리들의 추억을
깜짝깜짝 깨워놓는구나.
아들아, 세상에 대하여 궁금한 것이 많은
너는 밤새 물어라.
저 별들이 아름다운 대답이 되어줄 것이다.
아들아, 가까이 오라.
네 열 손가락에 달을 달아주마.
달이 시들면
손가락을 펴서 하늘가에 달을 뿌려라.
여름밤은 아름답구나.
짧은 여름밤이 다 가기 전에 (그래, 아름다운 것은 짧은 법!)
뜬눈으로
눈이 빨개지도록 아름다움을 보자.

**여름을** 생각하면 무더위가 떠오릅니다. 온화한 봄이 가고 여름이 다가오기 시작하면 우리는 그 초입부터 다가올 무더위를 생각하며 은근히 걱정하게 됩니다. 이 여름을, 그것도 정오의 뜨거운 태양을 어떻게 달래며 한 계절을 넘어갈 수 있을지 염려스러운 것이지요.

그러나 저는 여름이 오면 여름밤을 생각합니다. 아, 이 세상에는 언제나 빛과 그림자가 함께 존재한다더니, 여름은 이렇게 아름다운 밤을 그 속에 숨기고 있었구나 하는 생각을 하는 것입니다. 여름은 이런 여름밤이 있어서 견딜 만합니다. 아니, 이런 여름밤이 있어서 기다려집니다. 여름밤의 추억을 어디 이 지면에 다 열거할 수 있을까요? 그야말로 여름밤이란 '한여름밤의 꿈'이 전개될 수 있는 시간이지요.

마침 이준관 시인의 시 가운데 이런 여름밤의 아름다움을 노래한 시가 있습니다. 그 시제목은 '여름밤'입니다. 이 시를 쓴 이준관 시인은 지금 중고등학교 교사를 하고 있지만, 원래 교육대학을 졸업한 시인입니다. 그래서인지 이준관 시인의 시 속에는 동시적 상상력이 저변에 흐르고, 세상에 대한 긍정과 희망의 목소리가 가득 찹니다. 이런 시적 분위기는 우리 시단에서 조금 예외적인 경우입니다. 20세기 우리 시사는 기본적으로 부정정신 혹은 비판정신에 토대를 두고 세계의 긍정적인 면보다는 부정적인 면을 더 깊숙이 파헤치는 데 힘을 쏟았습니다. 시인들은 이것이 지식인으로서의 시인의 임무이고 현대사회의 모순을 극복하는 길이라고 여긴 듯합니다. 그러므로 실제로 우리 시단의 많은 시를 읽어보면, 보통 사람들이 시에 대하여 갖고 있는 낭만적 정조와는 아주 다르게 날카로운 사실적 세계 인식이 주류를 이룹니다. 이런 가운데서 이준관의 상상력과 정신은 아주 이채로운 것입니다. 그의 긍정적이며 희망적인 상상력, 게다가 동시적 분위기까지 창조하는 그 모습은 우리로 하여금 모처럼 어둠 속을 뚫고 나온 태양을 본 듯한 느낌을 갖게 합니다. 또 다르게 비유하자면 낡을 대로 낡아빠지고 영리해질 대로 영리해진 어른들의 세상에서 갑자기 생동감 넘치는 예쁘고 착한 아이 하나가 나타난 것을 본 느낌을 줍니다. 저는 이준관 시인이 가진 이런 긍정과 희망과 순수한 상상력을 소중하게 생각합니다. 부정과 비판을 통해 긍정에 도달하는 것도 아주 좋은 방법이지만, 긍정과 포용을 통해 더 큰 긍정에 도달하는 방법도 역시 좋은 방법이기 때문입니다. 저는 이런 이준관의 정신을 보면서 이 엄격한 사실주의 시대에 푸근하고 정감이 넘치는 한 낭만주의적 인간형을 보는 느낌입니다.

　이준관은 세 권의 시집을 갖고 있습니다. 첫 시집은 《황야》이고, 둘째 시집은 《가을 떡갈나무 숲》이며, 셋째 시집은 《열 손가락에 달을 달고》입니다. 이 가운데서 시단의 주목을 받은 것은 둘째 시집 《가을 떡갈나무 숲》과 셋째 시집 《열 손가락에 달을 달고》입니다. 제가 여러분들과 함께 감상하고자 하는 작품은 그 제목이 앞서 말했듯이 〈여름밤〉인데, 이 시는 셋째 시집 《열 손가락에 달을 달고》의 맨 첫 장에 실려 있습니다. 그만큼 시인 자신이 특히 아끼는 작품인가 봅니다. 그러면 이제 전문을 먼저 옮겨볼까요?

　여름밤은 아름답구나.
　여름밤은 뜬눈으로 지새우자.

아들아, 내가 이야기를 하마.
무릎 사이에 얼굴을 꼭 끼고 가까이 오라.
하늘의 저 많은 별들이
우리들을 그냥 잠들도록 놓아주지 않는구나.
나뭇잎에 진 한낮의 태양이
회중전등을 켜고 우리들의 추억을
깜짝깜짝 깨워놓는구나.
아들아, 세상에 대하여 궁금한 것이 많은
너는 밤새 물어라.
저 별들이 아름다운 대답이 되어줄 것이다.
아들아, 가까이 오라.
네 열 손가락에 달을 달아주마.
달이 시들면
손가락을 펴서 하늘가에 달을 뿌려라.
여름밤은 아름답구나.
짧은 여름밤이 다 가기 전에 (그래, 아름다운 것은 짧은 법!)
뜬눈으로
눈이 빨개지도록 아름다움을 보자.

— 〈여름밤〉 전문

　이 시의 첫 줄은 "여름밤은 아름답구나"로 시작됩니다. 그러므로 시인의 이 말에 동의해야만 이 시의 뒷부분을 더 읽어나갈 수 있습니다. 그래, 여러분들은 "여름밤은 아름답구나"라고 한 시인에게 동의할 수 있습니까? 그의 말에 공감할 수 있습니까? 도회에 살면서 여름밤을 제대로 구경하고 느껴보지 못한 사람들도 있겠지요. 아파트 안에 갇힌 채 텔레비전이나 틀어놓고, 바람을 비틀어 짜내는 에어컨 바람에 의지하면서 여름밤을 보낸 사람들도 있겠지요. 스모그 때문에 여름밤을 즐기기는커녕, 마스크를 쓰고 길거리를 오고 간 사람들도 있겠지요. 도시가, 문명이 여름밤을 앗아갔기 때문입니다. 여름밤의 어둠을 전깃불로 몰아내고, 밤하늘의 별 대신 네온사인을 켜놓고, 지구의 자녀인 달빛 대신 수은등을 켜놓고 살다 보니, 여름밤은 자취도 없이 사라진 것이지요.

 그러나 도회와 문명이 여름밤을 앗아갔다 하더라도 조금만 시간을 내서 밖으로 나가보면 아직도 여름밤은 옛날 그대로 살아 있습니다. 낮 동안 무더웠던 바람결은 시원하고, 작열하던 태양은 부드럽게 몸을 피하고, 캄캄한 어둠 속으로 반딧불이가 날고, 먼 곳에서 새 소리가 흥겹고, 하늘에는 셀 수 없이 많은 별들이 꽃밭처럼 별밭을 이루고 있습니다. 그뿐인가요. 시간에 따라 달은 천천히 하늘을 감돌고, 그 주위를 구름이 따라다닙니다. 이런 여름밤에 우리는 그 밤을 즐기기 위하여 돗자리 하나쯤은 펴야겠지요. 마당이 있다면 마당 한가운데 펴보십시오. 마당이 없다면 작은 공터에라도 돗자리를 펴보십시오. 작은 공터조차 없으면 여러분들 집 위의 옥상 한 모퉁이에 돗자리를 펴보십시오. 그것도 저것도 가능하지 않다면, 그냥 풀밭 위에 벌렁 누워보십시오. 그러면 자연스럽게 여름밤이 느껴질 것이고, 그 느낌은 분명 이준관 시인이 말했듯이 '아름답구나'라고 올 것입니다.

 여름밤의 바람결은 아무리 맞아도 싫지 않습니다. 여름밤의 별들은 유난히 굵고 밝습니다. 여름밤의 벌레들은 맑은 음성으로 울어젖힙니다. 여름밤의 달빛은 은은합니다. 여름밤의 나무들은 그윽합니다. 여름밤의 구름은 신비롭습니다. 여름밤의 어둠은 무섭지 않습니다.

제가 너무 여름밤을 극찬했나요? 그러나 저 역시 이준관 시인처럼 여름밤은 '아름답구나'라는 감탄사를 내보이지 않을 수 없는 심정이며, 여름은 여름밤이 있어서 아름답고, 여름의 길고 무더운 한낮은 여름밤이 오기 위한 준비 과정이라고 말할 수밖에 없습니다.

이준관 시인은 이어서 다음과 같이 말합니다. "여름밤은 뜬눈으로 지새우자"고 말입니다. 그는 너무나도 아름다운 여름밤을 잠의 시간으로 넘겨버릴 수 없다고 말합니다. 눈을 감고 잠들지 못하게 할 만큼 아름다운 시간, 그 시간이 여름밤이라는 것이겠지요. 이준관 시인은 이런 시간에 아들을 부릅니다. 이때의 아들은 딸일 수도 있고, 손자일 수도 있고, 조카일 수도 있고, 또 다른 그 누구일 수도 있겠지요.

아들을 부른 이준관 시인은 그 아들에게 "내가 이야기를 하마" 하고 그를 이야기의 시간으로 초대합니다. 여름밤은 자연이 있어서도 아름답지만, 이런 이야기가 있어서 더 아름답기도 하지요. 그런데 이 시가 빛나는 것은 "아들아, 내가 이야기를 하마"라고 말한 아버지이자 시인이, 이어서 "무릎 사이에 얼굴을 꼭 끼고 가까이 오라"고 아들에게 보낸 무한정의 애정 때문입니다. 한번 상상해보세요. 여름밤, 아버지의 무릎 사이에 얼굴을 끼고 달려온 아들에게 아버지가 이야기를 들려주는 풍경에 대하여…… 여기서 아버지와 아들은 완전히 한 몸처럼 가까워집니다. 서로에 대한 믿음과 애정 그리고 기대가 전혀 어긋남 없이 하나로 이어져 있습니다. 이렇게 아들을 부른 아버지이자 시인인 이준관은 아들의 얼굴을 무릎 사이에 끼우고 그가 이야기할 수밖에 없는 이유를 설명합니다. 그 설명의 내용은 "하늘의 저 많은 별들이 / 우리들을 그냥 잠들도록 놓아주지 않는구나"라는 말 속에 있습니다.

여름날, 우리가 육안으로 볼 수 있는 하늘의 별은 6000개 정도가 된다는 소리를 들었습니다. 그런데 어찌 된 일인지 제 기억으로는, 제가 저희 집 시골 마당에 자리를 펴고 누워서 바라본 어느 여름날의 별들이 6000개가 아니라 수만 개가 되었던 것 같습니다. 저는 지금도 그날의 그 별들을 잊을 수 없습니다. 아, 하늘의 저 끝에서 이 끝까지, 그 넓은 하늘 전체를 가득히 메운 별들을 어떻게 잊을 수 있단 말인가요. 가린 곳 하나 없이 온전히 드러난 그 넓은 하늘에 있는 것은 오직 별들뿐이었습니다. 큰대자로 누워 그 별을 한없이 바라보고 있노라니 저 자신이 별나라에 사는 것 같았습니다. 하기야 우리 은하계의 별이 약 2000억 개 정도이고, 이런 은하계가 또다시 저 너머에 약 2000억 개 정도 있다고 하니까, 제가 그날 본 여름밤의 별들이란 이 우주 속의 작은 마당가에 핀 꽃 정도밖에 안 되겠지요. 그러나 그 많은 별들을 보고, 아무 말 없이 가만히 있기란 여간 어려운 게 아니었습니다. 제 입 속에서 튀어나오는 감탄사를 어떻게 소화시킬 수가 없을 정도였습니다. 그러니 이준관 시인이 아들의 얼굴을 무릎 사이에 끼고, 저 많은 별들이 우리들을 그냥 잠들도록 놓아주지 않기 때문에 너에게 이야기를 들려줄 수밖에 없다는 심정을 충분히 이해할 수 있지요. 그런데 이것은 이해의 차원이 아니라 감동의 차원입니다. 여름밤과 별 그리고 아버지의 아들에 대한 무한의 애정이 중첩되는 이 풍경을 두고 어찌 감동하지 않을 수가 있겠습니까?

여러분들도 부모의 무릎 사이에 얼굴을 꼭 끼고 부모님이 들려주는 이야기에 눈을 반짝인 적이 있습니까? 아니면 여러분들도 아이들의 얼굴을 무릎 사이에 꼭 끼게 하고 그들에게 저 별 때문에 이야기를 들려주어야겠다고 신화적인 시간 속으로 들어간 적이 있었나요?

이준관 시인은 또다시 말합니다. 여름밤이, 별들이, 태양이, 너와 나로 하여금 추억의 시간 속으로 빠져들지 않을 수 없도록 한다고 말입니다. 이들은 추억을 불러들이는 안내자인 셈입니다. 그러니 추억에 붙들리지 않으려고 애를 써도, 여름밤의 숱한 아름다운 풍경들 때문에 추억 속으로 시간 여행을 할 수밖에 더 있겠느냐고 말입니다. 이준관 시인은 또한 무릎에 얼굴을 꼭 끼게 하고 서로 마주 본 아들을 향하여 말합니다. "아들아, 세상에 대하여 궁금한 것이 많은 / 너는 밤새 물으(어)라"고 말입니다. 아버지는 이 여름밤, 아들에게 한없이 너그러워져 있고, 아버지는 이 여름밤을 통하여 그에게 좋은 인생의 선배가 되고 싶었던 것 같습니다. 그러나 그는 아주 재치 있게도 네가 묻는 말에 대한 답을 내가 말로 하기보다 별들이 그것을 대신해줄 것이라고 말합니다. 참으로 시적인 답을 했습니다. 그는 한계투성이인 언어를 사용하기보다 저 밤하늘의 별들을 바라보면 너에게 아름다운 대답이 들릴 것이라고 한 것입니다. 개념적으로 본다면 별들이 무슨 말을 하겠습니까? 별들은 가스 덩어리이거나 바위 덩어리에 불과한데요. 그러나 별들의 상징성을 아는 시인은 이 여름밤에 별들을 보는 것 그 자체가 네 인생의 궁금증을 해소시켜주고 네 인생을 성장시켜줄 것이라고 생각하는 것입니다.

이준관 시인은 다시 아들을 부릅니다. "아들아 가까이 오라"고, 너에게 또 해줄 일이 남아 있다고 하면서 말입니다. 그는 더욱더 시적인 비약을 해서 "네 열 손가락에 달을 달아주마" 라고 말합니다. 과학적으로 본다면 손가락에 달을 달아준다는 것은 있을 수도 없는 일입니다. 그러나 시인의 상상력은 이런 것을 가능케 합니다. 그리고 인간의 상상력은 그런 상상력의 진가를 알아차립니다. 이렇게 해서 작품 속의 아들은 열 손가락에 달을 달게 되었습니다. 그는 마침내 달이 된 것입니다. 그는 당당히 여름밤의 별과 함께 하늘을 떠돌

수 있는 달이 된 것입니다. 그뿐인가요. 남들이 다 잠든 저녁 깊은 시간, 그들의 잠자리를 밝혀주고 덮어줄 수 있는 달이 된 것입니다.

시인은 이렇게 아들의 열 손가락에 달을 달아주고 그에게 부탁을 합니다. "달이 시들면／손가락을 펴서 하늘가에 달을 뿌리(려)라"고 말이에요. 그러면 여름밤에는 언제나 달이 뜰 것이고, 그 달로 인하여 사람들은 여름밤을 즐기며 아들의 얼굴을 무릎에 끼고 끝없는 추억담을 아름답게 이어갈 것입니다. 상상만 해도 마음이 환해지는 풍경입니다.

이준관 시인은 다시 반복합니다. 아무리 생각해도 "여름밤은 아름답"다는 것입니다. 그러나 여름밤이 짧다는 것을 그는 압니다. 실제로 여름밤은 밤 중에서 가장 짧은 밤입니다. 그러므로 밤도 늦게 시작될 뿐만 아니라 밤이 끝나는 것도 아주 이릅니다. 이 짧은 시간에 우주의 신비가 응축돼 있기 때문에 여름밤은 특별히 아름다운 것인가요, 아니면 아름답기 때문에 여름밤은 짧게 만들어진 것인가요?

시인은 이런 짧고 아름다운, 아니 짧기 때문에 아름답고 아름답기 때문에 짧은 여름밤을 고스란히 뜬눈으로 지켜보고자 합니다. 그는 아들을 향하여, "짧은 여름밤이 다 가기 전에／뜬 눈으로／눈이 빨개지도록 아름다움을 보자"고 제안합니다. 아름다움은 그처럼 짧고 소중한 것이기 때문에 "눈이 빨개지도록" 보아야만 하는 것인가요. 아름다운 풍경이 너무나도 귀하기 때문에 그것을 놓치기 싫다는 것인가요. 어쨌든 좋습니다. 아름다운 풍경은 아무리 보아도 눈이 아프지 않으니까요. 그 풍경이 먼 곳에 있지 않고 해마다 찾아오는, 여름이면 날마다 찾아오는 여름밤 속에 있으니까요.

여름밤이 아름답다고 느껴본 적이 없는 도회인이라면 여름이 오거들랑 여름밤을 맞이하러 나가보세요. 여름밤은 방 안에 있지 않고 자연 속에 있습니다. 여름밤의 아름다움에 취해보지 않고 어떻게 자연의 아름다움을, 그리고 삶의 환희를 말할 수 있겠습니까? 여름밤을 진정 몸 전체로 아름답게 받아들일 수 있을 때, 여러분들의 몸은 여름밤을 닮아 아름다워질 것입니다. 이런 생각과 말들이 조금은 동화적인 유치함을 갖고 있는 것 같지만, 우리들의 마음속에 이런 아름다운 유치함을 한 켠에 간직하고 산다는 것은 꽤 괜찮은 일이 아닐까요? 요즘 들어 어른을 위한 동화가 출간되고 그것이 관심을 끄는 것도 이런 점과 연결돼 있을 것입니다. 몸 속에 동심이 남아 있는 한, 우리는 영원히 늙지 않을지도 모릅니다. 동심은 우리 몸 속의 작은 우물과 같은 것이니까요.

# 안도현

너에게 묻는다

너는 누구에게 한 번이라도
뜨거운 사람이었느냐

1961년 경북 예천에서 태어났으며,

1984년 『동아일보』 신춘문예를

통해 등단했다.

시집으로《서울로 가는 전봉준》

《그리운 여우》

《그대에게 가고 싶다》

《바닷가 우체국》

등이 있다.

## 너에게 묻는다
### 안도현

연탄재 함부로 발로 차지 마라
너는
누구에게 한 번이라도 뜨거운 사람이었느냐

**안도현**을 아시는지요. 물론 알고 있겠지요. 그는 최근 들어 아주 유명해졌으니까요. 그렇다면 여러분은 그를 어떤 사람으로 알고 있습니까? 어른을 위한 동화작가라고요. 그렇습니다. 그는 어른을 위한 동화작가입니다. 그가 펴낸 어른을 위한 동화로는 《연어》와 《관계》가 있습니다. 아, 요즘(1999년) 문학지를 보니까 계간 『문학동네』에 《미키》라는 또 하나의 어른을 위한 동화를 연재하고 있더군요. 그러나 이 중 《연어》가 가장 잘 알려져 있습니다. 안도현의 《연어》는 참으로 많은 사람들이 읽은 것 같습니다. 초등학교 아이들에서부터 노인들에 이르기까지 말입니다.

그런데 독자가 어린이든 노인이든 간에 안도현의 《연어》를 읽은 사람이라면 이 동화 속에 나오는 '눈맑은연어'와 '은빛연어'를 기억할 것입니다. 그리고 이들이 모천을 찾아가며 나누던 그 드높은 이상과 따스한 우정을 기억할 것입니다. 어디 그뿐이겠습니까? 이들이 모천에 다다라 산란을 마친 뒤에 보여준, 그 쓸쓸하나 아름다운 죽음의 시간도 기억할 것입니다. 저는 금방 앞에서 '쓸쓸하나 아름다운 시간'이라는 모순된 표현을 썼습니다. 그게 무엇을 뜻하는지 궁금하시겠지요? 말할 것도 없이 이 '쓸쓸하나 아름다운 시간'이란 알을 낳고 그 알의 부화를 기다리며 자신들을 주검으로 하얗게 만든 어미 연어의 시간을 뜻합니다. 안도현은 이 작품의 끝부분에서 자기가 낳은 알의 부화를 기다리며 죽은 어미의 속마음을 다음과 같이 표현하고 있습니다.

은빛연어와 눈맑은연어.

그들은 눈을 감기 전에 서로를 마지막으로 바라보면서 이렇게 말할지도 모른다.

"저 알들 속에 맑은 눈이 들어 있을 거야."

"그 눈들은 벌써부터 북태평양 물 속을 훤히 들여다보고 있을지도 몰라."

라고.

그리고.

초록강에는 겨울이 올 것이다.

겨울이 오면 강은 강물이 얼지 않도록 얼음장으로 만든 이불을 덮을 것이다. 강은 그 이불을 겨우내 걷지 않고 연어알을 제 가슴 속에다 키울 것이다. 가끔 초록강의 푸른 얼음장을 보고 누군가 지나가다가 돌을 던지기도 할 것이고, 그 때마다 강은 쩡쩡 소리내어 울 것이다.

봄이 올 때까지는 조심하라고, 가슴 깊은 곳에서 어린 연어가 자라고 있다고.

연어알을 품고 있는 강물의 모습이 아름답지요? 어미 연어는 이런 강물의 깊고 따스한 마음을 믿으며 눈을 감았습니다. 강물의 품 속에서 연어알이 건강하게 부화될 것이라 믿은 것입니다.

안도현의 시 〈너에게 묻는다〉를 감상하려다 안도현의 동화에 관한 이야기를 조금 길게 했군요. 그러나 여기에는 뜻이 있습니다. 안도현의 어른을 위한 동화 《연어》의 세계야말로 안도현의 시 〈너에게 묻는다〉는 말할 것도 없고 그의 다른 시를 이해하는 데에도 아주 큰 도움이 되기 때문이에요. 저는 〈너에게 묻는다〉를 비롯한 안도현의 시세계 전체를 가리켜 한마디로 "드높은 이상주의자와 숭고한 낭만주의자의 세계"라고 표현한 적이 있었어요. 그런데 이 표현은 그의 동화세계를 가리키는 데도 적합하다고 생각해요.

그럼 이제 여기서 함께 감상해보고자 하는 안도현의 시 〈너에게 묻는다〉로 넘어갈까요. 그러기 위해서는 전문을 인용하는 것이 먼저 필요하겠지요.

연탄재 함부로 발로 차지 마라
너는
누구에게 한 번이라도 뜨거운 사람이었느냐
—〈너에게 묻는다〉 전문

아주 짤막한 시입니다. 겨우 3행에 불과합니다. 이 시는 안도현이 등단(1984년 『동아일보』에 〈서울로 가는 전봉준〉이 당선됨) 이후에 세 번째로 낸 시집 《외롭고 높고 쓸쓸한》 속에 들어 있습니다. 파란 표지에 시인의 초상이 어슴푸레하게 숨어 있는 이 시집의 첫 장을 열어보면 곧바로 〈너에게 묻는다〉라는 이 시가 실려 있습니다. 대부분의 시인들이 자신의 시집 첫 면은 자신의 시세계를 대표한다고 생각하거나, 자신이 특별히 애정을 갖고 있는 시로 장식하는 것이 일반적이니까, 이 시도 안도현 시인에게 아주 중요한 뜻을 갖는다고 생각하여 무리가 없을 것입니다.

안도현의 시집 《외롭고 높고 쓸쓸한》의 첫 장을 넘기면서 만난 이 시를 보고 아마도 여러분들은 얼굴이 달아오르는 느낌을 받을 것입니다. 왜 그럴까요? 그것은 먼저 시의 제목이 가진 어조로 인하여 그럴 것입니다. 그리고 이어서 "너는／누구에게 한 번이라도 뜨거운 사람이었느냐"고 질문하는, 시인의 날카로운 지적으로 인하여 그럴 것입니다.

먼저 제목이 주는 충격에 대하여 생각해볼까요? 시에서 제목은 우리들이 사는 집의 대문과 같은 역할을 합니다. 어느 집을 방문할 때 우리는 먼저 그 집의 대문을 보면서 이런저런 상상을 합니다. 시를 읽을 때도 마찬가지입니다. 그런데 안도현의 시 〈너에게 묻는다〉의 제목을 보면 우리는 여간 긴장하지 않을 수가 없습니다. 그는 시집을 열자마자 첫 시에서 갑자기 우리를 향해 심문(?)을 하겠다고 대듭니다. 즉 시의 제목이 심문하는 어조입니다. 그래서 우리는 긴장해야 합니다. 도대체 저 사람이 나에게 무엇을 질문할지 알 수 없기 때문입니다. 그렇다고 기분 나빠하면서 시집을 닫을 수도 없습니다. 물론 닫을 수야 있겠지요. 그러나 질문을 하겠다고 누군가가 나섰을 때 그에 대한 저항감 못지않게 호기심 또한 큰 것이고 보면 시집을 닫기란 그리 쉬운 일이 아니지 않을까요? 어쨌든 시집은 열려 있고 그 시집의 첫 시는 우리를 향하여 '너에게 묻는다'고 달려듭니다. 어쩌겠어요. 적어도 이 시인과 화해를 하려면 그가 묻는 내용을 일단 들어보는 수밖에…….

우리는 시인의 질문 내용을 조용히(?) 듣습니다. 그런데 그의 질문은 아주 짤막합니다. 행으로 따져도 불과 3행에 지나지 않고, 글자 수로 따져도 불과 32자밖에 되지 않습니다. 그러나 그의 질문을 받고 우리는 당황하지 않을 수 없습니다. 그 까닭은 시인의 질문 내용이 우리가 돌보지 않고 살던, 그렇지만 돌보고 살아야 마땅한 점을 집어내고 있기 때문입니다. 구체적으로 그는 우리에게 "너는/누구에게 한 번이라도 뜨거운 사람이었느냐"고 묻고 있습니다. 이 질문을 받고 우리는 몸둘 바를 모르면서 정말로 나는 누구에게 한 번이라도 '뜨거운' 사람이 된 적이 있는가 하고 자신을 돌아다보며, 그의 질문에 답해야 할 의무 같은 것을 느낍니다.

그런데 이 시의 매력은 여기에만 있지 않습니다. 그렇다면 또 어떤 점 때문에 이 시가 매력이 있을까요? 그것은 시의 첫 줄에 나오는 내용 때문입니다. 안도현은 이 시의 첫 줄에서 다음과 같이 말하고 있지 않습니까?

연탄재 함부로 발로 차지 마라

여러분들은 연탄재를 발로 차본 적이 있습니까? 요즘은 모두들 기름으로 또 가스로 난방을 하니까 연탄재를 볼 기회도 또 차볼 기회도 없을 겁니다. 그러나 불과 10년 전만 하더라도 가정집 대문 앞에는 하얗게 탄 연탄재가 줄을 맞춰 쌓여 있었고, 우리의 겨우살이는 창고에 수백 장의 연탄을 가득히, 차곡차곡 채우는 일로부터 시작됐습니다. 몇 가마니의 쌀, 몇 항아리의 김치, 몇백 장의 연탄을 준비해야만 우리의 겨울나기가 시작됐던 것이지요.

다 타버린 연탄재를 우리는 함부로 또 재미로 차곤 했습니다. 발이 심심하니까요. 아니, 연탄재란 이미 쓰레기 신세가 된 것이니까요. 바깥에서 떨고 있는 연탄재 정도야 거지의 신분이라도 마구 찰 수 있을 만큼 이미 폐물이 된 것이니까요. 어쨌든 우리는 타버린 연탄재를 아무런 가책 없이 차고 다녔습니다. 그런데 안도현 시인은 "연탄재 함부로 발로 차지 마라"고 우리에게 명령(?)을 합니다. 이 말을 듣고 우리는 마음이 찔끔 조여오는 것을 느낄 것입니다. 아니면 왜 연탄재를 발로 차지 말라고 외치는지 이해할 수 없다는 표정을 지을 것입니다. 그러나 이런 오해는 곧바로 풀리게 되어 있습니다. 그리고 이 첫 줄의 내용으로 인하여 안도현이 진짜 말하고자 하는 "너는/ 누구에게 한 번이라도 뜨거운 사람이었느냐"는 질문 내용이 빛을 발하며 다가오는 것을 느낄 것입니다.

안도현은 이렇게 말하고 있는 것입니다. 네가 비록 연탄재를 쓰레기로 취급하여 마구 차고 다니지만, 그래도 연탄은 너에게 따뜻한 아랫목, 맛있는 밥과 국, 겨울날의 더운 세숫물 등을 주며 하얗게 자신의 몸을 태우지 않았느냐고…… 사실 그랬습니다. 연탄 하나로 우리는 밥도 짓고, 국도 끓이고, 방도 데우고, 물도 데우고, 고구마도 구워 먹었습니다. 그 까만 연탄으로 말입니다.

안도현은 바로 이런 연탄에서 인간에 대한 연탄의 '뜨거운 희생'을 읽은 것입니다. 그는 이런 연탄을 생각하면서 우리에게는 연탄재를 함부로 발로 찰 자격이 없다고 말한 것입니다. 그는 이어서 '뜨거운 희생'의 표상인 연탄과 냉혈동물 같은 인간을 대비시키면서 우리에게 질문을 한 것입니다. 너는 정말 까맣고 못생긴 연탄만큼이나 '뜨거운 열림' 혹은 '뜨거운 희생'의 시간을 가져본 적이 있느냐고. 너(인간)에게서 나는 냉혈동물의 차가운 기운만을 느낄 뿐이라고. 너의 그 냉기 때문에 세상에 봄이 오지 않는다고. 그보다도 먼저 네 몸 속에 가득 찬 냉기 때문에 네 몸에 영원히 봄이 오지 않는다고.

이 시를 읽으면서 우리는 연탄의 '뜨거운 희생'이 얼마나 많은 세계를 살려내는가 생각할 수 있습니다. 이 시를 읽으면서 우리는 연탄보다도 검고 차가워진 우리의 마음을 점검해볼 수 있습니다. 이 시를 읽으면서 우리는 안도현의 당돌한 질문이 실은 우리로 하여금 자아 성찰의 계기를 갖도록 하였기 때문에 그 질문을 받은 것이 다행이라고 생각할 수 있습니다. 이 시를 읽으면서 우리는 내 마음이 봄이어야 세상에 봄이 올 수 있다는 생각을 할 수 있습니다. 이 시를 읽으면서 우리는 냉기로 가득 찬 세상 속에서 얼어 죽고 마는 생명들을 떠올려볼 수 있습니다. 이 시를 읽으면서 우리는 내 몸이 어느새 슬슬 열리면서 온기를 맞이하는 느낌에 사로잡힐 수 있습니다. 이 시를 읽으면서 우리는 내가 뜨거운 존재로 다시 태어날 수 있기를 소망해볼 수 있습니다. 어디 이뿐인가요? 시감상이란 어차피 개인의 몫이니까 또 다른 수많은 생각을 할 수 있겠지요.

안도현의 이 시를 넘기면 바로 〈연탄 한 장〉과 〈반쯤 깨진 연탄 한 장〉이라는 시가 나옵니다. 저는 이 세 편의 시를 일명 안도현의 '연탄 시리즈'라고 부릅니다. 안도현은 이 세 편의 시를 통하여 우리에게 질문하고 명령하며 우리들을 '따뜻한 세계'로 안내하지만 실은 그 자신이 이렇게 '뜨거운 사람'이 되고 싶다는 소망을 전합니다.

인간이란 본래 이기적인 존재입니다. 유전생물학자들에 의하면 우리들의 유전자에 이미 이기적 유전자가 들어 있다지요. 그러므로 우리들이 '뜨거운 사람'이 되는 일은 너무나도 힘이 듭니다. 그러나 우리는 그런 인간이기를 소망합니다. 그리고 그런 소망 속에서 조금씩 따뜻해져오는 우리의 마음을 느낄 수 있습니다. 안도현의 시 〈너에게 묻는다〉와 일명 '연탄 시리즈'를 읽는 동안만이라도 우리들의 마음이 덥혀지고 열려지는 것을 느낄 수 있을 겁니다. 안도현에게는 뜨거움을 품은 연탄이야말로 연어알을 품고 봄을 기다리는 강물과 같습니다. 그러고 보면 안도현은 우리가 모천을 찾아온 어미 연어, '눈맑은연어'와 '은빛연어'를 닮았으면 하는 것 같습니다.

이제 이런 생각과 느낌 속에서 다시 한 번 안도현의 시 〈너에게 묻는다〉를 읽어볼까요. 좀더 깊고 진하게 그 시가 스며들 것입니다.

연탄재 함부로 발로 차지 마라
너는
누구에게 한 번이라도 뜨거운 사람이었느냐

글을 마치며 한 가지만 더 생각해보기로 하겠습니다. 여러분들은 이 시가 아주 짧은 것에 대해 무슨 생각을 하였나요? 사람에 따라서 여러 가지 반응이 있을 겁니다. 누군가는 '아, 바쁜 세상에 이렇게 짧은 시가 어울리지', 또 누군가는 '어떻게 이처럼 짧은 시로 많은 말을 하지', 또 다른 누군가는 '차라리 경구에 가깝구먼', 그리고 또 다른 누군가는 '시의 매력은 짧은 데 있어'라는 식의 다양한 반응을 나타낼 겁니다. 시가 꼭 짧을 이유는 없습니다. 서사시나 장시는 소설보다 더 길기도 합니다. 그러나 대체로 일반 서정시는 짧은 형식을 취하지요. 그것은 가장 압축된 말로, 가장 많은 의미를 전하고자 하는 것이 시의 속성이기 때문입니다. 그런 점에서 어쩌면 아이가 어머니 뱃속에서 나올 때 우는 울음이야말로 가장 압축된 형식의 시일지도 모릅니다. 왜냐하면 그 울음 속에는 생의 기쁨, 고단함, 슬픔 등 모든 것이 다 들어 있다고 볼 수 있으니까요. 어쨌든 안도현은 위 시에서 아주 적은 말로 참으로 많은 말을 하였습니다. 그러고 보면 시는 매우 경제적인 장르이기도 합니다. 그것을 우리는 위 시에서 실감 있게 확인한 것입니다.

유 하

나무를 낳는 새

## 나무는 새의 입 속에 붉은 열매를 넣어주었습니다

1962년 전북 고창에서 태어났으며,

1988년 『문예중앙』을

통해 등단했다.

시집으로

《무림일기》

《바람부는 날이면 압구정동에 가야 한다》

《세상의 모든 저녁》《천일마화》

등이 있다.

## 나무를 낳는 새

　　　　　　유하

찌르레기 한 마리 날아와
나무에게 키스했을 때
나무는 새의 입 속에
산수유 열매를 넣어주었습니다

달콤한 과육의 시절이 끝나고
어느 날 허공을 날던 새는
최후의 추락을 맞이하였습니다
바람이, 떨어진 새의 육신을 거두어 가는 동안
그의 몸 안에 남아 있던 산수유 씨앗들은
싹을 틔워 잎새 무성한 나무가 되었습니다

나무는 그렇듯
새가 낳은 자식이기도 한 것입니다

새떼가 날아갑니다
울창한 숲의 내세가 날아갑니다

유하는 키가 1미터 90센티나 됩니다. 어느 시상식장에 가서 그를 처음 보았을 때 저는 너무나도 큰 키에 놀랐습니다. 시상식장에서 머리가 가장 높게 올라온 시인, 그가 바로 유하였습니다.

유하를 생각하면 긴장했던 마음이 어느새 풀어집니다. 저는 그를 개인적으로 잘 모릅니다. 다만 이런 느낌을 말할 수 있는 것은 얼핏 보았던 그의 인상과 그가 쓴 시 그리고 산문을 통해서입니다. 그는 단단하기보다 물컹물컹한, 마치 반죽을 닮은 사람처럼 보입니다.

유하의 시를 읽으면 그가 얼마나 대단한 순정파인가를 느끼게 됩니다. 순정파는 언제나 감동을 줍니다. 순정파가 이 세상에서 살아가기 곤란하다는 것을 알면서도 우리의 마음이 순정파에게 이끌리는 것은 순정파가 지닌 순정에서 감동을 얻을 수 있기 때문입니다. 유하가 순정파라는 것은 그의 시를 읽으면 잘 나타납니다. 그는 순정파답게 아직도 "희망의 첫 자리" "사랑의 첫 자리" "생명의 여린 속살"을 찾아 헤매는 사람입니다. 그가 이런 것들을 찾아 헤매는 마음은 그에게 시창작의 커다란 원동력이 됩니다.

유하를 일약 유명하게 만든 시집은 그의 두번째 시집 《바람부는 날이면 압구정동에 가야 한다》입니다. 그는 이 시집의 제목 속에 나오기도 하는 압구정동을 도시의 상징으로 보고 그 도시의 한복판을 욕망, 탐욕, 투쟁, 파괴, 허영, 형식 등이 들끓는 무덤과 같은 곳으로 읽었습니다. 그는 이 압구정동의 한복판에서 엉뚱하게도 배나무 과수원과 그 과수원을 가로지르던 유년기의 소녀를 떠올립니다. 압구정동으로 상징되는 도시가 개발되기 이전, 그곳은 어디나 배나무밭은 아니더라도 논과 밭 그리고 산이 어우러져 있던 자연 그대로의 세계였습니다. 유하는 압구정동으로 상징된 도시 한복판에서 이러한 자연 그대로의 세계를 그리워하는 사람입니다. 그리고 그 세계에 진실이 숨어 있다고 느끼는 사람입니다.

아마도 여러분들은 유하의 이 시집 제목 '바람부는 날이면 압구정동에 가야 한다'와 같은 제목의 영화를 기억하실 겁니다. 이 영화는 유하의 시집에서 그 제목을 빌려간 것이며, 유하가 직접 메가폰을 잡고 만든 영화입니다. 홍행에는 성공하지 못했지요.

유하의 고향은 고창입니다. 고창을 고향으로 둔 문인 중에는 서정주가 유명하지요. 유하의 고향은 고창에서도 '하나대'라는 동네입니다. 그의 삶과 시의 출발은 이 하나대에 있습니다. 그는 하나대를 잊을 수 없을 뿐만 아니라 하나대를 떠날 수가 없습니다. 그는 이미 오래 전에 서울 사람이 되었지만, 그는 여전히 하나대의 자식인 것입니다. 그렇다고 해서 하나대는 그에게 퇴행의 장소가 아닙니다. 그에게 하나대는 오히려 가장 미래적인 곳의 상징입니다. 그는 하나대에서 많은 것을 얻었고, 또 많은 것을 배웠습니다. 그가 시를 쓰는 원천이 하나대에 있으니까요. 하나대는 그가 압구정동으로 상징되는 도시의 한가운데서 떠올린 동네입니다. 그는 이 하나대에 대하여 이야기할 때, 한없이 온순하고 따스한 사람이 됩니다. 그래서 저는 하나대를 가진 유하야말로 하나대 때문에 행복하다고 말할 수 있을 것 같습니다.

유하는 그의 시에 최진실, 심혜진, 주윤발, 심은하 등과 같은 대중문화 속의 스타들을 끌어들이기도 했습니다. 그 이외에도 대중문화의 대명사인 무술영화를 과감하게 시 속에 끌어들이기도 했습니다.

뿐만 아니라 그는 시 속에 최첨단의 도시적인 소재들을 끌어들이기도 했습니다. 그러나 그가 지향하는 것은 이런 대중문화나 압구정동이 상징하는 세계가 아니라 하나대가 상징하는 노자적인 자연의 세계 혹은 자연적인 노자적 세계였습니다. 그가 압구정동 이전에 하나대를 놓았고, 압구정동 이후에도 하나대를 놓았듯이, 그는 자연스러운 무위의 세계, 순수와 진실의 세계, 싱싱한 생명의 세계 등을 인공의 문명세계나 장식적인 도시사회 앞에 놓았습니다. 이런 점에서 그는 노자의 후예이며, 자연의 후예이고, 진실과 순정파의 후예입니다.

이런 유하가 최근(1999년)에 그의 제5시집에 해당하는 《나의 사랑은 나비처럼 가벼웠다》를 출간하였습니다. 제목이 좀 야(野)합니다. 제목만 보면 사랑하는 사람들의 다급한 마음을 사로잡으려는 대중적인 연시 같은 느낌을 줍니다. 물론 이 시집에는 연시에 해당하는 것이 들어 있습니다. 그는 사랑을 갈구하는 자신의 심정을 이 시집 속에서 드러내고 있습니다. 그런데 그의 사랑은 하도 순결하여 순정파답게 "사랑의 처음 자리" 혹은 "사랑의 처음 마음"을 지키려 하고 있습니다. 그것이 이 땅에서 어디 쉽게 지켜지겠습니까? 그러나 그는 이것을 지키려고 애를 씁니다.

그러나 조금 다시 생각해보면 이 시집의 제목은 아주 심각해 보입니다. '가벼운 사랑'은 모든 사랑의 윗길에 놓인 것일 수도 있기 때문입니다. 그것은 '가벼운 사랑'이야말로 '무거운 사랑'까지도 통과하고 넘어선 단계라는 뜻이지요.

이러한 유하의 시집 《나의 사랑은 나비처럼 가벼웠다》 속에는 사랑시도 섞여 있지만 인생론적인 시가 더 많이 들어 있습니다. 그는 인생에 대하여 참으로 많은 것을 말합니다. 그리고 우리에게 인생이란 이런 것이 아니겠느냐는 동의를 얻어내려 하기도 합니다. 그 가운데서도 유하는 인생의 처음 자리, 뭐랄까 타락하지 않은 처음 상태, 그가 희망의 처음 자리라고 말한 그런 세계를 지켜내거나 되살려내려고 애를 씁니다. 이런 자리와 세계를 영원히 마음속에 지니고 산다면 그래도 사는 일이 얼마나 진실하겠습니까? 이런 세계를 마음속에 살리며 살 수 있다면 그 삶이 얼마나 청정하겠습니까? 저는 그 자리를 명상의 자리, 신생의 자리, 정화의 자리, 잉태의 자리라고 생각합니다. 그런 세계를 잃지 않고 사는 사람들에게선 보이지 않게, 몸의 저 깊숙한 곳에서 투명한 생명과 정화의 빛이 솟아올라 퍼져나갈 것입니다.

이러한 유하의 시 〈나무를 낳는 새〉를 함께 감상해보기로 하겠습니다. 이 시는 방금 위에서 이야기한 시집 《나의 사랑은 나비처럼 가벼웠다》 속에 들어 있습니다.

찌르레기 한 마리 날아와
나무에게 키스했을 때
나무는 새의 입 속에
산수유 열매를 넣어주었습니다

달콤한 과육의 시절이 끝나고
어느 날 허공을 날던 새는
최후의 추락을 맞이하였습니다
바람이, 떨어진 새의 육신을 거두어 가는 동안
그의 몸 안에 남아 있던 산수유 씨앗들은
싹을 틔워 잎새 무성한 나무가 되었습니다

나무는 그렇듯
새가 낳은 자식이기도 한 것입니다

새떼가 날아갑니다
울창한 숲의 내세가 날아갑니다
― 〈나무를 낳는 새〉 전문

　유하는 우주의, 아니 생명의 순환성을 아는 사람입니다. 제가 방금 사용한 순환성이라는 말은 일직선적인 순환성을 의미하는 것이 아닙니다. 그보다는 우주 속의 모든 존재들이 끝도 없이 섞이면서 무한에 가까운 흐름 위에 놓여 있다는 것입니다. 이러한 우주와 생명의 순환성을 아는 사람은 나의 개체성만을 고집하지 않습니다. 그런 사람들에게 나는 나이지만 동시에 나는 너이자 그이기도 합니다. 제 말이 조금 어렵습니까? 쉽게 말씀드리자면 이 우주 속의 모든 존재는 무한의 유기체로 연결돼 있다는 것입니다. 그래도 제 말씀이 실감으로 다가오지 않습니까? 그렇다면 예를 들어 설명하는 수밖에 없겠군요.
　오늘 아침 여러분들은 무엇을 먹고 왔습니까? 쌀밥, 김치, 고등어조림, 콩나물무침, 파전…… 아침 식사를 한 사람이라면 누구나 무엇인가를 먹고 왔을 것입니다. 그렇다면 여러분의 몸은 벼(쌀밥)입니까? 배추(김치)입니까? 고등어입니까? 콩(콩나물)입니까? 파(파전)입니까? 그렇습니다. 이미 여러분은 개체로서의 단자와 같은 여러분이 아닙니다. 여러분은 벼이자, 배추이자, 고등어이자, 콩이자, 파입니다. 오늘 아침 집에서 나오는 길에 여러분은 찬란한 햇빛을 온몸에 받았습니까? 스치는 봄바람을 만났습니까? 노랗게 핀 산수유꽃을 보았습니까? 물을 한 컵 마셨습니까? 그러면 여러분은 이미 창 없는 단자로서의 여러분이 아니라 태양이자 바람이자 산수유꽃이자 물입니다. 그렇게 보면 나란 존재는 없는 것이나 마찬가지입니다. 내가 지금까지 먹은 것, 본 것, 만난 것, 들은 것 등, 이 모두가 나를 이루고 있기 때문입니다. 최근 인간의 조상이 박테리아라는 주장도 나왔습니다만, 우리 몸 속에는 저 박테리아의 요소부터 저 원숭이의 요소에 이르기까지, 그야말로 우주 삼라만상의 모든 요소들이 다 들어 있습니다.

그만큼 인간이라는 존재는, 아니 생명이라는 존재는 복잡합니다. 그만큼 이들은 신비합니다. 그만큼 이들은 서로 연결돼 있습니다. 그만큼 이들은 무한의 존재들이 모인 하나의 몸입니다. 그러므로 우리는, 나는 나이지만, 동시에 나는 아니라는 말입니다. 나는 나이면서 동시에 너이기도 하고 그이기도 하다는 말을 할 수 있습니다. 더 비약해서 말한다면 인간과 나무는 서로 같은 존재입니다. 나무와 새는 같은 존재입니다. 그들은 이 우주 속에서 전일성(全一性)의 거대한 그물 위에 놓여 있습니다.

유하는 그의 시 〈나무를 낳는 새〉에서 나무를 새가 낳았다고 말했습니다. 그러니까 나무의 엄마는 새인 셈입니다. 저는 거꾸로 말할 수도 있습니다. 새가 나무를 낳았으며 나무의 엄마는 새라고 말입니다. 나무와 새는 서로를 먹여 살리며 서로를 새 생명으로 탄생시켜주는 관계일 수 있으니까요.

유하는 그의 시 〈나무를 낳는 새〉의 첫 연에서 다음과 같이 말했습니다. 위에서 이 시의 전문을 인용한 바 있지만 좀더 생생하게 논의하기 위하여 그 첫 연을 여기에 한번 더 적어보기로 하겠습니다.

찌르레기 한 마리 날아와

　　나무에게 키스했을 때

　　나무는 새의 입 속에

　　산수유 열매를 넣어주었습니다

　참 아름답고 예리한 표현입니다. 유하는 찌르레기가 산수유나무에 날아와 열매를 먹기 위해 입을 댄 모습에 대하여 찌르레기가 나무에게 키스를 했다고 표현했습니다. 키스란 얼마나 따뜻한 인간애의 표현이며 동시에 가슴 설레는 일입니까? 그런데 유하가 나무로 날아가 열매에 입을 대고 있는 찌르레기를 보며 나무에게 키스했다고 말했을 때, 그 키스는 에로틱한 느낌을 주기보다 아주 다정한 느낌을 줍니다. 그래서 키스라는 말을 마음속으로 발음하면서도 우리의 마음은 들뜨기보다 아주 차분하게 깊어질 뿐입니다.

　유하는 다시 이어서 말했습니다. 찌르레기가 나무에게 키스했을 때, 나무는 새의 입 속에 산수유 열매를 넣어주었다고 말입니다. 얼마나 아름답고 신비로운 광경입니까? 시인의 통찰력이 돋보이는 대목입니다. 나무가 새의 입 속에 빨간 산수유 열매를 넣어주었다는 이 말에서, 우리는 무한한 배려와 애정이 가져다 주는 감동의 시간 속으로 젖어듭니다. 아, 나무로부터 빨간 산수유 열매를 입 속에 받아 넣은 새는 얼마나 감미로운 감동의 시간을 맞이하였을까요? 산수유나무를 찾아가 키스한 찌르레기에게 그 나무가 자신의 몸인 열매를 입 속에 넣어주는 광경이야말로 여러 번 상상해도 몸 속에 깊은 울림을 만들어냅니다.

　유하는 이렇게 〈나무를 낳는 새〉의 1연을 마감하고 이어지는 제2연에서 다음과 같이 썼습니다.

> 달콤한 과육의 시절이 끝나고
> 어느 날 허공을 날던 새는
> 최후의 추락을 맞이하였습니다
> 바람이, 떨어진 새의 육신을 거두어 가는 동안
> 그의 몸 안에 남아 있던 산수유 씨앗들은
> 싹을 틔워 잎새 무성한 나무가 되었습니다

어떻습니까? 이 제2연을 읽으면서 여러분들은 무슨 생각을 하고 무슨 느낌을 받았습니까? 저는 여러분들에게 유하의 이 시를 빌려 비극도, 희극도 아닌 생명과 우주의 무한한 순환성을 상기해보라고 말씀드리려 합니다. 유하는 이 제2연의 첫 부분에서 달콤한 과육의 시절이 의미하는바 목숨의 시간이 끝나면 생명을 가진 모든 존재는 최후의 추락이 의미하는바 죽음의 시간으로 들어간다는 것을 알려주고 있습니다. 나무와 산수유의 그 달콤하고 아름다운 입맞춤 끝에 비로소 찾아온 새의 죽음을 보며 우리는 아주 쓸쓸한 심정에 빠져들게 됩니다. 최후의 추락이라는 죽음의 시간은 이 땅에서 살아가는 우리 모두에게 언제나 상실감과 허무감 그리고 비애감을 맛보게 하니까요.

그러나 유하는 이런 비극적인 감정 속에 빠져 있는 우리들을 바로 이 제2연의 뒷부분에서 불현듯 구해냅니다. 비록 새는 생명의 시간을 끝내고 최후의 추락을 맞이하였지만, 그것을 바람이 거두어가는 동안 새의 몸 안에 남아 있던 산수유 씨앗들은 싹을 틔워 잎새 무성한 나무가 되었다고 말입니다. 여기서 새의 죽음은 슬픔이나 허무만으로 끝나는 것이 아니라 또 다른 생명의 탄생과 성장으로 이어진다는 우주의 비밀을 우리는 깨닫게 됩니다. 찌르레기가 아니었어도 산수유는 그 자신의 열매를 떨구어 또 다른 나무의 탄생과 성장을 준비했겠지요. 그러나 새와의 키스, 그리고 이어진 새의 죽음을 통해 산수유나무는 아주 먼 곳에까지 그의 씨앗을 퍼뜨리게 되었습니다. 그러므로 산수유나무가 새의 입에 제 몸의 응결체인 빨간 열매를 넣어준 것은 애초부터 참으로 아름다운 부활의 시작이었습니다. 유하가 쓴 〈나무를 낳는 새〉의 제2연에서 우리는, 새의 죽음이란 안타까운 비극이지만, 그것은 단지 소멸하는 비극으로 끝나지 않고, 새로운 생명의 탄생과 부활로 이어진다는 희망의 메시지를 함께 보고 있습니다. 죽음의 승화, 배려의 승리, 희·비극을 뛰어넘은 우주의 흐름 등과 같은 의미를 이 연에서 찾아낼 수 있을까요?

유하는 같은 시의 제3연에서 친절하게 설명을 해줍니다. "나무는 그렇듯/새가 낳은 자식이기도 한 것입니다"라는 말로 나무와 새 사이의, 더 나아가 우주 속의 모든 생명들 사이의 숨은 관계를 알려주고 있는 것입니다. 이쯤에서 그의 목소리는 현자의 그것을 닮아 있습니다. 우리는 시인에게서 깊이 통찰하고 깨닫는 자의 위력을 보는 것입니다.

유하는 마지막으로 같은 시 〈나무를 낳는 새〉의 끝연에서 한 마리로 묘사했던 새를 무리를 이룬 "새떼"로, 한 그루에 불과했던 나무를 "울창한 숲"으로 확대시켜 바라보며 다음과 같이 말하고 있습니다.

  새떼가 날아갑니다
  울창한 숲의 내세가 날아갑니다

이 연을 읽는 우리의 머리 속에는 무리지은 새떼의 광경이 떠오릅니다. 그들이 푸른 하늘을 날쌔게 혹은 유연하게 혹은 노래하듯 혹은 춤추듯 나아가는 모습이 떠오르는 것입니다. 그런데 우리의 상상은 여기서 그치지 않고 곧바로 이 새떼들이 날아가는 광경을 "울창한 숲"이 날아가는 것으로, 그런 숲이 무성하게 탄생한 것으로 이어집니다. 새에게서 나무를, 새떼에게서 숲을 보고, 마침내는 새와 나무 그리고 새떼와 숲 사이의 경계마저 지워버릴 수 있다면, 우리의 상상은 상당한 경지에 이른 것입니다.

글을 끝내려니 유년 시절의 추억이 떠오릅니다. 아무도 심은 사람이 없는데, 개똥 속에서 싹을 틔워 열매 맺던 참외 덩굴을 보며 얼마나 신기해 했던지요. 그러고 보면 참외는 개가 낳은 것입니다. 언젠가 참외는 개의 입 속에 그의 노란 몸을 넣어주겠지요.

이런 시를 읽고 있노라면, 우리의 마음은 한없이 넓어집니다. 그리고 부드러워집니다. 세상의 모든 것을 품어안고, 그 모든 것을 자매애나 형제애로 포용할 수 있을 것 같습니다. 이를 가리켜 종교적 심성이라고 부르면 안 될까요? 저는 물론 특정 종교나 경직된 종교를 말하는 것이 아닙니다. 제가 여기서 종교적이라고 말한 것은 이 우주 속의 모든 존재들과 어떻게 화해하며 같이 살아갈 것인가를 고민하는 우리들의 마음을 가리킵니다. 우리는 이 우주 속의 모든 존재들과 함께 살아가야 합니다. 바람과도 나비와도 꽃다지꽃과도 함께 살아가야 합니다. 그런가 하면 찾아오는 계절과도 저 하늘의 무수한 별들과도 같이 살아가야 합니다. 이들과의 화해를 모색하고 이들과의 관계를 제대로 인식하고 이들 모두를 연민의 마음으로 품어안고 모두가 하나되는 느낌을 갖는 것, 그것이 바로 종교적 심성을 갖는 일일 것입니다. 유하의 시 〈나무를 낳는 새〉는 바로 이런 우리들의 종교적 심성에 호소하고 그런 종교적 심성을 키워줍니다.

# 기형도

## 엄마 걱정

### 어린 시절의, 조용히 찾아오는 존재론적 고독감

1960년 경기도 연평에서 태어났으며,

1985년 『동아일보』

신춘문예를 통해 등단했다.

시집 《입 속의 검은 잎》이 있다.

1989년 작고했다.

## 엄마 걱정

### 기형도

열무 삼십 단을 이고
시장에 간 우리 엄마
안 오시네, 해는 시든 지 오래
나는 찬밥처럼 방에 담겨
아무리 천천히 숙제를 해도
엄마 안 오시네, 배춧잎 같은 발소리 타박타박
안 들리네, 어둡고 무서워
금 간 창 틈으로 고요히 빗소리
빈방에 혼자 엎드려 훌쩍거리던

아주 먼 옛날
지금도 내 눈시울을 뜨겁게 하는
그 시절, 내 유년의 윗목

**기형도**를 아십니까? 많은 사람들이 그를 알고 있으리라 생각합니다. 그가 세상을 떠난 지도 어느새 10여 년이 넘었습니다. 겨우 서른의 나이에, 미혼으로 그는 세상을 일찍이 마감하고 말았습니다. 외형적으로 본다면 그는 남들이 다 부러워할 만한 경력을 갖고 있습니다. 그는 연세대학교 정치외교학과를 졸업하였고, 졸업 후 1984년에는 중앙의 일간지인 중앙일보사에 입사하였으며, 1985년에는 『동아일보』 신춘문예에 〈안개〉라는 시가 당선되는 영광을 누렸습니다. 그는 남들이 부러워하는 학벌에다, 남들이 부러워하는 신문기자였고, 또 남들이 존경하는 시인이었습니다. 그런 그가 정확히 1989년 3월 9일, 영화를 보던 중, 극장에서 세상을 떠나고 말았습니다.

　　기형도가 세상을 떠난 이후, 그의 유고시집 《입 속의 검은 잎》이 문학과지성사에서 발간되었습니다. 한자리에 모인 그의 시를 보고 많은 사람들은 그의 어두운 자아 인식과 세계 인식 앞에서 입을 닫을 줄을 몰랐습니다. 이런 그의 시세계를 대하는 독자들의 가슴도 까맣게 멍이 드는 것 같았습니다. 저는 이런 기형도의 시세계를 '죽음이 살다 간 자리'라는 제목과 '차가운 죽음의 상상력'이라는 제목으로 두 편의 글을 쓴 적이 있습니다. 저는 그의 시세계 속에 들어 있는 죽음의 색채가 너무나도 넓고 진하여, 제가 가르치는 학생들에게 기형도를 소개할 때마다 하는 말이 있습니다. 그 말은 다음과 같습니다. 그의 시를 읽고 이해는 하되, 그의 끝간 데 없이 어두운 자아 인식과 세계 인식의 내용은 본받지 말라고…… 저는 어쨌든 우리가 이 땅에 태어난 이상, 죽을 힘이 있다면 차라리 그 힘으로 살아가는 것이 더 낫다는 아주 평범한 생각을 갖고 있으며, 가능하면 가짜 희망이라도 좋으니까 희망을 잃지 않고 살아가는 것이 현명한 삶의 방식이라고 생각하기 때문입니다.

이런 기형도의 글들이 최근 문학과지성사에서 '기형도 전집'이라는 이름으로 출간되었습니다. 저는 이 전집이 베스트셀러 목록에 올라가 있는 것을 보고 깜짝 놀랐습니다. 정말로 이것은 저에게 충격이었습니다. 그 충격은 우리나라 독자층의 수준이 정말로 높아졌다는 것 때문이었습니다. 한 나라의 독자층이 어떤 수준인가를 결정하는 데는 그 국민들의 교육수준이 아주 큰 영향을 미칩니다. 지금 우리나라는 역사상 유례가 없는 높은 교육수준을 자랑하고 있습니다. 20대 전반기에 있는 대부분의 젊은이들이 대학생일 만큼, 가히 대학진학률이 세계 수위를 자랑하고 있습니다. 이로 인한 폐해도 얼마간은 있겠지만, 저는 우리의 교육수준이 이렇게 높아지는 것이야말로 국력 신장의 원동력일 뿐만 아니라 독서층의 수준을 높이는 최대 원동력이라고 생각합니다. 《기형도 전집》이 베스트셀러 목록에 들어갈 수 있었던 것은 이런 독자층의 수준 향상이라는 문제와 깊은 관련을 맺고 있습니다.

그러나 이런 이유만으로는 설명될 수 없는 부분도 있을 것입니다. 다른 시인들의 많은 시집들이 독자들에게 그리 큰 호응을 얻지 못하고 있으니까요. 그렇다면 기형도 시가 주는 매력이 뭔가 있을 것입니다. 《기형도 전집》이 발간되기 이전부터, 그의 시집 《입 속의 검은 잎》도 많은 독자들, 특히 젊은 층의 사랑을 받았던 것도 이런 점을 입증해주는 한 요인이 될 것입니다. 그렇다면 기형도 시의 그 무엇이 독자들을 이끌어들인 이유가 되었을까요? 저는 몇 가지 이유를 생각해보았습니다. 그 하나는 그로테스크 리얼리즘이라고 부를 만한 그의 어둡고 부정적인 자아 인식과 세계 인식의 태도 및 내용이 독자들로 하여금 심리학에서 말하는바 그림자(shadow)를 엿볼 때와 같은 놀라움을 준 것이 아닌가 하는 점입니다. 우리들은 그림자를 갖고 살지만 그것을 보고 싶어하지 않는 게 일반적입니다. 그러나 다른 한편 우리의 그림자에 대하여 강한 호기심도 갖고 있습니다. 이 양자의 갈등 속에서 살아가는 것이 우리들의 실상이지요. 그 둘은 자아와 세계를 인식하는 한 젊은 시인의 태도가 너무나도 치열하고 진지하다는 점입니다. 그는 고뇌하는 젊은이의 대명사처럼 보입니다. 고뇌의 결과가 무엇을 가져올지 우리는 알 수 없으나, 젊은이의 특장 중 하나는 고뇌의 힘으로 아직 떫은 기가 가시지 않은 젊음의 혈기를 익혀간다는 것입니다. 독자들, 특히 젊은 층의 독자들은 그의 시에서 고뇌의 힘과 아름다움을 느낍니다. 그 셋은 그의 시 전체에 흐르는 고독감이 독자들의 마음을 사로잡는다는 것입니다. 인간이란 근본적으로 고독하다는 것, 당시의 폭력적인 시대가 더욱더 인간을 고독하게 만들었다는 것, 그의 개인적인 체험이 아주 이른 시절부터 그를 고독한 인간으로 살게 하였다는 것 등, 고독과 관련된 부분들이 그의 시 앞에 독자들을 붙들어놓는 이유입니다. 인간은 누구나 고독한 존재이니까요. 기형도의 시 전편에 흐르는 이런 고독감은 충분히 보편성을 지니면서 독자들의 공감을 불러일으킵니다.

기형도의 시집 《입 속의 검은 잎》 중에서 아주 짤막한 시 한 편을 여러분들과 함께 읽기 위하여 골라보았습니다. 제목은 〈엄마 걱정〉입니다. 이 시는 기형도의 시치고는 그래도 자아 인식이나 세계 인식의 태도 및 내용이 비교적 덜 어두운 편인데, 그럼에도 불구하고 전체적인 기조는 여전히 어둡고, 이런 어두운 분위기 속에 우리가 이끌려 들어갈 수밖에 없는 묘한 공감의 자리를 숨겨놓고 있습니다. 그 전문을 옮겨보면 다음과 같습니다.

열무 삼십 단을 이고
시장에 간 우리 엄마
안 오시네, 해는 시든 지 오래
나는 찬밥처럼 방에 담겨
아무리 천천히 숙제를 해도
엄마 안 오시네, 배추잎 같은 발소리 타박타박
안 들리네, 어둡고 무서워
금간 창 틈으로 고요히 빗소리
빈방에 혼자 엎드려 훌쩍거리던

아주 먼 옛날
지금도 내 눈시울을 뜨겁게 하는
그 시절, 내 유년의 윗목

— 〈엄마 걱정〉 전문

  대부분의 사람들에게 유년은 아름다운 빛깔로 채색되곤 합니다. 시간의 거대한 강물을 지나면서, 유년의 아픈 체험조차도 마치 흙탕물이 긴 여행을 하는 동안 맑은 물로 정화되듯, 그렇게 정화와 자정의 시간을 갖기 때문입니다. 이것을 가리켜 시간의 힘이라고 말하면 어떨까요? 유년이 우리에게 아름다운 빛깔로 다가오는 이유는 또 있습니다. 그것은 바로 유년의 시간들이야말로 현실생활과 현실적 목적이 없는 무상의 놀이 과정이라는 것입니다. 무상의 놀이 과정은 인생에서 최상의 즐거움을 보장해주는 시간입니다. 그 시간 속에서 우리는 노는 것만이 유일한 일일 뿐입니다.

그런데 이런 일반적인 유년의 기억과 달리, 기형도에게는 유년의 기억조차 여전히 어둡게 남아 있습니다. 그 유년은 시인이 위 인용시에서 말했듯이 "아주 먼 옛날"의 것입니다. 그럼에도 불구하고 그는 "아주 먼 옛날"을 생각하면 지금도 눈시울이 뜨거워집니다. 여전히 그에게는 유년이 현실처럼 아픈 기억의 흔적을 담고 있습니다. 여러분들은 어떠십니까? 어떤 유년의 기억을 갖고 있습니까? 저 자신도 아픈 유년의 기억이 꽤 있지만, 지금은 그 색채가 아주 희미해져버렸습니다. 유년을 말하다가 가끔 눈시울을 붉힐 때도 있지만, 대체로 웃으며 말할 수 있습니다.

그러면 기형도 시인이 〈엄마 걱정〉이라는 그의 시에서 꺼내 보인 유년의 기억은 어떤 것인가요? 이 시의 제목처럼 시인은 작품 속에서 오래도록 시장에서 돌아오지 않는 엄마를 걱정하고 있습니다. 그에게 엄마는 가난하고 연약한 몸으로 고단한 삶을 사는 사람으로 보입니다. 구체적으로 그의 엄마는 돈을 마련하기 위해 "열무 삼십 단을 이고 / 시장에 간" 엄마이며, "배추잎 같은 발소리 타박타박" 내며 시장에서 기운 없이 돌아오는 엄마입니다. 그에게 이런 엄마는 연민의 대상입니다. 그런 엄마가 오늘따라 늦게까지 돌아오질 않습니다. 그러기에 엄마에 대한 걱정은 더욱 큽니다. 우리는 이처럼 어린아이가 어른인 엄마를 걱정하는 모습에서 연민의 마음을 갖습니다. 그 누구도 엄마를 선택해서 태어날 수 없지만, 엄마와 자식은 탯줄로 이어졌던 한 몸이기에, 엄마의 고단한 삶 앞에서 자식의 마음이 편할 수만은 없습니다. 우리는 이처럼 철부지의 어린 나이에, 가난한 살림살이에 연약한 몸으로 고단한 삶을 살아가는 어머니의 모습을 그가 알아버렸다는 사실 때문에 연민의 마음을 갖는 것입니다. 어린아이에게, 엄마의 이런 삶이 아픔으로 다가온다는 것은 매우 힘겨운 일이지요.

다음으로 저는 기형도의 시 〈엄마 걱정〉에서 화자이자 시인인 아이의 자기 걱정을 봅니다. 이 작품 속에서 아이는 걱정이 가득합니다. 그는 시간이 지나도 엄마가 오지 않는 빈집에서 무서움에 떨다 마침내는 울어버립니다. 그러나 그가 훌쩍거리며 울어도 역시 집은 빈집입니다. 그는 아무도 없는 빈집에서 무섬증을 달래기 위해 천천히 숙제를 해보기도 하였습니다. 그나마 숙제라도 하고 있노라면, 숙제가 친구가 되어 무섬증이 덜해질지 모른다는 생각에서입니다. 그러나 이렇게 천천히 한 숙제가 다 끝나도 엄마는 오질 않습니다. 이제 아이는 무엇을 해야 하나. 게다가 날은 어둡고 비가 오고 있질 않은가. 아이는 끝내 훌쩍이며 울기 시작하였던 것입니다.

그러나 뭐니 뭐니 해도 기형도의 시 〈엄마 걱정〉에서 우리를 사로잡는 것은 존재론적인 고독의 문제입니다. '엄마'라는 애칭에서도 나타났듯이, 지금 작품 속의 아이는 엄마와 분리되었으나 분리되지 않은 미분화 상태입니다. 형식적으로만 엄마의 탯줄과 나뉘었을 뿐, 실질적으로는 엄마의 치마폭에 싸여 있는 나이입니다. 이때, 아이는 엄마가 있어야만 비로소 온전한 존재가 된 듯합니다. 그런데 그런 엄마가 지금 집에 오질 않습니다. 아마도 엄마가 팔러 이고 나간 열무 30단이 다 팔리지 않아서 돌아오지 못하는 것 같기도 합니다. 이런 가운데 밤은 오고, 거기다 비까지 내리니, 아이가 있는 빈집은 완전한 단절과 고독의 공간입니다. 그 공간에서 이 아이의 유일한 친구는 숙제하는 것뿐이었습니다. 그러나 숙제는 다 끝나버렸습니다. 아이는 이런 자신을 "찬밥처럼 방에 담겨" 있는 존재로 인식하는 데 이릅니다. 그는 이제 자기를 그릇에 담긴 한 덩어리 찬밥과 같은 존재로 여기는 것입니다. 얼마나 싸늘한 자기 인식입니까? 얼마나 고독한 자기 인식입니까? 그는 엄마가 없는, 게다가 어둡고, 비가 내리는 빈 공간에서, 자신이 혼자임을 뼈아프게 느낀 것입니다. 혼자라는 의식이 커질수록 무섬증은 커지고, 무섬증이 커질수록 혼자라는 의식 또한 커졌던 것입니다. 아이가 이 세상에 태어나서 엄마의 부재와 세계와의 단절 속에서 느끼는 이 고독감을 우리는 또한 연민의 마음으로 바라보게 됩니다. 누구나 이런 과정을 거쳐왔고, 그런 과정 속에서 인간은 나이를 먹는 것이며, 그런 고독감이야말로 인간 존재의 영원한 원형에 다름 아니기 때문입니다. 결국 기형도의 시 〈엄마 걱정〉을 읽으면서, 우리는 우리들 개개인의 삶의 여정을, 더 나아가서는 인간 일반의 생의 여정을 중첩시켜보는 것입니다.

저는 이 글을 마치며 기형도의 표현 방식에 대하여 잠깐 말씀드리고 싶습니다. 기형도의 시집을 읽어보시면 잘 아시겠지만, 기형도는 비유를 구사할 때, 항상 살아 있는 것을 죽어 있는 것으로, 물렁한 것을 딱딱한 것으로, 따스한 것을 차가운 것으로, 밝은 것을 어두운 것으로 비유합니다. 그러므로 그에게는 햇살도 검은색으로 보이고, 밤에 뜬 달도 곯은 달걀로 보이며, 나뭇잎도 딱딱한 널빤지로 보입니다. 방금 우리가 감상한 시 〈엄마 걱정〉에서도 그는 방에서 혼자 숙제하는 자신을 "찬밥처럼 방에 담"긴 것으로 비유했습니다. 그런가 하면 어머니의 발소리를 "배추잎 같은" 것으로, 해가 진 것을 "시든" 것으로 비유했습니다.

아주 신선한 비유입니다. 그러나 마음을 아프게 하는 비유입니다. 무엇이 그로 하여금 이토록 세계를 어둡게 읽도록 이끌었는지 좀더 시간을 두고 연구해보아야 하겠습니다. 저는 그의 시를 볼 때마다 세계의 그림자를 너무 오래 깊이 바라보다가 그만 그가 그림자에 가위눌려 생을 저당잡힌 것이 아닌가 하는 생각이 들곤 합니다. 분명 그림자는 무시할 대상이 아니라 바라보아야 할 대상입니다. 그러나 그림자는 승화시켜야 할 대상이지 우리가 압사당할 폭력적 실체일 수는 없습니다. 그림자를 직시하는 일은 소중한 일이지만, 그림자에 사로잡히는 것은 아픈 일입니다.

## 함민복

눈물은 왜 짠가

## 당신은 눈물이 왜 짠지 알 수 있습니까?

1962년 충북 중원에서 태어났으며,

1988년 『세계의문학』을 통해

등단했다.

시집으로

《우울씨의 1일》

《자본주의와의 약속》

《모든 경계에는 꽃이 핀다》

등이 있다.

## 눈물은 왜 짠가
### 함민복

지난 여름이었습니다 가세가 기울어 갈 곳이 없어진 어머니를 고향 이모님 댁에 모셔다 드릴 때의 일입니다 어머니는 차시간도 있고 하니까 요기를 하고 가자시며 고깃국을 먹으러 가자고 하셨습니다 어머니는 한평생 중이염을 앓아 고기만 드시면 귀에서 고름이 나오곤 했습니다 그런 어머니가 나를 위해 고깃국을 먹으러 가자고 하시는 마음을 읽자 어머니 이마의 주름살이 더 깊게 보였습니다 설렁탕집에 들어가 물수건으로 이마에 흐르는 땀을 닦았습니다

"더울 때일수록 고기를 먹어야 더위를 안 먹는다 고기를 먹어야 하는데…… 고깃국물이라도 되게 먹어둬라"

설렁탕에 다대기를 풀어 한 댓 순가락 국물을 떠먹었을 때였습니다 어머니가 주인 아저씨를 불렀습니다 주인 아저씨는 뭐 잘못된 게 있나 싶었던지 고개를 앞으로 빼고 의아해하며 다가왔습니다 어머니는 설렁탕에 소금을 너무 많이 풀어 짜서 그런다며 국물을 더 달라고 했습니다 주인 아저씨는 흔쾌히 국물을 더 갖다 주었습니다 어머니는 주인 아저씨가 안 보고 있다 싶어지자 내 투가리에 국물을 부어주셨습니다 나는 당황하여 주인 아저씨를 흘금거리며 국물을 더 받았습니다 주인 아저씨는 넌지시 우리 모자의 행동을 보고 애써 시선을 외면해주는 게 역력했습니다 나는 그만 국물을 따르시라고 내 투가리로 어머니 투가리를 툭, 부딪쳤습니다 순간 투가리가 부딪치며 내는 소리가 왜 그렇게 서럽게 들리던지 나는 울컥 치받치는 감정을 억제하려고 설렁탕에 만 밥과 깍두기를 마구 썰어댔습니다 그러자 주인 아저씨는 우리 모자가 미안한 마음 안 느끼게 조심, 다가와 성냥갑 만한 깍두기 한 접시를 놓고 돌아서는 거였습니다 일순, 나는 참고 있던 눈물을 찔끔 흘리고 말았습니다 나는 얼른 이마에 흐른 땀을 훔쳐 내려 눈물을 땀인 양 만들어놓고 나서, 아주 천천히 물수건으로 눈동자에서 난 땀을 씻어냈습니다 그러면서 속으로 중얼거렸습니다

눈물은 왜 짠가

**함민복** 시인의 시를 읽으면 가슴이 뭉클합니다. 가슴이 뭉클하다는 것은 가슴에 울혈이 맺힌다는 뜻입니다. 그러나 이런 설명만으로는 뭉클하다는 말의 의미를 전할 수 없습니다. 그래서 조금 더 말을 덧붙이자면 가슴이 뭉클하다는 것은 차갑고 단단하게 얼어붙었던 우리의 심장이 따뜻하게 움직이기 시작한다는 뜻이라고 할 수 있습니다.

　저는 함민복의 시집 가운데 《모든 경계에는 꽃이 핀다》를 가장 좋아하고 또 높이 평가합니다. 그는 지금까지 세 권의 시집을 출간하였는데 그 세 권의 시집은 《우울씨의 1일》 《자본주의와의 약속》 《모든 경계에는 꽃이 핀다》입니다.

　모든 경계는 신비롭습니다. 하늘과 땅이 맞닿은 경계, 하늘과 바다가 맞닿은 경계, 바다와 땅이 맞닿은 경계, 살과 살이 맞닿은 경계, 남자와 여자가 맞닿은 경계, 산과 들이 맞닿은 경계, 이런 경계를 어찌 이루 다 말로 열거할 수 있겠습니까? 이 경계에서 만남이 이루어집니다. 이 경계에서 창조가 시작됩니다. 함민복은 이를 가리켜 '모든 경계에는 꽃이 핀다'고 하였습니다. 그는 경계를 만남으로, 만남을 꽃피움이라는 창조의 자리로 해석한 것이죠.

　이런 함민복의 작품 중에 〈눈물은 왜 짠가〉라는 시가 있습니다. 여러분들은 눈물이 왜 짠지 한번쯤 생각해보신 적이 있으십니까? 생리학적으로 설명한다면 몸 속에 소금 성분이 들었기 때문이겠지요. 신화론적으로 설명한다면 인간의 고향이 바다이기 때문이겠지요. 그러나 함민복은 이런 측면과는 다른 쪽에서 눈물이 짠 이유를 이야기하고 있는 것 같습니다. 그러면 그의 시 〈눈물은 왜 짠가〉의 전문을 함께 읽어보기로 하겠습니다. 이 시는 앞에서 말한 함민복의 세번째 시집 《모든 경계에는 꽃이 핀다》 속에 들어 있습니다.

지난 여름이었습니다 가세가 기울어 갈 곳이 없어진 어머니를 고향 이모님 댁에 모셔다 드릴 때의 일입니다 어머니는 차시간도 있고 하니까 요기를 하고 가자시며 고깃국을 먹으러 가자고 하셨습니다 어머니는 한평생 중이염을 앓아 고기만 드시면 귀에서 고름이 나오곤 했습니다 그런 어머니가 나를 위해 고깃국을 먹으러 가자고 하시는 마음을 읽자 어머니 이마의 주름살이 더 깊게 보였습니다 설렁탕집에 들어가 물수건으로 이마에 흐르는 땀을 닦았습니다

"더울 때일수록 고기를 먹어야 더위를 안 먹는다 고기를 먹어야 하는데…… 고깃국물이라도 되게 먹어둬라"

설렁탕에 다대기를 풀어 한 댓 숟가락 국물을 떠먹었을 때였습니다 어머니가 주인 아저씨를 불렀습니다 주인 아저씨는 뭐 잘못된 게 있나 싶었던지 고개를 앞으로 빼고 의아해하며 다가왔습니다 어머니는 설렁탕에 소금을 너무 많이 풀어 짜서 그런다며 국물을 더 달라고 했습니다 주인 아저씨는 흔쾌히 국물을 더 갖다 주었습니다 어머니는 주인 아저씨가 안 보고 있다 싶어지자 내 투가리에 국물을 부어주셨습니다 나는 당황하여 주인 아저씨를 흘금거리며 국물을 더 받았습니다 주인 아저씨는 넌지시 우리 모자의 행동을 보고 애써 시선을 외면해주는 게 역력했습니다 나는 그만 국물을 따르시라고 내 투가리로 어머니 투가리를 툭, 부딪쳤습니다 순간 투가리가 부딪치며 내는 소리가 왜 그렇게 서럽게 들리던지 나는 울컥 치받치는 감정을 억제하려고 설렁탕에 만 밥과 깍두기를 마구 씹어댔습니다 그러자 주인 아저씨는 우리 모자가 미안한 마음 안 느끼게 조심, 다가와 성냥갑 만한 깍두기 한 접시를 놓

고 돌아서는 거였습니다 일순, 나는 참고 있던 눈물을 찔끔 흘리고 말았습니다 나는 얼른 이마에 흐른 땀을 훔쳐내려 눈물을 땀인 양 만들어놓고 나서, 아주 천천히 물수건으로 눈동자에서 난 땀을 씻어냈습니다 그러면서 속으로 중얼거렸습니다

눈물은 왜 짠가
　　─〈눈물은 왜 짠가〉 전문

여러분들도 눈물을 흘려보신 적이 있을 겁니다. 언제 눈물이 나오던가요? 슬플 때? 기쁠 때? 서러울 때? 속상할 때? 자기 동정에 빠질 때? 안타까울 때? 그렇습니다. 우리는 주로 이럴 때 눈물을 흘립니다. 한마디로 말해서 감정이 움직일 때 우리는 눈물을 흘립니다. 우리의 이성은 조작적이고 작위적이어서 속과 겉이 다른 표정을 짓도록 만들지만, 우리의 감정은 자연발생적이고 정직해서 그것을 속이기가 쉽지 않습니다. 특히나 눈물은 아주 정직한 몸의 언어이기 때문에 가장하기가 어렵습니다.

눈물을 흘리면서, 여러분들은 그 눈물이 짜다는 것을 체험하셨을 겁니다. 저는 앞에서 눈물이 짠 이유를 생리학적으로 그리고 신화학적으로 설명한 바 있습니다. 또 다른 많은 설명이 가능하겠지요. 심리학적으로도 설명이 가능하고 사회학적으로도 설명이 가능하겠지요. 그러나 저는 여기서 시적으로 그 설명을 할 수밖에 없습니다. 시적으로 설명하자면, 우리의 눈물이 짠 것은 그 속에 '인간적인 너무나 인간적인 감정'이 섞여 있기 때문입니다. 그 감정이 바로 눈물을 짜게 만든 것입니다. 그때 눈물은 감정의 물줄기이자 감정의 응결체입니다. 맹물이 아닌 것이죠. 그래서 우리는 눈물을 흘리는 자 앞에

서는 더 이상 다그칠 수가 없습니다.

함민복의 위 시는 제목을 '눈물은 왜 짠가'로 삼았을 뿐만 아니라 시 전체를 통해서도 그 점을 강조합니다. 그래서인지 함민복은 맨 뒤의 한 연은 아예 "눈물은 왜 짠가"라는 말만으로 채워버렸습니다. 이 마지막 연이 아주 큰 여운을 남기고 진한 물음을 갖게 합니다. 이 마지막 연이 이 시의 다른 부분을 한 곳으로 수렴시키는 지배소 (dominant)입니다.

"눈물은 왜 짠가"라는 말에만 너무 집착한 것 같습니다. 좀 지루하셨나요? 그러나 이 물음을 우리 마음속에 지닐 때, 우리는 눈물의 참다운 의미를 느껴볼 수 있습니다. 그리고 눈물을 통하여 내적으로 새로이 태어날 수도 있습니다. 하지만 또 다른 이야기를 할 것도 많으니까 다른 문제로 관심을 옮겨보기로 하지요.

함민복의 위 시는 '밥 콤플렉스'에 기초를 두고 있습니다. 밥 콤플렉스를 가진 자만이, 그리고 그것이 무엇인지를 느낄 수 있는 자만이 쓸 수 있는 작품입니다. 이처럼 〈눈물은 왜 짠가〉의 핵심은 밥 콤플렉스에 있습니다. 콤플렉스라는 말이 귀에 거슬린다면 밥 문제가 바탕에 깔려 있다고 바꾸어 말씀드릴 수도 있습니다. 함민복의 시 〈눈물은 왜 짠가〉에 나오는 세 인물—어머니, 시인이자 화자인 나, 설렁탕집 주인—은 모두 밥의 문제가 어떤 것인지를 아는 사람들입니다. 또다시 콤플렉스라는 말을 쓰자면 그 세 인물은 모두 밥 콤플렉스를 갖고 있거나 이해하고 있는 사람들입니다. 그래서 이런 콤플렉스를 공유한 사람들 사이에 말없이 수많은 행동들이 오가고, 또 심정의 교류가 일어납니다.

먼저 밥 콤플렉스가 가장 심한 사람은 어머니입니다. 그녀는 아들인 시인이자 화자에게 '고깃국'을 먹이려고 안달입니다. 그녀에게 고깃국은 영양이 최고인 귀한 음식으로 박혀 있습니다. 어머니가 고깃국이라고 말한 것이래야 기껏 설렁탕에 불과하지만, 어머니는 그 고깃국물을 아들에게 먹이고 싶었던 것입니다. 실제로 가난을 운명처럼 짊어지고 살았던 이 땅의 어머니 세대에게, 고깃국은 잔칫날이나 제삿날, 아니면 생일날이나 먹어보는 음식이었습니다. 이런 어머니들의 마음속에는, '고기를 먹어야 더위도 안 먹고 힘을 낼 수 있다'는 생각이 붙박이장처럼 달라붙어 있습니다. 돈이 없어서 감히 고기를 사먹일 수 없는 작품 속의 어머니는 고기 대신 '고깃국물'이라도 아들에게 먹이고 싶었던 것입니다. 그래서 그 어머니는 아들에게 "고깃국물이라도 되게 먹어둬라"라고 말합니다.

  어머니란 어떤 존재인가요. 현실에서 보면 자식에게 참으로 나쁜 짓을 하는 어머니도 적지 않습니다. 그러나 근원적으로 말하자면 어머니는 자식에게 밥을 주는 존재입니다. 우리는 어머니 뱃속에서 열 달 동안 어머니가 주는 밥을 받아 먹었습니다. 우리는 세상에 나와 어머니의 젖가슴에 매달려 젖이라는 밥을 먹고 자랐습니다. 젖을 뗀 후에는 어머니가 만들어주시는 밥을 먹고 자랐습니다. 어머니는 아버지와 달리 자식을 열 달 동안 뱃속에 갖고 있을 때부터 이처럼 음식을 나누어 먹은 사이이기 때문에, 자식의 밥에 남다른 관심을 쏟습니다. 그것은 실제로 관심을 넘어 집착에 가깝습니다. 자식의 배가 고프면 어쩌나 하는 마음은 어머니에게 끊을 수 없는 탯줄처럼 달라붙어 있습니다. 어머니는 자신의 위장만이 아니라 자식의 위장을 늘 염려하며 살고 있습니다. 그들에게 먹을 것을 줘야 한다는 것은 모든 어머니에게 강박관념과 같은 것, 더 나아가 밥 콤플렉스를 만들어내는 원천입니다.

  함민복의 시 〈눈물은 왜 짠가〉 속의 어머니는 아들의 위장을 염려하며 그에게 필사적으로(?) 고깃국물을 먹이려고 합니다. 아들에게 먹을 것을 줘야 한다는 이 어머니의 밥 콤플렉스는 도덕, 규칙, 체면 등과 같은 외적 형식을 모두 넘어선 곳에서 발동합니다. 그래서 어머니는 설렁탕집 주인에게 거짓말(?)을 한 것입니다. 자식에게 고깃국물이라도 더 먹이고 싶다는 생각 때문에 그는 이 사실 이외의 그 어떤 것에도 개의치 않은 것이었습니다. 밥 콤플렉스는 이렇게 대단합니다. 밥 앞에서 인간들이 보이는 태도는 가히 눈물겹습니다.

다음으로 작품 속의 아들이자 화자인 시인 역시 밥 콤플렉스를 갖고 있습니다. 그는 가난해서(밥이 부족해서) 어머니를 모시지 못하고 이모님 댁에다 모셔다 드려야 하는 처지입니다. 그런 아들에게 어머니의 밥 문제는 풀어야 할 하나의 큰 덩어리처럼 가슴속에 담겨 있습니다. 그러잖아도 이 문제 때문에 마음이 무거운 아들에게, 중이염으로 고기는 물론 고깃국물조차 못 드시는 어머니가 아들을 위하여 고깃국물을 먹이려고 애쓰는 모양은 눈물겨울 정도입니다. 아들은 어머니 앞에서 아주 착한 아이가 되어, 어머니가 먹여주는 고깃국물을 받아 먹고 있습니다. 그러나 이미 아들은 마음속으로 어머니의 모든 것을 알고 있습니다. 여기서 아들을 아직도 아이로 여기는 어머니와, 어머니의 모든 것을 알 만큼 성장한 아들 사이의 그 어색하나 조화로운 관계가 떠오릅니다.

끝으로 작품 속의 설렁탕집 주인 아저씨 역시 밥 콤플렉스를 갖고 있거나 아는 사람입니다. 그러기에 주인 아저씨는 손님인 아들의 어머니에게 모르는 척 국물을 더 갖다 줍니다. 더 나아가 그는 손님인 모자의 행동을 보고 애써 외면하려는 태도를 보입니다. 어디 그뿐인가요. 주인 아저씨는 모르는 척 성냥갑만한 깍두기 한 접시를 그들의 식탁 위에 얼른 갖다 놓고 돌아서 갔습니다. 밥 콤플렉스가 어떤 것인지를 모르는 주인 아저씨였다면, 이런 행동과 태도는 나올 수 없었을 것입니다. 주인 아저씨의 이런 행동과 태도 역시 가슴을 뭉클하게 만듭니다.

저는 함민복의 시 〈눈물은 왜 짠가〉가 감동적인 것은 뭐니 뭐니 해도 이렇게 밥 콤플렉스를 가진 세 사람 사이에, 바로 그 밥 문제로 인하여 '연민'의 관계가 형성되었기 때문이라고 봅니다. 연민의 마음이란 얼마나 높은 단계의 마음인가요. 모든 현실적 관계를 떠나 인간 조건을 불쌍히 여기고 그 인간들을 너그럽게 포용하며 같은 인간으로서의 동질성을 느끼는 것이야말로 무척이나 고귀한 일입니다. 연민의 마음을 가진 사람은 이미 세속의 인간적 한계를 넘어선 사람입니다. 여기서 연민은 동정과 다릅니다. 동정이 자기 우월성에 토대를 두고 만들어진 감정이기 쉽다면, 연민은 한없이 겸허한 마음에서 비롯된 감정이기 때문입니다.

어머니와 아들 그리고 설렁탕집 주인 아저씨 사이의 이런 상호 연민의 감정은 이 작품을 읽는 사람들에게 감동을 주기에 충분합니다. 우리는 이런 감동의 시간을 통하여 우리의 난폭하고 이기적인 감정이 한 단계 고양되는 즐거움을 맛볼 수 있습니다. 감정의 고양이 이루어진다는 것은 얼마나 소중한 일인가요. 그것도 연민의 감정을 느끼는 아주 수준 높은 단계로 감정의 고양이 이루어진다는 것은 얼마나 소중한 일인가요.

함민복의 시 〈눈물은 왜 짠가〉가 감동적인 두번째 이유는 서로에 대한 배려의 마음 때문입니다. 어머니가 아들에게 보인 배려의 마음, 아들이 어머니에게 보인 배려의 마음, 설렁탕집 주인 아저씨가 어머니와 아들에게 보인 배려의 마음, 아들이 설렁탕집 아저씨에게 보인 배려의 마음 등등이 이 시를 감동적이게 만드는 요인입니다.

어머니는 아들이 배가 고플까봐 아들을 배려했습니다. 아들은 어머니가 마음 쓸까봐 눈물을 땀처럼 만들어놓고 설렁탕에 만 밥과 깍두기를 마구 씹어댔습니다. 주인 아저씨는 이들 모자가 미안해 할까봐 못 본 척 얼굴을 돌리고 게다가 깍두기까지 한 접시 가져다 주었습니다. 아들은 주인 아저씨의 배려가 동정으로 떨어지지 않게 하기 위하여 눈물을 속으로 삼키듯 태연한 표정을 지으려고 애를 썼습니다. 아, 우리는 세 사람의 이런 배려 속에서 감동의 순간을 맞이합니다. 배려란 너그러움이고 또 타인의 입장을 헤아리는 마음입니다. 밥 앞에서 이들이 보여준 배려의 마음은 식었던 마음에 따스한 기운을 불어넣어줍니다.

 한 가지만 더 들자면, 함민복의 시 〈눈물은 왜 짠가〉가 감동적인 것은 절제의 힘 때문입니다. 만약 어머니가 주인 아저씨를 의식하지 않은 채 마구잡이로 아들에게 보란 듯이 설렁탕 국물을 부어줬다면, 주인집 아저씨가 잘난 체하며 깍두기 한 접시를 모자의 식탁 위에 놓아주었다면, 아들이 어머니와 주인 아저씨를 의식하며 과장되게 눈물이라도 줄줄 흘렸다면, 이 시의 감동은 이내 사라지고 말았거나 감동의 진폭이 아주 작았을 것입니다. 그런데 참으로 기묘하게도 이 작품 속의 세 인물들은 모두 절제의 아름다움을 실천하고 있습니다. 특히 아들이 울컥 치받치는 감정을 억제하려고 설렁탕에 만 밥과 깍두기를 마구 씹어대는 모습이나, 찔끔 흘린 눈물을 감추려고 얼른 이마의 땀을 훔쳐내며 눈물을 땀인 양 만들어놓는 모습은 너무나도 인상적입니다. 방금 말한 절제의 아름다움을 아주 잘 보여준 예입니다. 이렇게 해서 작품 속의 아들이자 시인이 흘린 눈물은 "눈동자에서 난 땀"이 되고 말았습니다. 눈동자에서 난 땀이라니요? 시인은 눈물을 이렇게 표현했습니다. 그것은 이 시인이 보여준 절제의 힘에 의하여 눈물과 땀이 서로 구별되지 않고 하나가 되었기 때문입니다.

　눈물과 땀, 그것은 가장 정직한 몸의 언어입니다. 거짓이 통할 수 없습니다. 시인이자 화자이고 아들인 나는 작품 속에서 이런 땀과 눈물을 흘리고 있습니다. 그에게 밥에 얽힌 사연은 이렇게 땀과 눈물을 흘리게 하였을 뿐만 아니라 땀을 눈동자에서 난 눈물로, 눈물을 몸에서 난 땀으로 변형시키는 힘도 가졌습니다.

　글을 마치며 저는 다시 묻겠습니다. 여러분은 눈물을 흘려본 적이 있으십니까? 언제, 왜, 눈물을 흘리셨습니까? 여러분은 눈물이 짜다는 것을 알고 계십니까? 그렇다면 왜 눈물이 짜다고 생각하십니까? 대답하건대, 함민복 시인은 눈물이야말로 감정의 응결체이자 감정의 시냇물이기 때문에 짜다고 말했습니다. 진정 짠 눈물을 흘린 자는 인생에 대한 연민의 마음이 무엇인지를 알 것입니다. 연민의 마음은 언제나 눈물을 동반하니까요.

## 고정희

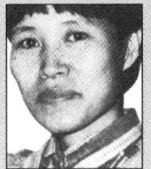

상한 영혼을 위하여

## 상한 영혼을 치유하고 싶습니까?

1948년 전남 해남에서 태어났으며,

1975년 『현대시학』을 통해

등단했다.

시집으로

《초혼제》《눈물꽃》

《아름다운 사람 하나》《모두 사라지는 것들은 뒤에 여백을 남긴다》

등이 있다.

1991년 작고했다.

## 상한 영혼을 위하여
### 고정희

상한 갈대라도 하늘 아래선
한 계절 넉넉히 흔들리거니
뿌리 깊으면야
밑둥 잘리어도 새 순은 돋거니
충분히 흔들리자 상한 영혼이여
충분히 흔들리며 고통에게로 가자

뿌리 없이 흔들리는 부평초잎이라도
물 고이면 꽃은 피거니
이 세상 어디서나 개울은 흐르고
이 세상 어디서나 등불은 켜지듯
가자 고통이여 살 맞대고 가자
외롭기로 작정하면 어딘들 못 가랴
가기로 목숨 걸면 지는 해가 문제랴

고통과 설움의 땅 훨훨 지나서
뿌리 깊은 벌판에 서자
두 팔로 막아도 바람은 불듯
영원한 눈물이란 없느니라
영원한 비탄이란 없느니라
캄캄한 밤이라도 하늘 아래선
마주잡을 손 하나 오고 있거니

고정희 시인이 세상을 떠난 지도 어느덧 10년이 되었습니다. 그는 지난 1991년 6월 9일, 지리산 등반 도중 홍수를 만나 발을 헛디디는 바람에 급류에 휩쓸려 사망하고 말았습니다. 고정희를 사랑하던 한 사람으로서 저는 그가 사망한 후 우리 시단의 한 자리가 텅 비어 있다는 느낌을 지울 수가 없었습니다. 고정희 시인은 지난 1980년대 내내 한 사람의 시인으로서 왜곡된 우리의 현대사를 바로잡기 위하여 적극적으로 발언해왔습니다. 이러한 그에게 해마다 이루어지는 지리산 등반은 연중 '의식(儀式)' 행사와도 같은 것이었습니다. 지리산 등반은 분명히 그에게 하나의 '의식'이었습니다. 지리산은 그에게 우리 현대사의 모든 것을 말해주는 신성한 산이었습니다. 그는 이 신성한 산을 만나기 위하여 해마다 등반을 했던 것입니다. 산이 인간에게 무슨 말을 직접적으로 해줄까마는, 그에게 지리산은 자연으로서의 산을 넘어 역사성이 담긴 산이었고, 그는 이 산을 등반함으로써 자신을 책임 있는 역사적 인간으로 재무장하곤 했던 것입니다. 그러므로 그가 "아! 지리산이여!"라고 말할 때, 그 말 속에는 한국사 또는 인간사와 관련된 국가와 인간의 역사성 전체가 담겨 있는 셈입니다.

고정희 시인이 세상을 떠나던 해, 그는 한국 나이로 44세였습니다. 제가 지금 44세이니까 저와 같은 나이였습니다. 고정희 시인은 그때까지 미혼으로 지내면서 시인으로서뿐만 아니라 여성운동가로서 그리고 문화운동가로서 우리 사회에 상당한 기여를 했습니다. 그는 한국의 여성 시인들 중 상상력의 스케일이 가장 큰 시인이었고,

자신이 믿고 있는 종교를 이 땅의 역사 문제와 결합시키는 데 탁월한 능력을 발휘하였으며, 남다른 여성의식을 가지고 『여성신문』의 초대 주간직을 맡았는가 하면 한국가정법률상담소에서 불평등한 가족법을 개선하기 위해 일하였습니다.

저는 제가 시평론가이기 때문에 이 가운데서 시인으로서의 고정희를 가장 잘 압니다. 그리고 이 자리는 그의 시를 감상하는 자리이기 때문에 그의 시세계에 국한시켜 말씀드리려고 합니다. 그렇게 할 때, 그는 민중의 입장에서 역사를 해석하고자 한 시인이며, 기독교 사상으로 세계를 해석하고자 한 시인이고, 여성 해방을 목표로 삼은 페미니즘 시인이었다고 말할 수 있습니다.

역사, 종교, 여성, 이 세 가지 말에 고정희 시인의 시세계가 수렴되어 있습니다. 그는 이 세 가지 말을 붙잡고 궁극적으로는 인간의 해방을 위하여 노력하였습니다. 이렇게 인간 해방을 위하여 노력한 고정희는 인간에 대한 믿음과 희망을 끝까지 저버리지 않고, 보다 수준 높게 인간 해방이 이루어진 사회가 오기를 꿈꾸었습니다. 인간에 대한 믿음과 희망을 가질 수 있다는 것은 아주 중요한 일입니다. 그것은 곧 자기 자신은 물론 인간사의 미래에 대하여 믿음과 희망을 갖고 있다는 뜻이니까요. 그의 시에는 이와 같은 믿음과 희망이 내재해 있기 때문에 그의 시가 들려주는 목소리는 항상 힘이 넘칩니다. 그렇다면 여러분은 여러분 스스로 진정 자기 해방을 이룩하였고, 여러분들과 함께 살아가는 이 세상 사람들의 진정한 해방을 위하여 노력하겠다는 의지를 갖고 있습니까? 인생의 가장 중요한 목표는 우리가 자기 해방을 이룩하고 동시에 타인의 해방을 위하여 노력하는 일인지도 모릅니다.

고정희 시인은 11권이나 되는 시집을 남겼습니다. 등단(1975년)이후 16년간 11권의 시집을 출간했으니 비교적 다작을 한 시인인 셈입니다. 저는 이렇게 많은 고정희의 시집 가운데서 그의 제4시집 《이 시대의 아벨》 속에 들어 있는 작품 〈상한 영혼을 위하여〉를 특히 좋아합니다. 이 시는 인간에 대한 믿음과 희망을 기저로 하고 있다는 점에서 고정희다운 면모를 갖고 있으면서 또한 이 땅에서 살아가는 동안 상처받은 영혼들을 위로해주고 있다는 점에서, 누구와 함께 읽어도 서로 공감하기 쉬운 작품입니다. 전문을 먼저 읽어볼까요?

상한 갈대라도 하늘 아래선
한 계절 넉넉히 흔들리거니
뿌리 깊으면야
밑둥 잘리어도 새 순은 돋거니
충분히 흔들리자 상한 영혼이여
충분히 흔들리며 고통에게로 가자

뿌리 없이 흔들리는 부평초잎이라도
물 고이면 꽃은 피거니
이 세상 어디서나 개울은 흐르고
이 세상 어디서나 등불은 켜지듯
가자 고통이여 살 맞대고 가자
외롭기로 작정하면 어딘들 못 가랴
가기로 목숨 걸면 지는 해가 문제랴

고통과 설움의 땅 훨훨 지나서
뿌리 깊은 벌판에 서자

두 팔로 막아도 바람은 불듯
영원한 눈물이란 없느니라
영원한 비탄이란 없느니라
캄캄한 밤이라도 하늘 아래선
마주잡을 손 하나 오고 있거니
―〈상한 영혼을 위하여〉 전문

　성경에 조금이라도 관심을 갖고 있는 사람이라면, 금방 이 시가 기독교적 상상력을 토대로 삼고 있다는 걸 알 수 있을 것입니다. 성서에서 야훼의 아들 예수는 "상한 갈대도 꺾지 아니하시고 꺼져가는 등불도 끄지 아니하시는" 분으로 나타납니다. 그는 살벌한 적자생존의 논리를 옹호하지 않습니다. 오히려 약자의 편에 서서 그들을 돌보고 위로하려 합니다. 이것이 기독교 사상의 핵심이기도 합니다. 그렇다고 해서 그가 힘있는 자나 권세 있는 자를 무조건 배척하지는 않습니다. 그는 이들도 돌보지만 동시에 상한 갈대와 같은 사람, 꺼져가는 등불과 같은 사람을 더 큰 연민과 애정 속에서 품어안습니다. 그러므로 예수가 만든 나라 속에서 약한 자와 병든 자 그리고 실의에 젖은 자는 그가 주는 힘을 얻고 거듭나는 신비를 체험하게 됩니다.
　저도 기독교도는 아니지만, 혹시 기독교인이 아니거나 기독교에 반감을 갖고 있는 사람이라면 이런 기독교적 해석을 못마땅하게 생각할지 모르겠습니다. 그러나 고정희의 시 〈상한 영혼을 위하여〉 속에 들어 있는 기독교적 사유와 상상력은 불쌍하고 힘없는 생명을 일으켜 세운다는 점에서, 모든 종교의 원형과 통한다고 생각합니다. 이렇게 생각하고 나면, 고정희의 이 시 속에 들어 있는 기독교적 사유와 상상력은 특정 종교의 교리를 넘어, 종교 일반의 원형적인 사유와 상상력을 대변하는 것으로 볼 수도 있을 터입니다.

고정희의 시 〈상한 영혼을 위하여〉는 제목에서도 보이듯 '상한 영혼'을 위해 바치는 노래입니다. 여러분들은 여러분 스스로가 상한 영혼의 소유자라는 생각을 해보았습니까? 제 짐작으로는 이 땅에서 살아가는 사람들이라면 누구나 그런 생각을 해보았을 것이라고 여겨집니다. 어찌 보면 삶이라는 것은 끊임없이 상처를 주고받는 일이기도 하기 때문입니다. 우리는 그런 세상 속에서 삶을 꾸리며 살아가기에 이 땅에 살고 있는 어느 누구도 정도의 차이가 있을지언정 상한 영혼을 간직하였거나 간직한 바가 있을 것이라고 말할 수 있는 것이지요.

우리는 이와 같은 상한 영혼을 부여안고 살아갈 때, 슬퍼하고 좌절하며 때로는 분노합니다. 그런데 인간의 몸은 작은 상처 앞에서도 힘겨워하지만 동시에 아무리 큰 상처 앞에서라도 그것을 치유해보려고 몸부림을 칩니다. 이처럼 상처 속에서 새살이 돋기를 간절히 바란다는 것은 인간이란 존재가 그만큼 기쁨과 희망으로 가득 찬 삶을 살고 싶다는 뜻입니다. 그럼에도 불구하고 새살을 돋게 하는 데 어려움을 겪는 사람들은 슬픔의 나락에서 허덕입니다. 심지어 그런 사람들은 인생을 포기하려고까지 하는 경우도 적지 않습니다.

고정희는 그의 시 〈상한 영혼을 위하여〉에서 이런 사람들에게 믿음과 희망의 메시지를 전합니다. 그들에게 인생을 포기할 만큼 세상은 결코 어둡지만은 않다고 조언합니다. 그럼 이제 그가 상한 영혼을 부여안고 고통받는 이들에게 전하는 구체적인 메시지에 한번 귀 기울여 들어볼까요?

먼저 고정희는 그의 시에서 모든 것 제쳐놓고 희망의 메시지를 전합니다. 그가 전하는 희망의 메시지는 제1연부터 제3연에 이르는 동안 계속하여 등장합니다. 우리가 함께 감상하고자 하는 고정희의 시를 인용한 것 가운데서 그가 전하는 희망의 메시지를 생생하게 만나보기 위하여 그에 해당하는 부분을 여기 다시 한 번 옮겨 적어볼까요? 아마도 이 부분을 반복해서 읽는 동안 우리는 고정희가 무슨 생각을 하고 있는지 알 수 있으며, 그러는 동안 자신도 모르게 위로를 받고 또 힘을 얻을 것이 분명합니다.

　　* 상한 갈대라도 하늘 아래선
　　　한 계절 넉넉히 흔들리거니
　　　뿌리 깊으면야
　　　밑둥 잘리어도 새 순은 돋거니

　　* 뿌리 없이 흔들리는 부평초잎이라도
　　　물 고이면 꽃은 피거니
　　　이 세상 어디서나 개울은 흐르고
　　　이 세상 어디서나 등불은 켜지듯

　　* 두 팔로 막아도 바람은 불듯
　　　영원한 눈물이란 없느니라
　　　영원한 비탄이란 없느니라
　　　캄캄한 밤이라도 하늘 아래선
　　　마주잡을 손 하나 오고 있거니

어떻습니까? 힘이 생기지 않습니까. 한결 여유가 생기지 않습니까. 두 손이 불끈 쥐어지는 용기가 생기지 않습니까? 고정희가 자신의 시 〈상한 영혼을 위하여〉에서 들려주는 희망의 메시지는 힘을 잃고 가라앉았던 사람을 일으켜 세웁니다.

그러면 그가 전하는 희망의 메시지를 조금 더 자세하게 듣고 해석하며 감상해봅시다. 먼저 제1연의 메시지를 만나볼까요? 그는 제1연에서 "상한 갈대라도 하늘 아래선/ 한 계절 넉넉히 흔들리거니/ 뿌리 깊으면야/ 밑둥 잘리어도 새 순은 돋거니"라고 했습니다. 고정희가 절망의 상황을 희망의 상황으로 바꾸어놓을 수 있는 것은 바로 '하늘'과 '뿌리'로 상징되는 세계를 그가 믿었기 때문입니다. 그렇다면 '하늘'과 '뿌리'는 각각 무엇을 뜻하는 것일까요? 한두 마디로 명쾌하게 요약해서 제시하기는 곤란하지만, '하늘'이란 세속의 인간적 잣대를 넘어선 공평한 하느님의 나라를, '뿌리'란 세속의 잣대에 흔들리지 않는 소신 있는 자기 정체성의 세계를 의미한다고 볼 수 있습니다. 세속의 모든 인간적 잣대를 넘어설 수 있는 사람 혹은 그러한 잣대 이외에 자기만의 독자적인 잣대를 갖고 있는 사람이야말로, 그 어떤 세속의 회오리바람 앞에서도 자기를 상실하지 않을 수 있습니다. 성숙한 인간이란 비록 이 세속사회에서 아이 낳고 밥 먹고 살아가지만, 그것만이 인생의 전부가 아니라는 것을 알고 자신만의 하늘나라와 자신만의 절대적인 자유세계(정체성)를 간직한 사람이라고 볼 수 있습니다. 그런 사람은 이 세속사회에서 상처받은 영혼이 되더라도 넉넉히 흔들리는 여유로움을 보여주고, 누군가 세속적 잣대로 그의 밑둥을 잘라낸다 하더라도 다시금 그만의 절대적인 자유세계 속에서 잘린 밑둥의 안쪽으로부터 새순을 틔워낼 힘이 있기 때문입니다.

고정희는 이런 공평한 하늘나라와 자신만의 절대적인 자유의 세계를 간직한 사람이라면 이 세상에서 겁낼 일이 없다고 말합니다. 그는 이런 사람들에게 조언합니다. 그가 우리에게 전하는 조언을 함께 들어보기로 합시다.

> 충분히 흔들리자 상한 영혼이여
> 충분히 흔들리며 고통에게로 가자

이게 무슨 뜻입니까? 고정희의 위 말을 자학의 제스처처럼 느끼는 사람도 있을지 모르겠군요. 겉으로 보면 이런 조언이 자학의 제스처같이 보일지 모르겠습니다만, 실제로 그 이면을 보면 그것은 자학의 제스처도, 가학의 제스처도 아닌 자신만의 독자적인 자신감으로 가득 찬 자세입니다. 그래서 고정희가 한 위 말의 속뜻을 해석하자면, 이것은 당신이 공평한 하늘나라의 손길을 믿고 있는 한 이 세속에서의 흔들림을 겁내지 마라, 오히려 당신이 더 적극적으로 흔들릴수록, 공평한 하늘나라의 의로움이 당신 속에 임하게 될지도 모른다는 것입니다. 그리고 또한 당신의 뿌리가 깊기만 하다면, 이 세속의 고통을 감싸안고 그 고통과 마주할수록 당신의 뿌리는 더 단단하고 강인한 새순을 밀어올릴 것이라는 뜻입니다. 저는 여기서 세속사회와 구별되는 하늘나라의 의로움과 세속사회를 극복할 만한 자기만의 절대적인 정체성 확립에 성공한 자의 당당한 현실 대응 능력 내지 현실 포용 능력을 봅니다. 그곳에서 겁내거나 좌절하지 않고, 기꺼이 현실 속에 주인으로 참여하는 사람의 아름다운 모습을 봅니다.

제1연의 내용을 말하다 많은 시간을 보냈군요. 그렇더라도 할말을 다 하는 여유가 소중한 것이니 여러분의 양해를 얻을 수 있다고 생각합니다. 이제 제2연의 메시지를 만나볼까요? 고정희는 제2연에서

"뿌리 없이 흔들리는 부평초잎이라도 / 물 고이면 꽃은 피거니 / 이 세상 어디서나 개울은 흐르고 / 이 세상 어디서나 등불은 켜지듯"이라는 말을 했습니다. 그는 이 부분에서 세 가지 말을 통하여 믿음과 희망의 메시지를 전합니다. '꽃은 핀다는 것' '개울은 흐른다는 것' '등불은 켜진다는 것', 이 세 가지가 바로 그가 가진 믿음을 담고 있습니다. 실제로 꽃은 피기도 하고 지기도 합니다. 그런데 고정희는 꽃이 진 후에 다시 피는 것에 주목했습니다. 개울은 흐르기도 하고 말라붙기도 합니다. 그런데 고정희는 개울이 흐르는 것에 주목했습니다. 등불 역시 켜지기도 하고 꺼지기도 합니다. 그런데 고정희는 등불이 켜지는 것에 주목했습니다. 고정희의 사전에서 꽃은 피고, 개울은 흐르고, 등불은 켜집니다. 그는 이것을 믿고 있기에 다음과 같이 말할 수 있었던 것입니다.

> 가자 고통이여 살 맞대고 가자
> 외롭기로 작정하면 어딘들 못 가랴
> 가기로 목숨 걸면 지는 해가 문제랴

고정희는 어디로 가자고 하는 것일까요? 그는 위의 인용된 부분 각 행마다에서 "가자"고 권유했습니다. 다시 묻건대 그는 도대체 어디로 가자고 권유하는 것일까요? 저는 이 물음 앞에서 그가 가자고 하는 곳은 정의와 평화 그리고 인간 해방이 이룩된 세상이라고 생각합니다. 그가 시를 쓰는 까닭은 다른 이유도 많겠지만, 우리들이 사는 이 험난한 세상이 정의와 평화 그리고 인간 해방이 이룩된 세상이기를 바라기 때문입니다. 그는 비록 이 세상에서 그런 세상을 꿈꾸며 사는 일이 힘들지라도 같은 꿈을 꾸는 사람들이 있어 그들과 함께 손을 맞잡고 살을 맞대며 함께 나아간다면 힘이 솟지 않겠느냐고, 또 이 땅에서 그런 높은 세계를 지향하는 일은 언제나 외로움을 동반하는 일이므로 그런 외로움까지도 과감하게 포용하다 보면 그 과정에서 자유롭게 솟구치는 힘의 위력을 느낄 수 있지 않겠느냐고, 더 나아가 아주 큰 의지로 자신을 단련시킨다면 어떤 장애물도 뛰어넘을 수 있지 않겠느냐고 말합니다. 저는 고정희의 이 말에 동감합니다. 높은 꿈을 잃지 않는다면, 그 꿈을 향하여 서로 살을 맞대고 갈 동지가 있다면, 그리고 꿈꾸는 자의 외로움 정도야 대담하게 수용할 수 있다면, 게다가 견고한 의지를 품고 있다면, 세속의 장애물이 극복하기 불가능한 장애물로만 여겨지지는 않을 것이기 때문입니다. 우리는 살을 맞댈 사람이 없어서 힘을 잃기 쉽습니다. 우리는 외로움을 견디지 못하여 타협하기 쉽습니다. 우리는 의지가 부족하여 포기하기 쉽습니다. 그러나 뭐니 뭐니 해도 우리는 높은 꿈을 상실하기 때문에 앞으로 발걸음을 내디디기 어렵습니다.

또 이야기가 조금 길어졌군요. 그렇지만 고정희가 전하는 메시지를 들은 여러분들에게는 열심히 살아야겠다는 힘이 생겼으리라 생각합니다. 생명력으로 충천한 사람만큼 아름다운 사람도 없지 않겠어요. 그러면 이제 고정희가 제3연에서 들려주는 메시지에 귀를 기울여봅시다. 그는 이 연에서 다음과 같은 말로 우리에게 희망을 줍니다. "두 팔로 막아도 바람은 불듯/영원한 눈물이란 없느니라/영원한 비탄이란 없느니라/캄캄한 밤이라도 하늘 아래선/마주잡을 손 하나 오고 있거니"라는 말이 그것입니다. 그는 여기서 인간사를 넘어선 힘이 움직이고 있다는 것을 말합니다. 제아무리 인간들이 두 팔로 세상을 지배하려 해도 그것을 넘어선 우주의 바람이 불어오고 있다는 것입니다. 이런 세계에는 영원한 눈물이니 영원한 비탄이니

하는 것이 있을 수 없다는 게 그의 생각입니다. 다시 말해 영원한 절망과 낙담은 있을 수 없다는 것입니다. 그는 잠시 동안 찾아오는 절망과 낙담의 순간을 극복하고 다시 우리들이 새순처럼 생명감으로 충일될 것을 믿습니다. 그는 최악의 어둠 속일지라도 인간은 완전히 절망의 나락으로 빠져버릴 수 없음을 생각합니다. 하늘나라의 의로운 세계가 살아 있는 한, 그들을 구원할 손길이 어디선가 오고 있음을 그는 믿습니다. 고정희는 이런 생각으로 인간들이 안고 뒹구는 크고 깊은 상처를 치유하려고 합니다. 그는 이 땅의 인간들이 상한 영혼을 치유하고 건강하게 살기를 바랍니다. 그는 미래에 대한 근원적인 믿음과 희망 속에서 당신들은 상한 영혼을 치유할 수 있을 것이라고 자신감을 주려 합니다. 세상은 어둠과 상처투성이처럼 보이고, 그 속에서 어둠과 상처에 발목 잡혀 인생의 소중한 시간들을 허비하는 사람들이 많은 것 같은데, 여러분들이 잠시만 눈을 다른 곳으로 돌려보면 여러분들을 괴롭히는 그 어둠과 상처가 잠시 스쳐가는 풍경과 같은 것임을 깨닫게 될 것이라고 그는 말해주려 합니다. 한마디로 고정희는 인간의 미래를 긍정하려는 사람입니다. 그리고 그는 인간사의 승리를 꿈꾸는 사람입니다. 그렇지 않고서야 어떻게 다음과 같이 자신 있는 말을 할 수 있겠습니까?

　　고통과 설움의 땅 훨훨 지나서
　　뿌리 깊은 벌판에 서자

고정희의 이 시를 읽으면서 여러분은 그래도 인생은 살 만한 것이라고 자신에게 속삭였을 것이라 생각합니다. 그리고 자신감을 회복했을 것이라 생각합니다. 물론 인간의 감정은 변화무쌍하기 때문에 또다시 어느 순간 우리는 상한 영혼을 부여안고 신음할지도 모릅니다. 그럴 때가 오면 고정희의 이 시를 펴놓고 소리내어 읽어봅시다. 그러면 우리의 상한 영혼이 조금씩 치유되는 기쁨을 얻게 될 것입니다. 다시 우리의 몸 속에서 자신과 인간 그리고 세계에 대한 믿음과 희망의 싹이 움터오는 것을 느끼게 될 것입니다.

# 장경린

이반 데니소비치의 하루

## 우리들의 하루는 어떤 모양을 하고 흘러 가는가?

1957년 서울에서 태어났으며,

1985년 『문예중앙』을 통해

등단했다.

시집으로

《누가 두꺼비집을 내려놨나》

《사자 도망간다 사자 잡아라》

등이 있다.

## 이반 데니소비치의 하루
### 장경린


23시 45분 : 앓았다. 식빵을 커피에 적셔서 빨아먹는

25시 26분 : 비가 온다. 아주 많은 비가 아주 큰 밤을 적시고 있다. 비의

26시 34분 : 개고기가 먹고 싶다

29시 51분 : 나의 모든 것을 내가 아닌 모든 것에게 되돌려 주고 싶다. 나의
모든 것이란 내가 아닌 모든 것들이 내게 준 그것이다. 네온
사인으로 만든 십자가처럼 확실하게

45시 86분 : 최순호가 쓰러진다. 게임이 잠시 중단된다. 최순호가 일어난
다. 재개된다. 이제 고작 3분 정도 남은 시간을 허겁지겁

98시 421분 : 확신이 날 찾아왔다. 나는 그를 달래서 돌려보낸다. 다시는
날 찾지 마라 알겠니?

388시 914분 : 하품을 하다. 하품도 내게는 아픔이다. 삶을 너무 과식했
나 보다. 배탈이 날 것 같다. 해탈도 내게는 배탈이다.
과식이

489시 973분 : 기어가고 있다. 숨 죽이고 있는 나는 그가 휘둘러보는 한
폭의 인물화다. 들고 있던 사상으로 내려친다. 바퀴벌레
의 흰 내장이 바퀴벌레의 왼쪽 옆구리 밖으로 삐져나온
다. 다리처럼 사상을 잘게 끊으며, 나는 시효가 지나 버
린 연극 초대권이다.

671시 5245분 : 그렇지 않았다면
             무엇이
             시작이나 될 수 있었겠는가?

999시 9996분 : 방바닥에서
999시 9997분 : 침으로 담뱃재를 찍어들고
999시 9998분 : 조심스레
999시 9999분 : 재떨이 앞으로 기어가며 나는

저는 1990년대 후반에 접어들어 '1990년대 젊은 시인들'이란 큰 제목 아래 월간 『현대시학』의 지면을 빌려 1990년 대 젊은 시인들에 대하여 논의한 바 있습니다. 그때 저는 이 논의를 하면서 장경린을 맨 먼저 다루었습니다. 그를 이처럼 맨 앞자리에서 다룬 데는 여러 가지 이유가 있었지만, 그중 가장 큰 것은 그의 첫 시집 《누가 두꺼비집을 내려놨나》 속의 작품들, 그중에서도 특히 〈이반 데니소비치의 하루〉가 보여주는 개성과, 제2시집 《사자 도망 간다 사자 잡아라》 속에 수록된 여러 작품들이 보여준 개성에 이끌렸기 때문이었습니다.

장경린은 제가 여러분들과 함께 감상할 작품 〈이반 데니소비치의 하루〉가 수록된 그의 첫 시집 《누가 두꺼비집을 내려놨나》에서 우리가 살고 있는 세상을 두꺼비집이 내려진, 그리하여 전류가 서로 통하지 않는 단절의 세계로 해석했습니다. 그리고 두번째 시집 《사자 도망간다 사자 잡아라》에서는 그런 인간들의 삶 전체를 '이자(利子)놀이의 과정'으로 파악했습니다. 지금도 장경린이 지적한 '내려진 두꺼비집'은 우리들이 살아가는 이 세상에서 쉽사리 올려질 가망이 없는 채 그냥 내려져 있다는 게 제 생각입니다. 그 속에서 사람들은 무인칭의 물건처럼 표정 없이 고독하게 살아가는 법을 익힙니다. 그 것을 익히지 않고서는 살기가 더욱더 힘이 드니까요.

그런데 장경린의 주장은, 바로 이런 현실 속에서 설상가상으로 세상은 우리들에게 '이자'를 더 많이 늘려가라고 강요한다는 것입니다. 우리는 자나깨나 이자를 늘리기 위해 안달입니다. '이자는 잠을 자지 않는다'는 성공한 모 기업인의 명언처럼, 쉬지 않고 불어나는 이자를 잡기 위하여 우리는 동분서주합니다. 세상에 어디 공짜가 있겠습니까? 그것이 이자놀이의 기본 원리 아닙니까? 그러니 가장 원천적으로 따져 올라가보면 우리가 태어난 것 자체가 공짜일 수 없습니다. 한 번에 방출되는 남성의 정자 수가 2억 개쯤 된다고 하니까, 우리는 어머니의 자궁 속에서 2억 대 1의 경쟁률을 뚫고 이 땅에 당당하게 나왔습니다. 그러나 그것은 공짜가 아닙니다. 우리가 하나의 생명으로 승리자의 얼굴을 하며 나온 결과로 사실 얼마나 많은 생명들이 어머니의 뱃속에서 사라졌습니까? 그러므로 그 많은 것들을 대신해서 혹은 이겨내고 이 땅에 나온 우리들은 그날부터 이자를 갚으며 살아야 할 의무를 걸머지고 만 것인지 모릅니다. 이런 이치 속에서 이자를 갚지 않고 게으름을 피우는 것, 그것은 마땅히 비난받아야 할 행위인지도 모릅니다. 이자라는 말을 화두로 삼아 인생을 해석한 장경린 식으로 보자면 앞에서와 같은 말이 가능할 것입니다. 그리고 보면 저 자신이 지금 이 글을 쓰는 것도, 장경린 식으로 말하자면 이자를 갚는 행위의 일종입니다(앞에서 제가 말씀드린 것이 미진하다고 여기시는 분은 그의 제2시집 《사자 도망간다 사자 잡아라》와 저의 책 《몽상의 시학 : 90년대 시인들》속에 들어 있는 〈장경린론 : 삶—이자놀이의 과정〉을 참고하시면 도움이 될 것입니다).

〈이반 데니소비치의 하루〉—이것이 여러분들과 함께 감상할 작품입니다. 이 작품의 제목을 보면서 여러분들은 금방 러시아 작가 솔제니친의 중편소설 〈이반 데니소비치의 하루〉를 떠올렸을 것입니다. 그리고 조금 더 문학에 관심이 있는 사람은 소설가 박태원·최인훈의 〈소설가 구보씨의 일일〉과 오규원 시인의 〈시인 구보씨의 일일〉 그리고 소설가 주인석의 〈소설가 구보씨의 하루〉를 떠올렸을 것입니다. 소설가나 시인들은 수백 년 혹은 수천 년 동안 계속되는 대역사에도 관심이 있지만, 있어도 그만이고 없어도 그만일 것 같은 하루, 그러나 그 하루가 모여 수백 년과 수천 년을 이루는 이 하루에 관심을 두기도 하지요.

우리의 하루는 어떤 모양으로 흘러가고 있을까요? 우리의 하루생활에 대한 세밀한 성찰이 장경린의 시 〈이반 데니소비치의 하루〉 속에 들어 있습니다. 그저 타성에 젖어 스쳐가버리고 마는 우리의 하루를 붙들어놓고, 그는 그 앞에 머물면서 도대체 나의 하루가, 그리고 너의 하루가 어떤 모양인가를 깊이 직시해보려고 한 것입니다.

23시 45분 : 않았다. 식빵을 커피에 적셔서 빨아먹는

25시 26분 : 비가 온다. 아주 많은 비가 아주 큰 밤을 적시고 있다. 비의

26시 34분 : 개고기가 먹고 싶다

29시 51분 : 나의 모든 것을 내가 아닌 모든 것에게 되돌려 주고 싶다. 나의 모든 것이란 내가 아닌 모든 것들이 내게 준 그것이다. 네 온사인으로 만든 십자가처럼 확실하게

45시 86분 : 최순호가 쓰러진다. 게임이 잠시 중단된다. 최순호가 일어난다. 재개된다. 이제 고작 3분 정도 남은 시간을 허겁지겁

98시 421분 : 확신이 날 찾아왔다. 나는 그를 달래서 돌려보낸다. 다시는

날 찾지 마라 알겠니?

388시 914분 : 하품을 하다. 하품도 내게는 아픔이다. 삶을 너무 과식했나 보다. 배탈이 날 것 같다. 해탈도 내게는 배탈이다. 과식이

489시 973분 : 기어가고 있다. 숨 죽이고 있는 나는 그가 휘둘러보는 한 폭의 인물화다. 들고 있던 사상으로 내려친다. 바퀴벌레의 흰 내장이 바퀴벌레의 왼쪽 옆구리 밖으로 삐져나온다. 다리처럼 사상을 잘게 끓이며('끓으며'의 오식? - 필자 주). 나는 시효가 지나 버린 연극 초대권이다.

617시 5245분 : 그렇지 않았다면
　　　　　　　무엇이
　　　　　　　시작이나 될 수 있었겠는가?

999시 9996분 : 방바닥에서
999시 9997분 : 침으로 담뱃재를 찍어들고
999시 9998분 : 조심스레
999시 9999분 : 재떨이 앞으로 기어가며 나는

— 〈이반 데니소비치의 하루〉 전문

　이 시를 다 읽으신 여러분들은 기존 시의 형태가 과감하게 파괴된 것 앞에서 당혹감을 느낄 것입니다. 그리고 이어서 기존의 시간틀이 완전히 파괴된 것을 보고 또 한 차례 당혹감을 느낄 것입니다. 그러

나 기존 시의 고정화된 형식이나 기존의 시간틀에 구속감을 느꼈던 사람은 거꾸로 엄청난 해방감을 느낄 것입니다. 이 시를 읽은 첫 느낌이 당혹감이든 해방감이든 간에, 이 시의 형태가, 그리고 그 속의 시간틀이 아주 이채롭다는 것만은 확실합니다.

그런데 제가 걱정하는 것은 저 1920년대 김소월 시를 읽던 감수성에 머물러 있는 사람이라면, 이 시를 보고 도대체 그게 시가 될 수 있느냐, 그게 무슨 시냐고 강하게 불평을 토로할지도 모른다는 것입니다. 그런 사람을 예상하며 저는 다음과 같이 답하겠습니다. 대중가요로 보면 〈신라의 달밤〉을 감상하던 때에서 지금 우리는 'H.O.T.'의 노래를 감상하는 시대로 들어왔고, 영화예술로 말하자면 무성영화 시절에서 컴퓨터 합성 영화 시대로 접어든 것이 현실이라고 말입니다. 이렇듯 모든 문화가, 더 나아가 사회가 바뀌고 있듯이, 시 역시 그동안 엄청난 내외적 변화 및 발전을 계속해왔다고 말입니다. 이처럼 열린 마음과 감수성으로 기존의 고정틀을 부수고 장경린의 위 시를 보면, 위 시는 아주 참신한 매력을 더해주면서 우리 앞으로 다가올 것입니다.

우선 저는 위 시에서 파괴된 시간틀에 대해 생각해보기로 할 것입니다. 이 문제를 생각해보기 이전에 여러분에게 한 가지 묻겠습니다. 진정 이 우주 속에 시간이란 것이 존재합니까? 존재한다면 어떤 식으로 존재합니까? 혹시 이 우주 속에 시간이란 없고 단지 무상의 흐름만이 존재하는 것인데도 인간들이 인위적으로 편리를 위해 만들어놓은 장치에 불과한 것이 시간이 아닙니까? 1년을 365일로, 하루를 24시간으로, 한 시간을 60분으로 정한 것은 절대진리처럼 불변의 것입니까? 도대체 시간이라고 하는 것이 무엇입니까? 굳이 시계가 필요하다면 하루쯤 지난 다음에 시계바늘이 한 칸 정도 지나가게 하면 안 됩니까? 혹은 아예 시계 없이, 자신의 나이가 얼마인지도 모르고 사는 삶이 더 나을 수 있다는 생각도 해볼 수 있지 않습니까? 아직도 저 중앙아시아 지역의 원시부족 중에는 자신의 나이를 모르는 사람이 많다고 하는데 그게 문제될 일입니까? 그냥 해가 뜨면 일어나고 해가 지면 잠을 자고, 또다시 그 일을 반복하다가 때가 오면 우주 속으로 돌아가는 것도 괜찮은 삶의 방식 아닙니까?

《근대성의 구조》라는 책의 일본인 저자 이마무라 히토시는 "교회의 종소리가 사라지고 시계가 종소리를 대신하면서 근대가 시작되었다"고 말했습니다. 이 말을 제 식으로 고쳐 표현해본다면 '횃대의 닭울음 소리가 사라지고 시계가 등장하면서 근대가 시작되었다'고 할 수 있습니다. 여러분들은 꽃시계를 아십니까? 시계가 없던 시절, 꽃이 피는 것을 보고 시간을 대중했던 것이지요. 이런 꽃시계와 함께 사는 삶 속에는 불편하지만 빈터가 있습니다. 서정주의 시 가운데 한 구절에는 "얘들아 박꽃핀다 밥하러 가자"는 말이 있습니다. 초가지붕 위에 박꽃이 하얗게 피기 시작하니 보리쌀을 닦아 저녁 지을 시간이 돌아온 게 아니냐고 동네 처녀들이 저녁 준비를 재촉하는 말이지요.

아날로그 시계 시절을 지나 디지털 시계의 시절이 오면서 초단위 이하까지 알려주는 그 시계 앞에서 우리의 삶도 디지털화될 수밖에 없도록 만들어지고 말았습니다. 시간은 인간이 인공으로 만든 아주 편리한 도구이지만, 시간이 인간을 예속화하는 정도는 대단합니다. 우리는 배가 고파서 밥을 먹는 것이 아니라 시간이 되었기 때문에 밥을 먹습니다. 우리는 출근을 하고 싶어서 출근을 하기보다 출근할 시간이 되었기 때문에 출근을 합니다. 어디 이런 예가 한두 가지입니까? 이 시대를 지배하는 무서운 존재가 시계임을 생각한다면 우리는 수도 없이 많은 예들을 들춰낼 수 있을 것입니다.

시간이, 그 시간을 알려주는 시계가 이렇게 견고한 권력적 실체임을 알면서도, 위 시 〈이반 데니소비치의 하루〉를 쓴 장경린은 그 견고한 시간의 구조를 낱낱이 해체해버렸습니다. 그는 시간을 느끼면서도 그 시간의 구속력으로부터 가능한 한 멀리 달아나려고 애썼습니다. 그러면서 그는 우리들의 시간 인식이 실은 얼마나 단절적인 것인가를 알려주려고 했습니다. 그러니까 1시 다음에 2시가 오는 것이 아니라, 주관적 인식의 잣대에 의한다면 1시 다음에 11시가 올 수도 있다는 것입니다. 그만큼 우리의 세계 인식은 단절적이고 분절적이며 비약적입니다. 요컨대 우리는 장경린의 위 시에 나오는 시간들을 보면서 기존의 시간틀을 해체시킨 시인의 과감성과 인간의 시간 인식 속에 스며 있는 분절성과 단절성이 어떤 것인지를 알 수 있습니다. 그러므로 시간이 있기보다 내가 있고, 내가 인식하는 순간, 그 순간만이 시간표에 동그라미를 그려넣을 수 있는 시간입니다.

시간의 틀을 해체시키고 시간의 인식상을 직시한 장경린은 시의 첫 연 첫 행에서부터 그가 인식하고 행동한 하루의 일과를 우리에게 공개합니다. 그런데 그 공개 방식이 매우 독특합니다. 무질서한 세계까지도 질서화시키지 않고는 살 수 없는 것이 인간이지 않습니까? 그저 우연으로, 단절의 형식으로 존재하는 것들까지도 질서화시켜 그것에 의미를 부여해야만 마음놓고 살아가는 것이 인간이란 말씀입니다. 그런데 장경린은 거꾸로 잘 짜여졌다고 믿으며 살아가는 우리의 일과표를 뒤흔들어 해체시키며 실제로 너의 하루는, 아니 나의 하루는, 아니 우리의 하루는 이렇게 흘러가는 것이 아니냐고 반문해옵니다.

장경린은 첫 연의 첫 구절을 "앉았다"로 시작했습니다. 도대체 뭘

'않았다'는 것인지 밑도 끝도 없습니다. 이 말 앞에 우리는 그 무엇도 넣을 수 있지만, 그 어느 것만이 정답이라고 우겨댈 수 없습니다. 그가 23시 45분에 무엇을 '않았다'는 것인지 우리는 그저 자기 나름대로 막연히 짐작해볼 수 있을 뿐입니다. 이렇게 "않았다"라는 미완의 문장으로 시작한 그는 "식빵을 커피에 적셔서 빨아먹는"이라는 또 하나의 미완의 문장을 던지고 이내 입을 다물지만, 그래도 이 미완의 문장에서는 그나마 그가 무엇을 했는지 엿보기가 쉽습니다. 벌레처럼, 게으른 동물처럼(실제로 인간이란 아주 게으른 동물이니까), 품위니 격식이니 하는 그 인위적인 형식을 다 내다버린 존재처럼, 그는 타인의 눈으로 표상되는 사회적 가면을 다 벗은 채로 이 현대사회에서 가장 구하기 쉬운 식빵과 커피를 앞에 놓고 그의 위장을 채우고 있습니다. 가끔씩 우리는 고상한 식탁을 차려놓고 온갖 형식을 다 지켜보려고 애를 쓸 때도 있지만, 형식은 품격을 만들어주는 대신 얼마나 무겁고 거추장스럽습니까? 그러므로 우리의 일상은 매일매일 형식의 잔치로 이루어질 수가 없습니다. 그저 "식빵을 커피에 적셔서 빨아먹는", 그 벌레 같은(?) 편안함을 즐길 때가 대부분이지요.

   미완의 문장에서 약간의 일상을 훔쳐본 우리는 곧바로 시인이 제시하는 제2연으로 옮아가지 않을 수가 없습니다. 제2연에서 시인의 눈은 창 밖을 향하고 있습니다. "식빵을 커피에 적셔서 빨아먹는" 행위와 아무 관련 없는 비가 많이 내리고 있는 것을 그는 봅니다. 그러면서 감성을 가진 한 인간이 되어 "아주 많은 비가 아주 큰 밤을 적시고 있다"는 시적 표현을 합니다. "식빵을 커피에 적셔서 빨아먹"던 벌레 같은 한 인간이, 이 제2연에서는 감성을 가진 한 인간으로 우주를 바라다보고 있는 것입니다. 그러나 그뿐, 시인은 제2연 역시 미완의 문장인 "비의"로 마치고 맙니다. 그의 의식과 무의식이

비에 대하여 이 정도로 관심을 갖고 이내 다른 방향으로 관심을 튼 것 같습니다.

제3연에 오면 우주를 감성적으로 대하던 인간은 사라지고, 갑자기 "개고기가 먹고 싶다"는, 식욕을 가진 인간의 모습이 등장합니다. 그것도 한국 사람들이 좋아하면서 동시에 꺼려하는 개고기를 먹고 싶다고 말하면서 말입니다. 그렇습니다. 우리의 식욕은 이성의 통제나 계획표와 관계없이 제 욕구를 알려올 때가 대부분입니다. 그러나 "개고기가 먹고 싶다"는 욕구를 느꼈을 뿐, 그가 개고기를 먹으러 갔는지 어쨌는지는 알 수가 없습니다.

그런데 이렇게 개고기에 식욕을 느끼던 시인은 제4연으로 오면서 매우 심각해지는 자신을 발견합니다. 비로소 사색하는 이성적 인간이 된 듯, 그는 존재론적 고민을 합니다. 그의 고민 내용은 무척이나 심각합니다. 그러면서 공감을 자아냅니다. 핵심 부분만을 여기에 한 번 다시 옮겨보기로 하겠습니다.

  나의 모든 것을 내가 아닌 모든 것에게 되돌려 주고 싶다. 나의 모든 것이란 내가 아닌 모든 것들이 내게 준 그것이다.

자기애가 지나치게 강해서 늘 나르시시즘에 빠져 있는 사람이 아니라면, 그리고 인생이 희망과 성공으로 가득 차서 어찌할 바를 모르는 사람이 아니라면, 우리는 한번쯤이라도 장경린이 위 인용문에서 말했듯이 "나의 모든 것을 내가 아닌 모든 것에게 되돌려 주고 싶다"는 느낌에 사로잡혔을 때가 있었을 것입니다. 어느 때는 내 인생의 짐이 너무나도 무거워서, 어느 때는 내 존재 자체가 너무나도 증오스러워서, 어느 때는 희망의 그림자를 발견할 수 없는 허무주의

자가 되어서, 누군가가 내 인생을 전세라도 내가듯, 월세라도 내가듯, 내 생 자체를 대신 짊어지고 떠맡아주었으면 하는 생각을 해봤을 것입니다. 이런 생각을 드러낸 장경린의 마음 밑바닥에는 "나의 모든 것이란 내가 아닌 모든 것들이 내게 준 그것이다"라는 생각이 깔려 있습니다. 어찌 보면 우리의 탄생부터가 그렇지 않습니까? 자신이 이 세상에 나오고 싶어서 자발적으로 탄생의 길을 택한 사람이 누가 있겠습니까? 나의 의지와 관계없이 우리는 어느 날, 갑자기, 이 세상 사람이 되어 있지 않았던가요? 그러니 나의 나라도, 나의 시대도, 나의 부모도, 나라는 존재 자체도, 내가 아닌 모든 것들이 나에게 준 것이라고 말할 수 있지 않겠습니까? 그러나 흥미로운 것은 인간이 엄청난 자기애와 생명에 대한 욕구를 유전인자 속에 갖고 있다는 것, 그것이 인간사를 이끌어가는 원동력이 된다는 것입니다. 장경린은 이런 자의식 속에서 상업화되고 세속화된 종교를 냉소적으로 바라다보며 "네온사인으로 만든 십자가처럼 확실하게" 모든 일을 되돌리고 싶다는 생각에 빠져듭니다.

  시간이 한참 지난 뒤, 작중 화자이자 시인인 장경린의 의식 속에는 축구하는 최순호의 모습이 들어옵니다. 아마도 장경린은 텔레비전을 켜놓고 있었는가 봅니다. 깊고 심각한 사색을 하는 동안에도, 텔레비전은 그것과 아무런 상관도 없다는 듯이 제 목소리를 내고 있는 것이 우리들 집 안의 풍경 아닙니까? 장경린은 이 제5연을 통하여 놀이에서 노동이 돼버린, 선수들이 스타로 변신해버린 축구계의 현실을 은밀히 지적하며 노동보다 더 심각해진 축구놀이의 현장을 보여줍니다.

  제6연으로 가면 텔레비전을 통해 축구를 보던 장경린의 눈이 거꾸로 자신의 내면을 향하고 있습니다. 그러면서 매우 의미심장한 깨달음을 우리에게 알려줍니다. 그것은 바로 '확신(確信)'이라는 괴물(?)에 관한 것입니다. 여기서 '확신'이란 말은 진리, 신념, 절대 등과 같은 말로 대치될 수 있을 것입니다. 장경린이 이곳에서 전해주는 말을 한번 다시 들어봅시다. 참으로 많은 생각을 하도록 이끌어 줄 것입니다.

확신이 날 찾아왔다. 나는 그를 달래서 돌려보낸다. 다시는 날 찾지 마라 알겠니?

삶의 길에 대해 확신을 가진 사람은 '전도(傳道)'를 하려고 듭니다. 전도란 말 그대로 '도'를 전하는 것입니다. 도를 알면 생의 구원은 확실해지는 것. 그러나 누가 진정한 도를 안다고 말할 수 있겠습니까? 하지만 사람들은 이런저런 확신 속에서 그들의 주장을 펴고 마침내는 도를 말하면서 전도사의 길로 나가지 않습니까? 이런 점에서 전도사는 명쾌하나 위험합니다. 그 누구도 삶의 정도(正道) 혹은 구원의 도를 확실하게 알지 못하기 때문입니다. 이런 점에 비추어볼 때, 위 인용문 속의 시인은 매우 겸허하고, 유연하고, 열려 있는 인간형입니다. 그는 '확신'의 위험성을 아는 사람입니다. 그 확신이 신념으로 변하고, 그 신념이 고집으로 변하는 위험성을 아주 잘 아는 사람입니다. 그러므로 그는 딱딱해진 확신을 가능한 한 갖지 않으려고 합니다. 그래서 택한 것이 '그를 달래서 돌려보내는 것'입니다. 그러면서 '다시는 날 찾지 말라고 하는 것'입니다. 여기서 시인은 언제나 회의하는 지성 그 자체로 남아 있기를 바랍니다.

제7연으로 가서 봅시다. 제7연을 보면 그것은 참 많은 시간이 흐른 뒤의 일들임을 알 수 있습니다. 그런데 이렇게 시간이 흐르자 또

다시 그를 고민에 빠뜨리는 문제가 등장합니다. 말할 것도 없이 그것은 아주 무거운 문제입니다. 발단은 아주 시원찮은 생리적 행위에서 시작하지만, 그 행위를 통해 이 시인이 사색하는 내용은 무겁기 짝이 없습니다. 그렇다면 이 시인이 보여준 그 시시한 행동은 무엇이며 그를 통해 보여준 무거운 사색의 내용은 무엇일까요? 우선 그가 보여준 그 시시한 생리적 행동은 제7연의 첫 구절에 나오는 '하품을 하는 행위'입니다. 인간이라면 언제, 어디서나, 생물학적인 필요에 의하여 자신도 모르는 사이에 새어나오고 마는 하품, 그는 이것을 자각하면서 매우 충격적인 경구를 만들어낼 만큼 깊은 사색의 세계로 들어간 것입니다. 그가 여기서 만들어낸 경구는 바로 "하품도 내게는 아프다"라는 것입니다. 어찌하여 그럴까요? 어찌하여 그 시원찮은 하품이 '아픔'이 될 수 있을까요? 저는 여기서 육신을 갖고 살아가야 할 인간 조건에 대하여 생각해봅니다. 인간이 육신을 가졌다는 것은 얼마나 버거운 일입니까? 단 하루만 굶어도 허기진 배를 움켜쥐고 밥 생각에 일손을 놓아야 하는 인간의 육신, 손톱 밑에 가시 하나만 들어가도 하루가 그 아픔으로 얼룩지는 인간의 육신, 병원 가득 들어차 있는 수많은 환자들의 고통스러운 육신. 이러한 육신을 갖고 살아간다는 것은 버거운 인간 조건입니다. 그래서 서정주 시인도 우리에게 너무나 잘 알려진 작품〈화사(花蛇)〉의 일절에서 "얼마나 커다란 슬픔으로 태어났기에 저리도 징그러운 몸뚱어리냐"고 외쳤겠지요. 인간의 몸뚱어리, 아니 생명을 가진 모든 것들의 몸뚱어리는, 육신을 가진 존재의 슬픔을 알려주는 동시에 육신을 가진 존재의 운명적 조건을 알려주는 것입니다. 이런 점들을 생각하다 보면 장경린이 왜 "하품도 내게는 아프다"라고 말했는지 이해가 될 것입니다. 하품이란 졸음을 쫓아내기 위한 생리적 현상이지만, 그 졸음을 끌어안고, 그 졸음과 싸워가며 살아야 하는 것이 육신을 가진 인간입니다.

장경린은 "하품도 내게는 아픔이다"라는 이 말에 이어 "삶을 너무 과식했나 보다. 배탈이 날 것 같다"는 또 다른 하나의 경구를 제시하고 있습니다. 여러분들은 이 말을 이해하시겠지요. 아지랑이처럼 도대체 그 실체를 알려주지 않는 삶이라는 것, 그러나 내가 짊어지고 살아가야 할 그 삶이라는 것이 도대체 무엇인지 그 끝을 알아보리라고 다짐하며, 그 괴물 같은 대상 앞에서 어지럼증이 나도록 고민하고 사색한 경험들이 모두 있을 터이니까요. 그렇지만 명쾌한 답은 얻어지지 않고 그 대신 손님처럼 찾아온 것이 미슥거리는 가슴과 현기증나는 머리일 때 우리는 미련한 우리 자신을 얼마나 탓하였던가요. 장경린의 시구처럼 '아, 내가 삶을 너무 과식했나 보다'라고 자성하며, 혹은 '아, 내게 삶이란 그렇게 호락호락하게 정답을 가르쳐주지 않는 것인가 보다'라고 좌절하며…… 장경린은 삶에 대해 지나치게 고민한 결과 배탈이 날 것처럼 몸이 불편해졌다고 고백했습니다. 세상과 대충 타협하고 살아간다면 삶을 과식할 일도, 배탈이 날 일도 없겠으나, 자의식을 숙명으로 안고 살아가는 것이 인간일진대, 정도는 달라도 이런 일들을 경험할 수밖에 없지요.

장경린은 이어서 또 다른 경구를 내놓았습니다. "해탈도 내게는 배탈이다"라는 것이 그것입니다. 여러분들도 알다시피 해탈은 불교 신자의 이상입니다. 끝도 없는 윤회의 굴레에서 초월하는 것, 그리하여 완벽한 자유와 무의 상태가 되는 것, 그것이 해탈이지요. 하지만 육신을 가진 인간에게는, 욕망을 가진 인간에게는, 다른 사람보다 몇 배나 더 고뇌하며 살아가는 시인 장경린에게는, 이런 해탈을 꿈꾸는 것 자체가 '배탈'로 느껴집니다. 어쩌면 해탈을 꿈꾸는 것 자체가 삶을 지나치게 과식하는 일인지도 모르지요. '해탈'이라는 용어조차 모르고 살아가는 것이 더 편안한 삶일지도 모르니까요. 그러나 장경린뿐만 아니라 시인이란 존재는 사실상 '삶을 너무 과식하는 자들'이요, 그 과식의 결과로 배탈을 앓는 자들이요, 그 배탈의 결과를 한 편의 시로 만드는 자들인지도 모릅니다.

이제 제8연을 봅시다. 또다시 많은 시간이 흘러갔습니다. 그사이에 말할 수 없이 많은 일들이 벌어졌겠지만, 이 시인의 의식 속에 포착된 것은 489시 973분에 일어난 일입니다. 여기서 장경린은 바퀴벌레 한 마리를 본 것으로부터 이야기를 풀어가고 있습니다. 이 세상의 인간 숫자보다 훨씬 더 많고, 인간의 역사보다 더 길고 긴 역사를 이어왔다는 바퀴벌레, 그 바퀴벌레가 제8연의 중심 대상입니다. 이 제8연의 바퀴벌레를 놓고 장경린이 보여준 흥미로운 사실은 인간중심주의 사상을 내버리고 대신 바퀴벌레의 입장에서 인간을 바라다보았다는 것입니다. 인간이 중심이 되어 바퀴벌레를 보면 바퀴벌레는 하나의 해충으로, 죽여야 마땅한 존재입니다. 몰살을 시켜도 괜찮은 존재입니다. 그런데 바퀴벌레의 입장에서 보면 인간이란 참으로 이상하게 생긴 "한 폭의 인물화"에 불과합니다. 바퀴벌레도 이상하게 생겼지만, 인간이란 존재 또한 얼마나 이상하게 생긴 존재입니까? 타인의 눈으로 인간을 바라다보면 그로테스크하기까지 하지 않습니까? 그러나저러나 바퀴벌레는 도구를 가진 인간 앞에서 무력해졌고, 더 나아가 인간중심주의 사상으로 무장한 이념적 인간 앞에서 무력해졌습니다. 그 결과 바퀴벌레는 죽여도 아무런 죄의식을 느낄 필요 없는 존재가 되었을 뿐만 아니라 오히려 죽임으로써 쾌감까지도 느낄 수 있는 존재가 되었습니다. 시인은 이 사실을 직시하고 "들고 있던 사상으로 내려친다. 바퀴벌레의 흰 내장이 바퀴벌레의 왼쪽 옆구리 밖으로 삐져나온다"라고 말했습니다. 바퀴벌레를 죽인 것은 다름 아닌 인간이 가진 인간중심주의 사상의 힘이었고, 그 결과 바퀴벌레는 참혹한 모습으로 주검이 되었다는 것입니다. 우리 주위에서 너무나도 자주 일어나는 일들을 그는 이렇게 통찰하였던 것입니다.

그런데 어디 인간이 가진 사상이 일관성을 갖고 움직입니까? 인간들의 사상은 모순 덩어리이거나 오합지졸의 형태이기 쉽습니다. 아침에는 이 사상으로, 저녁에는 저 사상으로, 이 일을 할 때는 이 사상으로, 저 일을 할 때는 저 사상으로 살아가는 것이 인간이란 말씀입니다. 그러고 보면 장경린이 말한 것처럼 우리는 바퀴벌레의 다리처럼 사상을 잘게 끊으며, 끝없는 사상의 단절과 모순 속에서 살아가는 존재라고 볼 수 있습니다. 이렇게 하여 바퀴벌레가 죽었듯이, 장경린은 자기 자신 또한 "시효가 지나 버린 연극 초대권" 같은 존재인지 모른다고 고백합니다. 지독한 자기 검열과 자학의 결과 같지요. 이미 쓸모없는 존재로 자신을 의식하였으니 말이에요. 그러나 장경린뿐만 아니라 우리 모두는 정도의 차이가 있을지언정 이런 느낌에 사로잡힐 때가 많습니다. 그러나 육신의 생명욕은 엄청난 것이어서 "시효가 지나 버린 연극 초대권"처럼 무력해졌으면서도 우리는 우리의 삶을 재생시키려고, 아니 영생의 땅으로 이어가려고 얼마나 발버둥칩니까? 그런 욕망과 발버둥 때문에 우리는 자학과 좌절과 자살이라는 어둠의 땅을 넘어서 새로운 아침을 또다시 맞이할 수 있는 것인지도 모릅니다.

제9연을 보십시오. 장경린 역시 제가 앞에서 말씀드린 바와 비슷한 이야기를 하고 있는 것 같습니다. 지독한 인간중심주의 사상의 힘 때문에, 모순 속에서도 꿈틀대는 수많은 사상의 저력 때문에, 시효가 지나가버린 연극 초대권 속에서도 생명을 일궈내려는 무모한 욕망 때문에, 우리는 그게 무엇이 되었든 간에 인간사의 첫 발걸음이라도 떼어놓을 수 있었을 것이고, 그것이 누적되어 역사라는 이름의 화려한 건축물을 지어낼 수 있었던 것 같다고 말입니다. 정말 이런 것들이 아니라면 장경린의 말처럼 "무엇이/시작이나 될 수 있었겠는가?" 그렇다고 해서 장경린이 인간사를 무조건 옹호하는 것은 아닙니다. 그는 인간사의 양면성을 함께 보고 있는 것입니다.

그로부터 아주 많은 시간이 또 흘러갔습니다. 고상한 사색으로 고민하던 장경린은 제10연에 이르러 한 마리의 벌레처럼 그의 일상이 전개되는 한순간을 사진 찍듯이 보여줍니다. 그러면서 그는 이렇게 말하는 것 같습니다. 우리 인간들의 일상 속에는 벌레와 같은 삶의 모양이 얼마나 많이 들어 있느냐고 말입니다. 그렇다면 장경린이 우리에게 보여준 그 모습은 어떤 것일까요? 마지막 연에 우리의 눈길을 모아보기로 합시다.

    999시 9996분 : 방바닥에서
    999시 9997분 : 침으로 담뱃재를 찍어들고
    999시 9998분 : 조심스레
    999시 9999분 : 재떨이 앞으로 기어가며 나는

바로 이것입니다. 아마도 시인은 그의 방에서 담배를 피우고 있었던 것 같습니다. 그러다가 담뱃재를 방바닥에 떨어뜨린 모양입니다. 이것은 매우 흔한 일이지요. 담뱃재를 치우는 일은 휴지를 치우는 일보다도 훨씬 귀찮지요. 그만큼 품이 더 들고 신경이 쓰이니까요. 위 시 속의 장경린이 아니더라도 원래 게으름을 사랑하는 인간들은 이때 게으른 벌레처럼 침으로 담뱃재를 찍어들고 재떨이 앞으로, 그렇지 않으면 휴지통 앞으로 기어가게 마련이지요. 이렇게 재떨이 혹은 휴지통 앞으로 기어가는 시인과 우리들의 모습은 방바닥을 기어다니는 바퀴벌레의 모습을 연상시킵니다. 그러면서 '인간은 벌레이다'라는 명제를 만들어내어도 무방할 것 같은 생각에 이르지요.

시가 좀 길고 파격적인 관계로 꽤 긴 여정을 밟아 여기까지 왔군요. 시간의 파괴도 문제적이려니와, 그 속에서 벌어지는 인간의 하루를 성찰해본 모습도 무척 인상적입니다. 온갖 잡동사니가 다 함께 모여 있는 하루, 그런 중에서도 흘러만 갔을 뿐 의식적으로 포착되지 못한 빈 시간들, 잡동사니처럼 모여 있는 그 모든 것들이 밑도 끝도 없는 우연성의 남발 속에 일어나는 현실, 게으른 벌레처럼 무력하게 기어다니기도 하는 인간상, 그럼에도 불구하고 신의 영역을 침범할 태세로 자아와 세계와 삶에 대해 깊이 고뇌하는 인간상, 가끔은 감성을 발동시켜 세상을 느끼기도 하는 인간상, 그 인간들이 가진 엄청난 이기성과 자기 중심성, 그 이기성과 자기 중심성에 깃들인 모순성과 비극성, 그럼에도 불구하고 그 힘으로 계속될 수 있는 인간사 등…… 참으로 많은 것들을 우리는 장경린의 작품〈이반 데니소비치의 하루〉속에서 봅니다. 그런데 이것은 하루만의 일이 아니라, 좀더 확대한다면 우리 인생 전체의 축소판이기도 합니다. 단 한마디로 표현할 수 없는 인간과 그들이 만들어가는 삶의 잡식성적인 성질, 그 모든 것들이 책상 정리하듯 정리되지 못한 채 모순과 우연 속에서 들끓는 현실, 그리하여 매끄러운 자서전을 쓰는 것이 불가능한 현실, 스치기만 했을 뿐 공백으로 지워져버린 수많은 시간들…… 우리는 장경린의 시〈이반 데니소비치의 하루〉를 보며 인간과 그들의 만들어가는 삶의 실체를 보다 정직하게 인식할 수 있습니다. 그러면서 인간과 그들의 삶이란 게 얼마나 엄청난 모순과 우연과 고민과 방치 속에서 이름지을 수 없는 모습을 만들면서 흘러가고 있는가를 볼 수 있습니다.

나와 내가 만들어가는 삶도, 너와 네가 만들어가는 삶도 다 그러하지 않느냐고, 우리는 장경린의 특별한 듯하나 보편성이 깃들인 위의 시 〈이반 데니소비치의 하루〉를 읽으면서 시인과는 물론 우리 서로가 공감을, 위로를, 악수를 함께 나눌 수 있을 것 같기도 합니다.

# 김상미

오후 세 시

## 오후 3시의 적막, 그 속에서 마시는 한 잔의 차

1957년 부산에서 태어났으며,

1990년 『작가세계』를 통해

등단했다.

시집으로

《모자는 인간을 만든다》

《검은 소나기떼》

등이 있다.

# 오후 세 시

### 김상미

오후 세 시의 정적을 견딜 수 없다
오후 세 시가 되면 모든 것 속에서 내가 소음이 된다
로브그리예의 소설을 읽고 있을 때처럼
의식이 아지랑이로 피어올라 주변을 어지럽힌다

낮 속의 밤
똑 똑 똑
정적이 정적을 유혹하고
권태 혹은 반쯤은 절망을 닮은 멜로디가
문을 두드린다
그걸 느끼는 사람은
무섭게 파고드는 오후 세 시의 적막을 견디지 못해
차를 끓인다

너 또한 그렇다
부주의로 허공 속에 찻잔을 떨어뜨린다 해도
순환의 날카로운 기습에 눌려
내면 깊이에서 원하는 대로
차를 마실 것이다

공약할 수도 훼손시킬 수도 없는
오후 세 시의 적막
누군가가 일어나 그 순간에 의탁시킨
의식의 후유증을 턴다
그러나 그건 제스처에 불과하다
오후 세 시는 지나간다

읽고 있던 책의 한 페이지를 덮을 때처럼
뚝딱 뚝딱 뚝딱……
그렇게 오후 세 시는 지나간다

정적 안에서 소용돌이치던 정적 또한 지나간다
흐르는 시간의 차임벨 소리에 놀라
여전히 그곳에 남아 있는 건
우리 자신의 내부,
그 끝없는 적막의 두께뿐이다

**김상미** 시인, 그는 저와 같은 연배입니다. 그렇다고 그와 제가 사적으로 친한 교우 관계를 맺고 있는 것은 아닙니다. 그러나 그의 첫 시집 《모자는 인간을 만든다》의 해설을 쓴 관계로 저는 그에 대해, 아니 정확히 말해서는 그의 시에 대해 각별한 애정과 관심을 갖고 있습니다.

저는 시인들을 사적으로 깊게 만나지 않습니다. 그 이유는 단 한 가지입니다. 그들과의 사적인 깊은 만남이 제가 공정한 글쓰기를 하는 데 도움을 주는 것보다 방해되는 일이 더 많다고 판단하기 때문입니다. 그래서 저는 사적으로 잘 아는 시인이 거의 없습니다. 이런 저의 삶을 반영이라도 하듯이, 여전히 이름만 알고 지내다가 우연히 만난 한 시인은, 저를 보더니 대뜸 하는 말이, '아니 당신은 도대체 어느 길로 다니기에 그렇게 얼굴을 볼 수가 없느냐'고 농담을 건네는 것이었습니다. 그의 농담에 대하여 저는, '아무 길로도 다니지 않는다'고 말했습니다. 그러나 저는 시 속에서만은 어느 길로도 다닐 수 있을 만큼 시인들이 낸 많고 많은 길을 가보고자 애를 씁니다.

이런 저의 처지에서 볼 때 제가 김상미 시인을 개별적으로 만나 그와 한두 번의 대화를 나누고, 또 그와 몇 번 스치듯 만나면서 인사를 나눈 것은 매우 특별한 일에 속합니다. 그런데 이상하게도 김상미 시인을 생각하면 그와 만나 나눈 다른 이야기들은 잘 떠오르지 않고 오직 한 가지 사실만 머리 속에 얼른 나타납니다. 제가 시인들을 잘 만나지 않으려고 하는 것처럼 저는 간혹 시인들과 개별적으로 만났다가 그들에게 무슨 말을 들었다 하더라도 그것을 잘 기억하지 못합니다. 아마도 그때 들은 사적 이야기를 잊어버리고자 하는, 심리학에서 말하는 이른바 '심리적 기억상실증'을 제가 갖고 있는 것 같습니다. 제 의식뿐만 아니라, 그 의식보다 더 정직한 무의식이 시인들에게 사적으로 들은 말이야말로 잘못하면 당신이 그들의 시를 공정하게 읽고 그들의 시에 대해 공정하게 쓰는 데 도움보다는 방해를 주는 경우가 더 많다는 지시를 끊임없이 하고 있는 듯합니다.

그러면 김상미 시인의 이름과 더불어 제게 떠오르는 그 한 가지 사실은 무엇인가요? 그것은 이 시인의 상경기와 관련이 있습니다. 김상미 시인은 1980년대 중반, 단돈 몇십만 원인가를 가지고 무작정 그의 고향 부산을 떠나 상경하였다고 했습니다. 그때 그는 먹고 살 길이 막막하여 신문의 구직란을 보다가 아기 돌보는 보모(?)로 어렵사리 취직했다고 했습니다. 당시 구직 광고를 보고 매우 잘사는 부잣집의 보모가 되겠다고 약 10여 명이 모여들었다는 그의 이야기를 들었을 때 저와 함께 있던 몇 사람과 그 시인은 함께 파안대소하였습니다. 그 상당한 경쟁을 뚫고 김상미 시인은 보모로 선발되었거니와, 아마도 자신이 선발된 가장 큰 이유는 빵집에서 그 아이의 부모를 만나 인터뷰를 하는 동안, 부모의 품에 있던 아기가 인터뷰를 당하는 김상미 시인을 보며 대책 없이 웃는 얼굴로 자꾸만 달려들었기 때문인 것 같다고 하였습니다. 이것이 계기가 되어 김상미 시인은 그 집에서 몇 달 동안 출퇴근 형태의 보모 노릇을 하며 생계를 유지하였다고 했습니다. 이후 그는 일본어를 잘하는 덕택에 일본 관계 잡지를 내는 잡지사에 근무하였지만, 그의 보모 시절은 그의 서울생활이 시작되는 추억의 첫 장을 장식합니다.

이런 그가 1990년 『작가세계』를 통하여 '시인'이 되었습니다. 그리고 일본 관계 일을 하는 잡지사의 직원으로 일하였습니다. 아이를 돌보던 그가 '언어'를 돌보는 일로 전직한 것입니다. 저는 어떤 일이 더 어려운 일인지 잘 모릅니다. 그러나 분명한 것은 그의 유달리 차분하고 섬세한 말씨와 표정 때문에 아이가 그에게 친근감을 갖고 달려들었던 게 아닌가 하고 짐작되는 것처럼, 김상미 시인이 한 사람의 시인으로서 그동안 돌보고 가꾸어낸 시의 언어 역시 유달리 차분하고 섬세한 표정을 짓고 있다는 것입니다.

김상미 시인은 이렇게 차분하고 섬세한 언어로 자신의 내면을 깊이 들여다보는 데 장기를 갖고 있습니다. 실핏줄처럼 퍼져 있는 내면의 구석구석을 그는 보모가 아이의 표정 하나하나를 살피고 그에 응대하듯, 그렇게 살펴보고 응대합니다. 그런 과정에서 숨겨졌던 자신의 내면세계가 하나씩 시의 형태를 띠고 건져올려지는데, 그렇게 건져올려진 그의 내면세계는 많은 사람들이 공감할 만한 보편성을 띠고 있는 경우가 많습니다. 여기서 여러분과 함께 감상해볼 김상미 시인의 시 〈오후 세 시〉는 이런 김상미 시인의 시적 특성을 잘 반영하는 대표작입니다.

> 오후 세 시의 정적을 견딜 수 없다
> 오후 세 시가 되면 모든 것 속에서 내가 소음이 된다
> 로브 그리예의 소설을 읽고 있을 때처럼
> 의식이 아지랑이로 피어올라 주변을 어지럽힌다
>
> 낮 속의 밤
> 똑 똑 똑
> 정적이 정적을 유혹하고
> 권태 혹은 반쯤은 절망을 닮은 멜로디가

문을 두드린다

그걸 느끼는 사람은

무섭게 파고드는 오후 세 시의 적막을 견디지 못해

차를 끓인다


너 또한 그렇다

부주의로 허공 속에 찻잔을 떨어뜨린다 해도

순환의 날카로운 기습에 눌려

내면 깊이에서 원하는 대로

차를 마실 것이다


공약할 수도 훼손시킬 수도 없는

오후 세 시의 적막

누군가가 일어나 그 순간에 의탁시킨

의식의 후유증을 턴다

그러나 그건 제스처에 불과하다

오후 세 시는 지나간다

읽고 있던 책의 한 페이지를 덮을 때처럼

뚝딱 뚝딱 뚝딱……

그렇게 오후 세 시는 지나간다


정적 안에서 소용돌이치던 정적 또한 지나간다

흐르는 시간의 차임벨 소리에 놀라

여전히 그곳에 남아 있는 건

우리 자신의 내부,

그 끝없는 적막의 두께뿐이다

―〈오후 세 시〉 전문

위 시를 읽고 나면 일차적으로 우리의 눈길을 끄는 말이 바로 작품의 제목이기도 한 '오후 세 시'입니다. 위 시 속의 화자는 이 오후 3시를 쉽게 넘어가지 못해서 이 시를 썼습니다. 하루를 이루는 24시간의 흐름 속에서 걸림돌로 작용하는 이 오후 3시, 걸림돌이라기보다는 우리가 반드시 통과해야 할 동굴과 같은 이 오후 3시를 넘어서기 위하여 그는 시를 썼습니다.

여러분들은 어떻습니까? 하루 24시간 중 어떤 시간이 가장 견디기 힘든 시간입니까? 더 나아가 1년 열두 달 중에서 어떤 달이 가장 넘어가기 힘든 달입니까? 더더 나아가서 인생 60 내지 70여 년 중에서 어떤 시기가 가장 넘어가기 힘든 시기입니까?

범위를 좁혀 하루 24시간 중 어느 시간이 가장 견디기 힘든 어둠의 동굴 같은 시간이냐는 물음만을 갖고 함께 이야기를 나누겠습니다. 어떻습니까? 어디 한번 여러분들의 사적 고백을 허심탄회하게 이곳에서 해보지 않으시렵니까? 제가 가르치는 학생들과 함께 이 시를 앞에 놓고 감상하면서 앞에서와 같은 질문을 하면 대체로 오후 3시와 4시라고 답하는 학생들이 가장 많습니다. 그리고 다음으로는 밤 11시라고 대답하는 학생들이 많습니다. 그러면 저 자신도 그런 것 같다고 맞장구를 칩니다. 실제로 저도 그러하니까요. 그러고 나서는 다시 질문을 합니다. '왜 이 시간을 넘기기가, 아니 견디기가, 아니 통과하기가, 아니 맞이하기가 그렇게도 힘든 것일까요?'라고 말입니다. 그럴 때 이 질문에 대해 참으로 여러 가지 답이 나오지만, 가장 공통적인 답은 정적, 적막, 고독, 권태, 심심함, 지루함, 막막함, 불안감 등과 같은 것들 때문이라는 것입니다.

오후 3시 혹은 4시, 이 시간은 엄연히 낮의 시간입니다. 그러므로 밤의 시간과 비교할 때 차가운 이성이 활동하는 시간입니다. 그런데 아침의 시작과 더불어 생생하게 눈을 뜨고 활동하기 시작하는 이성은 시간이 지날수록 피로해지고 혼란스러워집니다. 이른바 물리학에서 말하는 엔트로피(재생 불가능한 에너지의 총량)가 높아지는 것이라고 볼 수 있습니다. 앞서 말씀드린 바를 한번 더 풀어서 반복해 말씀드린다면, 오전의 질서정연하고 생기에 넘쳤던 이성의 가닥들이 시간이 갈수록 질서를 잃고 혼란스럽게 엉키며 생기도 잃어간다는 것입니다. 우리가 아침 식사 후 오전시간을 다른 시간보다 건강하게 보내는 것은, 앞서 말씀드린바 가장 질서정연하고 생기 있는 아침나절의 이성이 활발하게 활동하고, 그와 더불어 곧 생명의 에너지를 부어줄 점심시간이 앞에서 기다리고 있기 때문입니다.

점심 식사를 마친 후, 오후 3시가 그리고 오후 4시가 다가옵니다. 점심 식사로 생명의 에너지를 얼마간 보충하였다고 하더라도 그것은 말 그대로 '점심(點心)'입니다. 한자로 된 이 말을 풀이하자면 마음에, 아니 몸에 점 하나 찍은 정도의 식사를 하는 것입니다. 그것도 편안한 집 안에서 편안한 가족들과 편안한 식탁 앞에서 점을 찍은 것이 아니라, 대부분 집 밖에서 긴장하며 쫓기듯 불편한 자리에서 점 하나 찍은 것에 불과합니다. 그 점심이 가져다 준 생명의 에너지로 점점 더 이성의 질서를 무력하게 만들며 점점 상승해가는 엔트로피를, 다시 말씀드리자면 혼란스러운 세계로 기울어져가는 이성의 흔들림을 막아내기에는 어렵습니다.

이런 오후 3시나 4시가 되면, 우리는 우리 스스로를 건강하게 지키고 싶은 욕망 때문에 저도 모르게 밖으로 뛰쳐나가고 싶어합니다.

소리라도 꽥꽥 지르고 싶어합니다. 그 오후 3시나 4시에 우리는 무엇인가가 나를 좀먹고 있는 듯한 기분에 사로잡힙니다. 머리도 맑지 않고 몸도 개운하지 않습니다. 옆에 있는 동료가 마치 먼 곳의 낯선 타인같이만 느껴집니다. 도저히 든든한 땅에다 발을 대고 서 있는 것 같지 않습니다. 그렇다고 천사처럼 날개를 달고 하늘을 날아다니는 환각 상태도 아닙니다. 흔들리는 수면 위에 어지럼증을 느끼며 서 있는 듯한 기분인데, 흔들려서는 안 된다는 강박관념과 타인의 눈길이 자꾸만 느껴져서 더욱 괴롭습니다. 그래서인지 오후 3시가 되고 4시가 되면 아무도 입을 열지 않습니다. 할말이 없어서가 아니라 말을 할 수가 없기 때문입니다. 그 가운데서 우리는 김상미 시인이 그의 시 〈오후 세 시〉에서 말했듯이, '견딜 수 없는 정적'을 느끼며 불안감과 무섬증에 빠집니다. 또한 김상미 시인이 역시 그의 시 〈오후 세 시〉에서 말했듯이 우리의 몸은 물론 우리 주변에 있는 모든 것들이, 그리고 우리 몸으로 파고드는 모든 것들이 사막의 모래알처럼 도저히 통제할 수 없는 '소음'인 것으로만 느껴집니다. 더 나아가 기존의 이성적 질서를 거부 혹은 초월한 프랑스 작가 로브그리예의 소설을 읽고 있을 때처럼 '의식의 어지럼증'을 느낍니다.

  우주적인 생명의 에너지가 가득한 아침은 어디론가 사라지고 불안감과 무섬증을 동반하는 정적만이 생의 전부인 것처럼 파고드는 오후 3시, 화음의 세계를 꿈꾸며 하루의 첫발을 내디디기 시작한 하루가 어느새 소음으로 돌변해서 몸이 와해될 것 같은 오후 3시, 김상미는 이런 오후 3시를 가리켜 위 시의 제2연에서 "낮 속의 밤"과 같다고 표현했습니다. 비록 모든 것이 환하게 내다보이는 대낮이지만, 그 대낮 속에서 아무것도 볼 수 없는 불안하고 무서운 적막감이, 그리고 그를 파고드는 소음들이 그를 뒤흔들고 있다는 뜻이 이

속에 담겨 있을 것입니다

이런 "낮 속의 밤"과 같은 시간 속에 정적이란 놈이 또 다른 정적을 불러서 더 두텁고 무거운 정적의 공간을 만들며 문을 두드린다고 김상미는 역시 위 시의 제2연에서 말했습니다. 더욱이 그 정적과 더불어 가장 무서운 얼굴로 인간을 위협하는 권태와 절망이 함께 찾아온다고 했습니다. 어쩔 것인가? 초대하지도 않았는데 이렇게 문을 두드리며 오후 3시 앞에서 흔들리는 우리에게 찾아오는 이들을…… 이런 오후 3시에 여러분들은 무엇을 하십니까? 특별하게 건강한 사람이 아니라면 대부분의 사람들이 오후 3시를 이처럼 견디기 힘들다는 것에 동의하실 터인데, 그런 시간에 여러분들은 도대체 무슨 비법을 쓰십니까? 그냥 어지럼증을 견디지 못하고 쓰러질 수는 없지 않습니까? 그렇다고 그 시간을 건너뛰어 시계바늘을 휙 돌려놓을 수도 없지 않습니까.

오후 3시 혹은 4시, 퇴근을 하기에는 아직 해가 너무나 밝고, 저녁 식사를 기다리기에도 역시 많은 시간이 남았습니다. 하루일을 정리해버리기에는 하늘 높이 떠 있는 해가 의식되고, 푸근한 어둠과 그 속의 달을 기다리기에는 기다려야 할 시간이 많이 남아 있습니다. 이럴 때 여러분들은 무엇을 하십니까?

김상미는 이런 오후 3시에 "차를 끓인다"고 하였습니다. 정적, 적막, 권태, 절망 등과 같은 낮의 악마들이 파고드는 그 시간에 그는 "차를 끓인다"고 위 시의 제2연에서 말했습니다. 좋습니다. 어쨌든 오후 3시를 통과할 그 나름의 방법을 이 시인은 찾아냈으니까요.

그렇다면 '차'를 끓이고 '차'를 마신다는 것은 무슨 의미를 갖고 있습니까? 모든 나라들을 살펴보면 다 그 나름의 '차문화'를 갖고 있습니다. 아마도 '차문화'를 갖고 있지 않은 나라는 거의 없을 것입니다. 이런 차는 도대체 우리의 하루하루 생활에 어떤 작용을 하는 것일까요? 실은 저도 차를 한 잔 마시고 이 글을 씁니다. 우연히도 이 글을 쓰는 시간이 오후 3시 근처이군요. 일본에서는 차 마시는 일을 '다도(茶道)'라고 하여 '도'의 수준에까지 끌어올리려는 노력을 보여주고 있습니다. 그렇게 심각한 '도'의 차원으로까지 가지는 않는다 하더라도 '차를 끓이는 일'과 '차를 마시는 일'이야말로 우리의 내면을 잔잔한 호수처럼 다스리게 하는 작용을 하는 데 적격입니다. '차를 끓이는 일'과 '차를 마시는 일'은 아주 '미적(美的)'인 일입니다. 이 일들은 실용성의 차원을 넘어선 세계에 있습니다. 그러므로 다기(茶器)는 작고 아름답습니다. 그 다기로 예술작품을 완성하듯 공들여 차를 끓입니다. 그뿐입니까? 그 다기로 우리는 예술작품을 완상하듯 천천히 호흡을 조절하며, 마음을 조절하며, 타인을 배려하며 차를 마십니다. 아마도 가장 실용적인 방법으로 차를 마시고자 한다면 큰 바가지에 차를 넣고 큰 숟가락으로 휘휘 저어서 숨도 고르지 않은 채 헐레벌떡 벌컥벌컥 마셔대는 게 상책일 것입니다. 그러나 그 어떤 나라의 그 어떤 국민도 그렇게 차를 마시지 않았습니다. 그들은 한결같이 미적인 분위기를 만들어보려고 노력했고, 그 미적인 분위기를 위하여 꽃도 꽂고 촛불도 켜고 음악도 틀었습니다. 그리고 작은 찻잔에 작은 찻숟가락으로 차를 저으며 둘이 있으면 함께 대화를 나누고, 혼자 있으면 자기 자신과 대화를 나누며 차를 마시고자 하였습니다. 아, 오후 3시에 '차를 끓이고' '차를 마셔야' 한다는 것은 인간사의 고단한 일과를 보여주는 일이지만, 그런 시간을 이와 같은 행위로 넘어서고자 하는 인간들의 노력은 얼마나 귀하고 아름다운 것인가요.

김상미 시인은 제3연에 이르러 나만이 아니라 당신들도 비슷할 것이라고 단정해버렸습니다. 그런데 실은 그가 이렇게 단정하기 이전에 우리는 김상미 시인이 맞이하는 오후 3시의 풍경에 공감했습니다. 잠시 김상미 시인이 제3연에서 하는 말에 귀를 기울여볼까요?

그는 나나 당신들에게 비록 어느 날 한번쯤 운이 좋게 오후 3시가 되어도 '차를 끓이는' 행위와 '차를 마시는' 행위 없이 그 시간을 넘어가는 행운이 닥쳐온다 하더라도, 그것은 일회성의 것일 뿐, 다시금, 나는 물론 당신들 역시 그 시간이 되면 '내면의 깊이'에서 찾아오는 그 적막감과 갈증이 솟구쳐오르는 것을 느끼지 않을 수 없을 것이라고 말합니다. 그 말은 시인 자신이나 우리들이나 오후 3시가 되면 또다시 '차를 끓이고' '차를 마시는' 일을 하지 않을 수가 없다는 것입니다. 요컨대 우리 모두가 오후 3시에 차를 끓이고 그 차를 마시는 일은 하나의 '운명'과도 같은 일이라고 그는 말한 것입니다.

다시 말하거니와, 김상미 시인은 이 제3연에서 오후 3시는 우리에게서 지나갈 것이지만 그 오후 3시는 다시 돌아올 것임을 강조한 것입니다. 또한 오후 3시의 그 난감한 시간을 잠시 털어버린 것 같은 모습을 보인다 해도 그것은 한갓 제스처에 불과한 일종의 환상적 세계에서나 가능한 것인지 모른다고 강조한 것입니다. 그렇다면 오후 3시와의 만남과 그 오후 3시를 잘 구슬러서 지나가게 만드는 일은 매일매일 우리가 통과해야 할 의식(儀式) 행위의 일종과도 같다고 말할 수 있을까요?

이렇게 오후 3시를 보내고 나면 한결 마음이 놓입니다. 퇴근시간이 다가오고, 가혹하던 태양도 누그러지고, 아예 질서정연했던 이성은 그 자신의 질서를 포기하고 혼란스러움 쪽으로 자리를 내주는 듯한 표정을 하고 있기 때문입니다. 여러분, 저녁 무렵이 다가올 때의 그 부드러워지는 햇살과 방심에 가깝게 풀어져도 아무렇지 않을 것 같은 우리의 마음, 그리고 곧 다가올 풍성한 저녁 식사와 모든 것을 포용해줄 것 같은 편안한 집, 더욱이 타인의 눈을 의식하지 않아도 되는 그 무던한 어둠을 상상해보십시오. 저녁이 오면, 아니 밤이 오면, 우리는 낮시간의 모든 것을 잊고 어둠 속에 몸을 맡깁니다. 그러므로 진정한 사랑은 눈 밝은 낮의 이성이 무력해진 밤시간에 가능하지 않나요. 아침부터 데이트를 하는 사람은 없을 것입니다. 아침부터 사랑을 나누는 사람도 드물 것입니다. 저녁시간이 서서히 오기 시작해야 거리에 연인들이 등장하고 이곳저곳에서 사랑한다는 속삭임이 들릴 것입니다. 이런 밤만이 낮시간 동안 긴장할 대로 긴장하고, 혼탁해질 대로 혼탁해진 우리의 몸을 정화시킵니다. 특히 우주와 완전히 합일을 이룬 잠의 시간 동안, 우리의 몸은 새롭게 충전되고 정화되는 신비를 맛봅니다. 밤이 아닌 그 어느 것이 그토록 차분한 새벽 공기와, 맑은 아침과, 생기로 넘치는 몸을 되살려낼 수 있습니까? 그런 점에서 밤은 불순물을 걸러내는 필터이자, 불순물을 발효시키는 거대한 저장고입니다.

김상미 시인은 그의 시에서 이와 같은 밤의 시간에 대해 말하지 않았습니다. 그는 다만 오후 3시가 "뚝딱 뚝딱 뚝딱……" 지나간다고, 마치 "읽고 있던 책의 한 페이지를 덮을 때처럼" 지나간다고 말했을 뿐입니다. 하지만 저는 오후 3시를 보낸 다음에 찾아오는 밤의 시간에 대해 조금 이야기를 덧붙였습니다.

이렇게 오후 3시를 관통하고 밤의 시간을 맞이한 후 아침이 되면 우리의 몸은 부활하듯 다시 살아나지만, 그렇다고 해서 김상미 시인은 단순하게 기쁨의 찬가를 부르지도, 오후 3시만을 잘 넘기면 그만이라고 말하지도 않습니다. 그는 오후 3시에 찾아오는 그 어지럼증의 시간을 이야기하는 데서 더 나아가 인간이란 존재 자체 속에 깃들인 그 무겁고 두려운 '적막의 두께'를 이야기하기 위해 그의 시 마지막 연인 제4연을 이끌어들였습니다. 여기서 김상미의 시 〈오후 세 시〉는 보다 무거운 주제로 우리를 안내합니다. 어디 한번 그 해당 부분을 여기에 옮겨볼까요?

> 정적 안에서 소용돌이치던 정적 또한 지나간다
> 흐르는 시간의 차임벨 소리에 놀라
> 여전히 그곳에 남아 있는 건
> 우리 자신의 내부,
> 그 끝없는 적막의 두께뿐이다

정적의 오후 3시는 지나가지만, 인간이란 존재인 우리 자신의 내부에는 그 시간과 관계없이 근원적으로 만나고 견뎌야 할 '두터운 적막'의 성층이 숨어 있다는 것입니다. 그렇지요. 오후 3시는 물론이거니와 우리는 그 언제라도 적막이 기습해오는 것을 느끼곤 하지요. 실존주의자들이 아니더라도 우리는 우리가 자신의 의지와 관계없이 이 땅에 어느 순간 '던져진 존재'라는 것을, 그것도 '홀로' 던져진 존재라는 것을, 제아무리 자신을 유의미한 존재로 만들어가고자 발버둥쳐도 어느 순간 불쑥불쑥 솟아나는 그 사막 같은 무의미성을, 도저히 뚫리지도 사라지지도 않는 존재의 심층에 놓여 있는 불안한 적막감을 절감할 것입니다. 김상미 시인은 오후 3시에 다가오는 자신의 내부를 깊이 관찰하고 통찰하며 마침내 그것을 인간 존재의 조건 내지는 운명 같은 것으로 보편화시켰습니다.

그래요, 오후 3시뿐만 아니라 태어난 이후 죽음이 오는 순간까지 우리는 적막과 싸우지요. 그러는 동안에 그 적막을 이기거나 숨기거나 적막과 타협하기 위해, 우리는 차를 끓이고 차를 마시고, 친구를 사귀고 친구를 만나고, 씨앗을 심고 꽃을 가꾸고, 신을 만들고 그 신을 믿고, 애인을 사귀고 결혼을 하고, 아이를 낳고 아이를 기르고, 하늘을 바라보고 바다를 찾아가지요. 그래도 지워지지 않는 것이 적막이고, 불안이고, 고독이고, 어지럼증이지만, 그렇게 하면서라도 우리는 우리의 인생을 다독거리며 위로하고 살 수밖에 없지요.

적막이 찾아오거든 차를 끓이세요. 적막이 떠난 척하거든 미친 척 노래를 부르세요. 적막이 또다시 찾아오거든 이번에는 익숙하게 차를 끓이세요. 적막이 또다시 떠난 척하거든 역시 모르는 체하고 익숙한 표정으로 노래를 부르세요. 적막과 숨바꼭질하듯 사는 것이 인생일지도 모르니까요.

# 김명인

동두천 Ⅳ

## '동두천'에 가보셨습니까?

1946년 경북 울진에서 태어났으며,

1973년 『중앙일보』 신춘문예를 통해

등단했다.

시집으로

《동두천》

《물 건너는 사람》《바닷가의 장례식》

《길의 침묵》

등이 있다.

## 동두천 IV

### 김명인

내가 국어를 가르쳤던 그 아이 혼혈아인
엄마를 닮아 얼굴만 희었던
그 아이는 지금 대전 어디서
다방 레지를 하고 있는지 몰라 연애를 하고
퇴학을 맞아 고아원을 뛰쳐 나가더니
지금도 기억할까 그 때 교내 웅변 대회에서
우리 모두를 함께 울게 하던 그 한 마디 말
하늘 아래 나를 버린 엄마보다는
나는 돈 많은 나라 아메리카로 가야 된대요

일곱 살 때 원장의 성을 받아 비로소 이가든가 김가든가
박가면 어떻고 브라운이면 또 어떻고 그 말이
아직도 늦은 밤 내 귀가 길을 때린다
기교도 없이 새소리도 없이 가라고
내 시를 때린다 우리 모두 태어나 욕된 세상을

이 강변의 세상 헛된 강변만이
오로지 진실이고 너의 진실은
우리들이 매길 수도 없는 어느 채점표 밖에서
얼마만큼의 거짓으로나 매겨지는지
몸을 던져 세상 끝끝까지 웅크리고 가며
외롭기야 우리 모두 마찬가지고
그래서 더욱 괴로운 너의 모습 너의 말

그래 너는 아메리카로 갔어야 했다
국어로는 아름다운 나라 미국 네 모습이 주눅들 리 없는 합중국이고
우리들은 제 상처에도 아플 줄 모르는 단일 민족

이 피가름 억센 단군의 한 핏줄 바보같이
가시같이 어째서 너는 남아 우리들의 상처를
함부로 쑤시느냐 몸을 팔면서
침을 뱉느냐 더러운 그리움으로
배고픔 많다던 동두천 그런 둘레나 아직도 맴도느냐
혼혈아야 내가 국어를 가르쳤던 아이야

**김명인**이란 이름을 가진 문인은 우리 문단에 둘이나 있습니다. 한 사람은 시인이고, 다른 한 사람은 문학평론가입니다. 둘 다 각자의 분야에서 문학적 입장은 달랐지만 왜곡된 시대사의 장벽을 뚫고 넘어가기 위하여 치열하게 고뇌한 문인들입니다.

여기서 제가 다루고자 하는 사람은 시인 김명인입니다. 그는 1973년도에 『중앙일보』신춘문예를 통하여 시인으로 첫발을 내디딘 사람입니다. 이렇게 문단에 첫발을 내디딘 이후 그는 여러 권의 시집을 꾸준히 출간했습니다. 첫 시집《동두천》을 시작으로 최근 시집《길의 침묵》에 이르기까지 총 6권의 시집을 출간했습니다.

그는 대학 졸업 이후 동두천에서 국어 교사를 하는 것으로 시작해, 경기대학교 국문학과에서 시를 가르치는 교수생활을 하였고, 얼마 전부터는 고려대학교에 새로 생긴 문예창작과에서 시창작을 가르치는 교수생활을 하고 있습니다.

저는 김명인의 여러 시집 중에서 첫 시집《동두천》을 가장 사랑합니다. 저는 방금 좋아한다는 표현을 쓰지 않고 '사랑한다'는 표현을 썼습니다. 그것은 인간에 대한 '사랑'과 분단된 이 작은 국가 대한민국에 대한 사랑 없이는 이 시집 속의 작품들을, 그 가운데서도 제가 여러분들과 함께 감상해보고 싶은 작품〈동두천 Ⅳ〉를 읽을 수 없기 때문입니다. 제가 조금 감상적이 되었나요? 그래도 할 수 없습니다. 거대한 우주사 속에서 본다면 인간이라든가 조국이라든가 하는 것들은 아주 작은 하나의 흔적 같은 것일지 모르나, 지금 이곳에서 목숨을 갖고 살아가는 우리들에게는 이것들이야말로 중요하기 짝이 없기 때문입니다. 그러한 인간과 조국을 '사랑'해야 비로소 이 시집 속의 〈동두천 Ⅳ〉는 물론 그 연작을, 더 나아가 다른 작품들을 읽을 수 있다고, 저는 말하고 싶은 것입니다.

여기 그 〈동두천〉 연작 중의 한 편인 〈동두천 Ⅳ〉의 전문을 인용하겠습니다.

    내가 국어를 가르쳤던 그 아이 혼혈아인
    엄마를 닮아 얼굴만 희었던
    그 아이는 지금 대전 어디서
    다방 레지를 하고 있는지 몰라 연애를 하고
    퇴학을 맞아 고아원을 뛰쳐 나가더니
    지금도 기억할까 그 때 교내 웅변 대회에서
    우리 모두를 함께 울게 하던 그 한 마디 말
    하늘 아래 나를 버린 엄마보다는
    나는 돈 많은 나라 아메리카로 가야 된대요

    일곱 살 때 원장의 성을 받아 비로소 이가든가 김가든가
    박가면 어떻고 브라운이면 또 어떻고 그 말이
    아직도 늦은 밤 내 귀가 길을 때린다
    기교도 없이 새소리도 없이 가라고
    내 시를 때린다 우리 모두 태어나 욕된 세상을

    이 강변의 세상 헛된 강변만이
    오로지 진실이고 너의 진실은

우리들이 매길 수도 없는 어느 채점표 밖에서
얼마만큼의 거짓으로나 매겨지는지
몸을 던져 세상 끝끝까지 웅크리고 가며
외롭기야 우리 모두 마찬가지고
그래서 더욱 괴로운 너의 모습 너의 말

그래 너는 아메리카로 갔어야 했다
국어로는 아름다운 나라 미국 네 모습이 주눅들 리 없는 합중국이고
우리들은 제 상처에도 아플 줄 모르는 단일 민족
이 피가름 억센 단군의 한 핏줄 바보같이
가시같이 어째서 너는 남아 우리들의 상처를
함부로 쑤시느냐 몸을 팔면서
침을 뱉느냐 더러운 그리움으로
배고픔 많다던 동두천 그런 둘레나 아직도 맴도느냐
혼혈아야 내가 국어를 가르쳤던 아이야

―〈동두천 Ⅳ〉 전문

저는 지금(2000년 5월) 미국에서 이 글을 쓰고 있습니다. 제가 근무하는 충북대학교의 배려로 1년간 교환교수로 미국에 온 지 다섯 달째 접어든 시점입니다. 제가 이곳에 온 것은 다른 목적도 많이 있지만 '재미 한인문학'을 연구하고 싶었기 때문입니다. 그래서 제 눈길은 이곳에서 살아가는 재미 문인들은 물론 재미 한인들을 늘 향하고 있습니다. 제아무리 이곳에서 많은 돈을 벌어 좋은 집을 사고 좋은 차를 샀어도, 그들의 가슴을 열면 까만 그을음과 숯 검댕이 같은 어둠이 숨어 있다는 한 재미 한인 시인의 시구가 말해주듯이, 재미

한인들, 그중에서도 제1세대 재미 한인들의 삶은 대체로 고달프고 고단해 보였습니다.

여러분들도 아시다시피 소련의 붕괴 이후 미국은 세계 최강국의 자리를 지켜가고 있습니다. 미국에서 부는 바람이 전 세계를 뒤흔드는 것 같은 폭풍의 진원지가 미국입니다. 그러나 과거 소련에 바쳤던 숭배가 한갓 허상이었듯이, 어쩌면 요즈음 미국에 바치는 전 세계인의 숭배감도 허상이나 환각의 기미를 갖고 있는지도 모릅니다. 그러나 허상이나 환각도 힘을 발휘한다면, 더욱이 현실적인 힘에 이런 힘이 덧붙여져서 상승 작용을 일으키는 것이라면, 그 힘을 인정하지 않을 수가 없겠지요.

하지만 세계 최강국, 세계 최고의 선진국, 세계 최고의 중심국이라고 많은 사람들이 말하는 이 미국 땅 한구석에서, 저는 자존심 강한 한국문학자로서 선뜻 이런 말에 동의하고 싶지만은 않은 착잡한 마음을 갖고 김명인의 〈동두천 Ⅳ〉를 읽습니다. 이 시가 씌어진 지 30년쯤 되었지만 아직도 이 시는 유효하고, 아직도 이 시는 제 가슴을 때리고 있습니다.

위 시의 화자는 동두천에서 국어 교사를 하고 있는 사람입니다. 저는 위 시를 김명인이 직접 겪은 실화의 산물로 읽습니다. 실제로 김명인은 동두천에서 국어 교사를 하였고, 그때의 체험에서 잉태된 시가 위 시라고 보기 때문입니다. 여러분, 국어 교사란 어떤 사람입니까? 아니, 국어란 어떤 존재입니까? 영어의 회오리바람 속에서 말할 수 없이 초라해지는 이 땅의 국어를 보면서 국어 교사와 국어에 대한 생각을 잠시 해봅시다. 이 점에 대한 생각이 깊이 전제되지 않고서는 위 시의 첫째 행을 읽는 일부터가 불가능하기 때문입니다.

우선 형식적으로 보자면 국어는 국가주의의 산물입니다. 그리고 국가를 통제하고 다스리는 장치이기도 합니다. 그러므로 국어는 국가주의가 절대화된 이후 정책적으로 더욱 강조되었습니다. 그러나 이런 형식적이고 인위적인 통제 장치를 거두어버리고 보면 우리가 사용하는 언어(모어 혹은 모국어)는 국가라는 제도적 장치 이전에 놓여 있는, 보다 본질적이고 생래적인 것입니다. 그것은 자연스럽게 뭉쳐진 한 공동체의 일원으로 나 자신이 같은 공동체의 구성원들 속에서 나 자신을 표출하며 그들과 연대감을 갖게 하고, 동시에 나 자신이 그 공동체에서 주인의식을 갖고 자신 있게 살아가도록 만들어주는 존재입니다. 요컨대 국어는 그러므로 도구 이전에 한 인간을 주체로 확립시켜주는 존재 그 자체이고, 한 인간의 사회적 정체감을 확립시켜주는 원형질입니다. 나의 언어라고 생각하는 언어를 갖고 있지 못하거나, 그 언어를 체득하여 자유자재로 사용하지 못하고 산다면, 그것은 내 집이 없어 셋방살이하며 2등 시민의식을 갖고 사는 것과 다르지 않습니다. 저는 결코 국수주의자가 아닙니다만, 미국에서 몇 달간 생활하다 보니 제 언어를 갖지 못한 민족과 제 언어를 가꾸고 존중하지 않는 민족은 영원히 2등 시민의식 속에서 셋방살이 신세를 벗어날 수 없다는 확신을 갖게 되었습니다. 중심 언어의 횡포는 폭력적 실체에 가까운 것입니다.

역사는 돌고 도는 성질을 갖고 있습니다. 그만큼 변화무상하다는 말입니다. 지금은 영어가, 아니 미국어가 세계를 제패하고 미국이 세계를 좌지우지하지만 무엇이 계기가 되어 어느 순간 세계사의 역학 관계와 그 흐름이 바뀔지 모릅니다. 그런 점에서라도 우리의 과도한 영어 콤플렉스는 수정되어야 합니다. 자기 자신이 자기를 가꾸고 존중하지 않는 한, 그 누구도 대신 그 일을 해주지 않습니다. 언어도 마찬가지입니다. 인간의 자존심을 회복시켜주는 언어, 인간의 정체성을 확립시켜주는 원형질로서의 언어, 그것은 그 언어를 쓰는 사람들이 가꾸고 존중해야만 합니다.

　이야기가 좀 길어졌습니다. 그리고 조금 계몽적인 색조를 띠게 되었습니다. 미안합니다. 그러나 저는 여러분들이 이 혼란스러운 정체성 와해의 시대에 모국어에 대하여 진지하게 성찰하는 기회를 갖고 김명인의 〈동두천 Ⅳ〉를 함께 읽어나갔으면 하는 바람 때문에 그렇게 하였습니다.

　여러분들은 경기도 저 북부에 있는 작은 도시 '동두천'에 가보셨는지요? 휴전선과 가까운 곳, 6·25한국전쟁이 일어나면서 미군이 들어와 진을 친 기지촌, 양공주라 불리는 공주 아닌 공주들이 미군을 상대로 술과 몸을 팔며 돈을 벌던 곳, 그 돈으로 동생들의 학비를 대기도 하던 곳, 미군 부대에서 흘러나오는 미제 물건 앞에서 사람들이 군침을 흘리던 곳, 미군 병사와 눈이 맞아 누구의 자식인지도 모르는 혼혈아가 양산되던 곳, 그 군인 신분의 아버지들이 무심하게 굿바이하며 손을 흔들고 떠난 후 고아들로 고아원이 넘치던 곳, 다행히도 미군 병사를 따라 태평양을 사이좋게 건넜지만 건너자마자 버림받아 어른 고아가 된 여성들의 땅…….

　세계 제2차 대전이 종결된 후, 두 쪽이 아니라 그 이상의 여러 쪽으로 나누어져야 마땅했던 나라는 말할 것도 없이 전쟁을 일으킨 장본인 일본이어야 했습니다. 그런데 도대체, 왜, 아무 죄 없이 일본의 식민지로 고통받은 것만 해도 억울한 이 대한민국이 두 동강으로 나누어져야 하는 불행을 안아야 했는지요? 그야말로 제2차 대전 당시의 강대국들이 무슨 '네고'를 했기에, 죄인의 나라이자 더 큰 나라인 일본은 분할 점령하지 않고 죄도 없고 땅도 작은 이 나라를 분할 점령한 것인가요? 그 결과 우리나라에는 6·25한국전쟁이 터졌고, 모든 것이 폐허로 변했고, 그 전쟁은 미군의 한국 주둔을 불러왔고, 다시 그 결과물로 '동두천'의 비애 같은 것이 곳곳에서 만들어졌습니다. 역사란 냉정하고 타산적인 것이기에 허약한 국력이 잘못이라면 잘못이겠지만, 강대국의 '네고'와 그들의 권력에 휘둘리며 시작된 20세기의 한국사를 생각하면 분통이 터질 일입니다.

위 시의 화자는 앞에서도 말했듯이 국어 교사입니다. 그는 학생들에게 국어를 가르칩니다. 위 시의 정황으로 볼 때 작품 속의 화자인 국어 교사는 학생들을 향하여 너희들은 한국말을 제대로 배워야 하고, 너희들은 한국말을 쓰는 한국인이고, 너희들은 한국말을 쓸 줄 아는 한국인으로서의 정체성을 지켜야 하고, 너희들이 2등 시민의 설움을 받지 않으려면 너희들만의 언어를 가져야 하고, 너희들은 언어를 사용하는 공동체의 혈연적인 연대감을 가져야 한다고 가르치는 듯합니다.

그런데 문제는 바로 그렇게 가르침을 주어야 할 학생들의 대부분이 혼혈아이자 고아라는 점입니다. 사실 혼혈아가 무슨 문제가 됩니까? 인종을 넘어선 결혼이 얼마든 가능하고, 그것 자체가 인간의 관계성을 열린 장으로 이끌어갈 가능성을 품고 있지 않습니까? 또한 엄밀히 말한다면 이 세상에 혼혈아 아닌 사람이 누가 있습니까? 다만 문제가 되는 것은 한국이라는 단일민족 국가에서 혼혈아를 받아들이는 포용력이 매우 부족하다는 점과, 그 혼혈아들의 출생이 사랑과 책임이 부재한 남녀의 순간적인 정욕에서 나타났다는 점입니다. 그리고 더 나아가 그 혼혈아들이 아버지와 어머니를 잃은 고아로 전락해버렸다는 데 있습니다. 그런 혼혈의 고아들이 모여든 동두천의 한 학교에서 위 시의 화자이자 시인인 김명인은 앞에서도 말했듯이 국어 교사입니다. 20세기 한국사의 비극을 고스란히 간직하고 있는 상징적인 땅, 그 땅에서 시인은 국어 교사 노릇을 한 것입니다. 저의 이런 말을 듣는 동안, 여러분들은 이 시를 어떻게 읽어야 할지 그 준비를 조금씩 할 수 있게 되었으리라 생각합니다. 그러면 함께 첫 연부터 감상해보기로 하지요.

> 내가 국어를 가르쳤던 그 아이 혼혈아인
> 엄마를 닮아 얼굴만 희었던
> 그 아이는 지금 대전 어디서
> 다방 레지를 하고 있는지 몰라 연애를 하고
> 퇴학을 맞아 고아원을 뛰쳐 나가더니
> 지금도 기억할까 그 때 교내 웅변대회에서
> 우리 모두를 함께 울게 하던 그 한 마디 말
> 하늘 아래 나를 버린 엄마보다는
> 나는 돈 많은 나라 아메리카로 가야 된대요

위에 인용된 제1연을 보건대 위 시에서 주요 인물로 등장하는 혼혈 고아의 아버지는 흑인 병사였던 것 같습니다. 그래서 그 아이는 엄마를 닮아 얼굴만 흽니다. 위 시의 화자는 이렇게 얼굴만 흰 흑인 미군 병사의 딸, 그러나 이미 혼혈 고아가 된 아이에게 이 땅의 '국어'를 가르쳐야 했습니다. 그것이 이 나라 교육공무원인 국어 교사가 이 땅의 학생들에게 마땅히 해야 할 내용이 아니겠습니까?

그런데 위 작품 속에서 화자인 김명인은 이미 못 본 지 오래된, 기억 속에만 살아 있는 이 아이를 회상합니다. 그의 회상 속에 남아 있는 혼혈 고아인 이 여자 아이는 "연애를 하고/ 퇴학을 맞아 고아원을 뛰쳐 나"갔던 학생입니다. 이 혼혈 고아의 집은 그가 고아였기에 고아원이었고, 그는 당연히 고아원을 집으로 삼아 학교를 다녔습니다. 그렇게 학교를 다니던 이 혼혈 고아는 연애를 하였고, 그것이 죄가 되어 퇴학을 맞았으며, 마침내는 고아원조차도 뛰쳐나가 거리의 사람이 되어버렸던 것입니다. 그 혼혈 고아인 여자 아이는 한마디로 인생 전반에서 퇴학 인생을 산 것이나 마찬가지입니다. 그는 먼저 부모로부터 퇴학을 당했고, 이어 학교로부터 퇴학을 당했고, 마지막으로는 고아원으로부터 퇴학을 당한 셈입니다.

그 퇴학 인생의 혼혈 고아는 지금 무엇을 하고 있을까? 이것이 위 시의 화자인 김명인이 갖고 있는 궁금증의 내용입니다. 그러나 그는 화려한 상상을 할 수가 없습니다. 태어나면서부터 밑바닥으로 밑바닥으로만 기던 인생이니, 역시 밑바닥 인생을 기며 살고 있지 않겠느냐고, 그 밑바닥 인생의 상징인 그야말로 미국식으로는 아름답기 짝이 없는 다방의 '레지'를 하고 있을 가능성이 크지 않겠느냐고…… 그럴 확률이 아주 높겠지요.

그런데 위에 인용한 〈동두천 Ⅳ〉 제1연의 압권은 그 혼혈 고아의 웅변 내용이 담겨 있는 뒷부분 2행에서 볼 수 있습니다. 이 부분은 정말로 이 시를 읽는 우리들의 가슴을 때립니다.

    하늘 아래 나를 버린 엄마보다는
    나는 돈 많은 나라 아메리카로 가야 된대요

시인은 위의 두 행에서 혈연으로 유혹하는 가난한 엄마(한국)와, 돈과 힘으로 유혹하는 부강한 아빠(아메리카)를 대비시키고 있습니다. 사실상 얼굴이 흰 한국의 엄마도, 돈이 많은 미국의 흑인 아빠도 그를 소용없는 물건처럼 버린 처지이지만, 그래도 이 아이에게 엄마와 아빠는 그의 개인사를 규정지어버린 운명적인 존재입니다. 아직 철부지인 이 혼혈 고아 학생은 교내 웅변대회에서 소리 높여 외칩니다. "하늘 아래 나를 버린 엄마보다는/나는 돈 많은 나라 아메리카로 가야 된대요"라고 말입니다. 가난한 엄마 대신 돈 많은 아빠의 나라 아메리카를 선택해야 한다는 이 눈물나게 현실적인 말을 누가 그로 하여금 하게 해줬을까요? 그는 어디서 이 말을 들었을까요? 돈 많은 나라, 힘있는 나라 앞에서 가난하고 힘없는 엄마와, 엄마의 나라를 버리는 것이 죄가 될 수 없다는 사실을, 아니 그렇게 하는 것이 영리하다는 사실을 어떻게 알았을까요? 가난한 엄마의 나라 한국을 생각하면 우리는 자기 연민에 눈물이 나고, 돈 많은 흑인 아빠의 나라 아메리카를 생각하면 우리는 돈에 휘둘리는 현실이 원망스럽습니다. 사실 돈 많은 나라 아메리카에서 그 감격스러운 '아메리카의 꿈'을 이루고 힘있는 나라의 백성이 되어, 그야말로 더부살이라도 하려고 얼마나 많은 사람들이 보따리를 싸가지고 이민 행렬에 나섰습니까? 두 주먹 불끈 쥐고 도착한 이민자들에게, 내가 언제 '아메리카의 꿈'을 말한 적이 있느냐고 미국사회가 오리발을 내밀어도, 그들은 할말이 없습니다. 어쩌면 그럴수록 '아메리카의 위대한 드림'을 자식대에라도 이루어보겠다고 결의를 다지며 꿈을 키워갈 수밖에 없는지도 모르겠습니다.

저는 우리나라를 약소국가라고 말하기 싫습니다. 돈 많은 나라 아메리카 앞에서 도저히 주눅들 수 없다는 결의를 표하고 싶습니다. 나를 버린 가난한 엄마의 나라를 내가 사랑하지 않는다면 그 나라는 순식간에 바람 앞의 낡은 지붕처럼 사라질 것이라고 생각합니다. 그러므로 국문학과 교수인 저는, 아니 한국인인 저는 국어를 열심히 가르치고 연구할 것입니다. 가난만을 남겨준 조상들을 원망하면서도 그들이 남겨준 가난한 유산 앞에서 허리끈을 동여매고 밭을 다시 갈아나갈 수밖에 없다고 강한 어조로 역설할 수밖에 없습니다.

그러면서 저 자신 김명인과 같은 심정이 되어, '그래, 동두천의 혼혈 고아야, 내놓을 것 하나 없어도 웅변을 잘했던 혼혈 고아야, 지금쯤 다방 레지를 하고 있을지 모르는 혼혈 고아야!', 정말 '미안하다'고 말하는 것밖에 다른 말을 찾을 수가 없습니다. 정말 돈 많은 아메리카처럼 이 나라를 만들어 너희들을 튼튼하게 보호하지 못해서 미안하다고 사죄하듯 고백조의 말을 내어놓을 수밖에 없습니다. 그러나 모두가 이 땅을 버리고 다 아메리카로 떠나버린다면, 몸도 떠나도 마음도 떠나고 언어도 떠나버린다면, 이 땅은 어떻게 되겠습니까? 여전히 그 혼혈 고아를 향해 '미안하다'는 말과 '용서해다오'라는 말을 되뇌고 싶으면서도, 저는 그로 하여금 이 땅을 사랑하게 만들도록 하고 싶은 것입니다.

김명인의 위 시 〈동두천 IV〉의 제2연은 시인의 체험을 조금 더 보편적인 차원으로 이어갈 기색을 보입니다. 제2연을 여기에 한번 옮겨보지요.

    일곱 살 때 원장의 성을 받아 비로소 이가든가 김가든가
    박가면 어떻고 브라운이면 또 어떻고 그 말이
    아직도 늦은 밤 내 귀가 길을 때린다
    기교도 없이 새소리도 없이 가라고
    내 시를 때린다 우리 모두 태어나 욕된 세상을

아버지가 누구인지도 모르는 혼혈 고아. 사실상 군혼(群婚)이 유

행하던 원시시대에는 아버지라는 존재가 아무런 의미도 없었을지 모릅니다. 어머니가 누구의 아이를 낳든 어머니가 낳으면 모두 합법적인 어머니의 자식이기 때문이지요. 그러나 부권사회가 정착되면서 성이 생기고, 자식들은 아버지의 성을 따르도록 성문법으로 정해지고 말았습니다. 그러나 좀 파격적으로 말해봅시다. 사실 성이 없고 이름만 있는 세상, 나는 그것도 괜찮을 것 같습니다. 아니, 훨씬 자유롭지 않습니까? 굳이 인간의 역사성이 성을 통하여, 그것도 아버지의 성을 통하여 확립될 수 있는 것만은 아니니까요.

그러나 문제는 이 혼혈 고아의 성이 무엇인지를 정확히 알 수 없다는 사실보다 그의 탄생이 무책임한 성욕놀이 속에서 이루어졌다는 데 있습니다. 아니, 강자와 약자의 사랑 없는 야합 속에서 이루어졌다는 데 있습니다. 실제로 성이 없으면 어떻고, 또 있어야 한다고 할 때, 우리가 어떤 성을 따르든, 아니면 아예 창조해내든 그게 무슨 문제가 되겠습니까? 그러므로 저는 위 시에서 무책임한 욕정 혹은 야합의 산물로 물건처럼 세상에 나온 한 인생의 비애에 초점을 맞추고자 합니다. 그런데 시인 김명인은 갑자기 역사 속에서 이루어지는 생명 탄생의 문제를 모든 이의 문제로 확대시켜 보편화를 꾀하고자 합니다. 그렇게 해야 혼혈 고아의 슬픔과 아픔이, 그리고 시인이 느끼는 슬픔과 아픔이 조금 희석될까요? 아니면 더욱더 커지게 되는 것일까요? 어쨌든 그는 말합니다. "우리 모두 태어나 욕된 세상" 속에, 너와 나로 표상되는 우리 모두가 살고 있다고 말입니다.

실제로 인간이 사는 세상치고 '욕된 세상' 아닌 곳이 어디 있겠습니까? 돈 많은 나라 아메리카이든, 태평양 가의 작은 나라 한국이든, 해가 지지 않는다고 거만을 떨던 저 대영제국이든 간에, 세상은 얼마나 욕된 것들로 가득 차 있습니까? 이런 세상에 우리의 의지와 관계없이 우리들은 '던져진 존재'가 되는 것인지도 모릅니다. 그러나 시인이란 마구잡이로 굴러가는 이 욕된 세상에 태어난 존재 속에서도 한줄기 진실의 빛을 찾아올려 그들을 아름답게, 의미 있게 살려내려고 합니다. 김명인의 시 〈동두천 Ⅳ〉 제3연을 읽으면 이 점이 자주 분명해집니다.

> 이 강변의 세상 헛된 강변만이
> 오로지 진실이고 너의 진실은
> 우리들이 매길 수도 없는 어느 채점표 밖에서
> 얼마만큼의 거짓으로나 매겨지는지
> 몸을 던져 세상 끝끝까지 웅크리고 가며
> 외롭기야 우리 모두 마찬가지고
> 그래서 더욱 괴로운 너의 모습 너의 말

시인은 헛된 강변이 진실처럼 행세하는 세상에서 혼혈아의 슬픈 삶 속에 숨은 진실을 찾아내려고 합니다. 그 진실의 채점표는 세속의 잣대로는 도저히 작성될 수 없는 것이지만, 시인의 잣대로라면 작성될 수 있기 때문입니다. 힘있는 자가 강변하는 세상의 채점표 앞에서 약자들은 몸을 웅크리고 패배자처럼 살아갑니다. 그러나 시인이 작성한 또 다른 채점표 안에서 그들은 생전 받아보지 못했던 좋은 점수를 받을 수 있습니다. 부친 불명의 혼혈 고아, 고아원의 아이, 방탕한 생활, 학교에서의 퇴학, 다방 레지…… 어디 하나 세상의 채점표에서 좋은 점수를 받을 구석이 없는 이 아이에게도 시인은 좋은 점수를 줄 인간적 진실이 있다고 생각합니다. 그러면서 그 아이의 모습을 시인 자신뿐만 아니라 이 땅에서 살아가는 우리 모두의 모습으로 확대시킵니다. "외롭기야 우리 모두 마찬가지"이지 않느냐고. 하지만 이렇게 생각하고 나니 너의 삶이 더욱 외롭게 보인다고, 이 시인은 말하면서 그가 가르친 혼혈 고아에게 애정을 보냅니다.

이 세상에서 시인이 귀한 것은 세상의 채점표를 뒤집어볼 수 있기 때문입니다. 김명인의 위 시가 감동적인 것도 그 세상의 강력한 채점표를 무력화시킬 수 있었기 때문입니다. 이렇게 시인이 만든 채점표 속에서는 패배한 자와 죽어가던 자들이 새롭게, 의미 있게 살아납니다. 그때 시인은 패배한 자를 승리한 자로 바꾸는 사람, 죽어가던 자를 살아나게 하는 신비한 사람입니다.

이제 마지막 연만 남았군요. 글이 좀 길어졌지만, 김명인의 위 시가 전해주는 역사적 비극과 인간적 비애, 그리고 그 속에 담겨 있는 시인의 진지성 앞에서 쉽게 글을 맺을 수가 없었습니다.

>그래 너는 아메리카로 갔어야 했다
>국어로는 아름다운 나라 미국 네 모습이 주눅들 리 없는 합중국이고
>우리들은 제 상처에도 아플 줄 모르는 단일 민족
>이 피가름 억센 단군의 한 핏줄 바보같이
>가시같이 어째서 너는 남아 우리들의 상처를
>함부로 쑤시느냐 몸을 팔면서
>침을 뱉느냐 더러운 그리움으로
>배고픔 많다던 동두천 그런 둘레나 아직도 맴도느냐
>혼혈아야 내가 국어를 가르쳤던 아이야

시인 김명인은 마지막 연에서 미국에 대한 역설적 태도와 냉소적 태도를 보여줍니다. 그는 마지막 연인 제5연의 첫 행에서 "그래 너

는 아메리카로 갔어야 했다"고 말했습니다. 그러나 이 말은 사실 '가지 말아야 한다'고, '가지 않기를 잘했다'고 말하는 것처럼 들립니다. 저의 착각일까요? 그것은 결코 아메리카가 그를 무작정 환영하지만은 않았을 것이기 때문입니다. 아메리카는 너그러운 꿈의 나라만은 아닙니다. 그곳은 냉정한 현실세계입니다. 그곳에 이 혼혈 고아가 가서 어쩌겠다는 것입니까? 그를 버린 아버지의 나라에 가서 아버지를 찾아 바짓가랑이를 붙들고 통사정하겠다는 것입니까? 도대체 어쩌겠다는 것입니까?

또다시 김명인은 "국어로는 아름다운 나라 미국 네 모습이 주눅들리 없는 합중국이고"라고 말하며 냉소적인 미국관을 보여주고 있습니다. '유나이티드 스테이츠 오브 아메리카(United States of America)'라는 미국의 공식 명칭이 '미국(美國)'으로 차음됨에 따라 미국은 이름 자체로 '아름다운 나라'가 되고 말았습니다. 그 이름만 본다면 아름다운 일만 일어나고 아름다운 일만 지향하는 나라 같습니다. 게다가 '합중국'입니다. 누구든 올 수 있는 나라, 모든 인종이 만든 나라라고 해석됩니다. 그러니 이 한국에서 태어난 혼혈 고아, 너는 그 아름다운 미합중국으로 가는 것이 좋았지 않겠느냐고 시인은 슬쩍 말합니다. 그러나 이것은 시인의 속마음이 결코 아닙니다. 미국은 아름다운 나라도 아니고, 그 나라가 진정 평등한 합중국도 아니라는 걸 이 시인은 너무나도 잘 알기 때문입니다. 이 혼혈 고아가 미국으로 갔을 때, 그는 여전히 열등 시민으로 바닥을 헤맬 가능성이 농후하다는 것을 이 시인은 알고 있는 것입니다.

미국에 대한 콤플렉스는 20세기 후반의 한국인을 뒤흔들어놓았습니다. 그뿐입니까? 지금도 미국에 대한 콤플렉스는 역시 한국인에게 회오리바람같이 강력하게 작용합니다. 우리는 그동안 미국을 통해

얻은 것도 많지만, 잃은 것도 많습니다. 미국 주도의 세계화 바람이 부는 이 시점에서 미국의 회오리바람은 날마다 한국 안으로 침투해 들어오고, 사람들의 미국 콤플렉스도 이전보다 더욱 복잡해져갑니다.

시인은 위에 인용한 〈동두천 Ⅳ〉의 제5연 후반부에서 민족애를 한껏 표출합니다. 민족이 가족의 확대판이라면 가장 본능적이고 심정적인 애정 공동체가 민족이라고 할 수 있지요. 단일민족이 반드시 좋은 것은 아니지만 그는 단일민족으로서의 자존심을 끝까지 지키려고 안간힘을 씁니다. 가난해서 죽더라도 몸을 팔 수는 없는 것이 아니냐고, 어째서 당신들은 동두천에 들어가 몸을 팔아 우리의 상처를 들쑤셔놓느냐고, 왜 그토록 어두운 곳에서 싱싱한 당신들의 몸을 죽어가게 만들었느냐고, 그런 어머니의 딸인 너도 지금 혹시 어두운 곳을 맴돌면서 또다시 몸을 팔고 있는 것은 아니냐고, 이것이 대한민국의 현실이고 운명일 수는 없다고, 나는 그런 너에게 그래도 나라 사랑을 외치며 철없이(?) 국어를 가르쳤다고, 하지만 내가 가르친 그 초라한 국어는 몸 파는 일을 막지도 못했고, 그렇게 판 몸을 구원하지도 못할 만큼 나약한 것이 되어버렸으니 또다시 미안하다고, 용서하라고, 그렇지만 너를 사랑하였노라고, 그렇게 말할 수밖에 없다고 그는 속울음을 울며 말하고 있는 것입니다.

하지만, 김명인도 위 인용 부분에서 지적하였듯이 우리 민족은 너무나도 "피가름 억센" 민족입니다. 역사적으로 다른 민족과 섞여서 살아본 경험이 없고, 작은 나라에서 비슷한 사람들끼리 수천 년을 모여 살았으며, 게다가 단일민족이라는 점을 강조하고 그것을 자부심의 원천으로 여기며 살다 보니, 이 땅에서 혼혈아들이 살아가기란 참으로 어려운 일이었습니다. 앞에서도 말했듯이 혼혈아가 무슨 문제가 됩니까? 이 세상에 진짜 순종이 누가 있습니까? 단일민족의 장점도 상당하지만 그것만을 절대적으로 우위에 두고자 하다 보면 비록 그것이 관념적 차원의 순수성이라 할지라도 순수성은 형식적으로 지켜질지 모르겠지만 그 대신 다양성과 포용력은 형편없이 떨어집니다. 만약 이 땅의 우리들이 혼혈아들을 관대하게 수용하고 그들을 우리와 대등한 존재로 친구 삼아 살아갈 여건을 마련했다면, 동두천의 혼혈 고아들이 그토록 커다란 몇 겹의 고통을 겪지는 않았을 것입니다.

위 시 〈동두천 Ⅳ〉에 나오는 혼혈 고아는 몇 겹의 희생자입니다. 우선 그는 무책임한 부모의 희생물이고, 쾌락을 추구하는 욕정의 희생물이고, 분단의 희생물이고, 세계대전의 희생물이고, 강대국의 희생물이고, 어두운 우리 사회의 희생물입니다.

그럼에도 불구하고 이 혼혈 고아가 몇 중으로 덮쳐온 그 엄청난 희생의 두께를 너끈히 밀어내고 그의 삶을 멋지게 승화시킨 승리자의 모습으로 돌아온다면, 속울음을 울었던 그때의 국어 교사 김명인은, 학교는 달라졌지만 여전히 국어를 가르치며 시를 쓰는 김명인은, 국어 선생이자 시인의 감성을 갖고 또 다른 한 편의 시를 써서 그 혼혈 고아의 후일담을 전하며 생의 더 깊은 의미를 찾아 우리에게 보여주겠지요. 지금쯤 그 혼혈 고아는 몇 살이나 되었을까요? 가만히 따져보니 40은 훌쩍 넘었을 것 같군요.

# 오탁번

토요일 오후

## 이게 구슬이냐?
## 불알이냐?

1943년 충북 제천에서 태어났으며,

1967년 『중앙일보』 신춘문예를 통해

등단했다.

시집으로

《너무 많은 가운데 하나》

《1미터의 사랑》

《생각나지 않는 꿈》《겨울강》

등이 있다.

### 토요일 오후

오탁번

토요일 오후 학교에서 돌아온 딸과 함께
베란다의 행운목을 바라보고 있으면
세상일 세상사람 저마다 눈을 뜨고
아주 바쁘고 부산스럽게 몸치장 예쁘게 하네
하루일 하루공부 다 끝내고 중고생 관람가
못된 장면은 가위질한 그저 알맞게 재미난 영화
팝콘이나 먹으며 구경하러 가는 것일까
한주일의 일과 추억을 파라솔 접듯 조그맣게 접어서
가볍게 들고 한강 시민공원으로 나가는 것일까
매일 물을 뿌려 주어야 싱싱한 잎을 자랑하는
베란다의 행운목이 펼쳐 주는 손바닥만큼씩한 행복
토요일 오후의 우리집은 온통 행복뿐이네
세 살 난 여름에 나와 함께 목욕하면서 딸은
이게 구슬이냐? 내 불알을 만지작거리며 물장난하고
아니 구슬이 아니고 불알이다 나는 세상을 똑바로
가르쳤는데 구멍가게에 가서 진짜 구슬을 보고는
아빠 이게 불알이냐? 하고 물었을 때
세상은 모두 바쁘게 돌아가고 슬픈 일도 많았지만
나와 딸아이 앞에는 언제나 무진장의 토요일 오후
모두다 예쁘게 몸치장을 하면서 춤추고 있었네
구슬이냐? 불알이냐? 딸의 어릴 적 질문법에 대하여
아빠가 시를 하나 써야겠다니까 여중 2학년은
아니 아니 아빠 저를 망신시킬 작정이세요?
문법도 경어법도 딱 맞게 말하는 토요일 오후
모의고사를 열 문제나 틀리고도 행복하기만한
강남구에서 제일 예쁜 내 딸아 아이구 예쁜 것!

**오탁번**의 시 가운데 가장 재미있는 것을 한 편 고르라면 저는 물어볼 것도 없이 〈토요일 오후〉를 택할 것입니다. 오탁번의 시세계는 아주 진지하기 이를 데 없어, 그 속에서 웃음의 요소를 찾기가 쉽지 않은데 이 작품만은 읽으면서 터져나오는 웃음을 참을 수가 없게 할 만큼 재미있습니다. 제가 무엇 때문에 그토록 재미있는 작품이라고 글의 첫 부분부터 흥분하는지 좀 궁금하실 겁니다. 그래서 우선 시의 전문을 전하기로 합니다.

토요일 오후 학교에서 돌아온 딸과 함께
베란다의 행운목을 바라보고 있으면
세상일 세상사람 저마다 눈을 뜨고
아주 바쁘고 부산스럽게 몸치장 예쁘게 하네
하루일 하루공부 다 끝내고 중고생 관람가
못된 장면은 가위질한 그저 알맞게 재미난 영화
팝콘이나 먹으며 구경하러 가는 것일까
한주일의 일과 추억을 파라솔 접듯 조그맣게 접어서
가볍게 들고 한강 시민공원으로 나가는 것일까
매일 물을 뿌려 주어야 싱싱한 잎을 자랑하는
베란다의 행운목이 펼쳐 주는 손바닥만큼씩한 행복
토요일 오후의 우리집은 온통 행복뿐이네
세 살 난 여름에 나와 함께 목욕하면서 딸은
이게 구슬이냐? 내 불알을 만지작거리며 물장난하고

아니 구슬이 아니고 불알이다 나는 세상을 똑바로
가르쳤는데 구멍가게에 가서 진짜 구슬을 보고는
아빠 이게 불알이냐? 하고 물었을 때
세상은 모두 바쁘게 돌아가고 슬픈 일도 많았지만
나와 딸아이 앞에는 언제나 무진장의 토요일 오후
모두다 예쁘게 몸치장을 하면서 춤추고 있었네
구슬이냐? 불알이냐? 딸의 어릴 적 질문법에 대하여
아빠가 시를 하나 써야겠다니까 여중 2학년은
아니 아니 아빠 저를 망신시킬 작정이세요?
문법도 경어법도 딱 맞게 말하는 토요일 오후
모의고사를 열 문제나 틀리고도 행복하기만한
강남구에서 제일 예쁜 내 딸아 아이구 예쁜 것!

— 〈토요일 오후〉 전문

바로 이 작품입니다. 이 작품을 쓴 오탁번은 1943년생입니다. 그러니까 지금 그는 이순을 앞둔 나이입니다. 그는 젊은 시절, 우리 문단에서 신춘문예에 연속 세 번을 당선한 사람으로 유명합니다. 한 번도 당선되기 어려운 신춘문예에 그것도 연속하여 세 번씩이나 당선된 것입니다. 1966년, 그러니까 그의 나이 24세 때, 그는 『동아일보』에 동화 〈철이와 아버지〉가 당선되는 기쁨을 누렸습니다. 다시 1967년 25세 때, 그는 『중앙일보』에 시 〈순은이 빛나는 이 아침에〉가 당선되는 영광을 안았습니다. 그리고 또다시 1969년 27세 때, 그는 『대한일보』에 소설 〈처형의 땅〉이 당선되는 기록을 세웠습니다. 동화, 시, 소설의 세 분야에서 연속해 신춘문예에 당선된 것입니다. 참으로 대단한 일입니다. 이후 그는 동화작가보다는 소설가로, 그리고 시인으로 활동하여 6권의 소설집과 3권의 시집을 출간하였습니다. 위의 시 〈토요일 오후〉는 그의 제3시집 《생각나지 않는 꿈》 속에 들어 있습니다.

오탁번은 아주 섬세한 감정과 감각 그리고 예리한 관찰력을 가진 시인입니다. 따라서 그의 시는 스케일이 크거나 뭔가를 주장하기보다 세세하게 관찰하고 고백하는 성격이 강합니다. 이런 오탁번의 시는 민중시가 기세를 올리던 1980년대보다 일상시나 고백시가 호소력을 가진 1990년대의 문단 분위기와 더 잘 어울립니다. 여러분은 위에 인용된 시 〈토요일 오후〉를 보면서도 그 점을 조금 느낄 수 있었으리라 생각합니다.

이제 우리가 다루고자 하는 오탁번의 시 〈토요일 오후〉를 본격적으로 감상해봅시다. 시심을 살려내기 위하여 이 시를 다시 한 번 읽어보시기 바랍니다. 그러고 나서 저와 함께 이 시를 감상해보지요.

오탁번의 시 〈토요일 오후〉는 우선 소시민들의 작은 생활세계, 작은 기쁨의 세계가 어떤 것인지를 보여주고 있습니다. 그는 이 시에서 영웅과 같은 대단한 사람들에게는 관심을 두지 않습니다. 내가 역사를 바꾸겠다느니, 내가 인류를 구원하겠다느니, 내가 세계 제일의 갑부가 되겠다느니, 내가 세계의 진실을 다 안다느니 하는 식의 영웅적 인물들에 그는 관심을 두고 있지 않은 것입니다. 대신 그는 우리가 때로 소시민적인 인간이라고, 또 그러한 삶이라고 비판하기도 하는, 그야말로 우리 주변에서 흔하게 일어나는 보통 인간들의 자그마한 삶과 그러한 삶을 꾸려가는 선남선녀들에게 관심을 갖고 있는 것입니다.

그렇다고 해서 그가 소시민들과 그들의 삶을 무조건 긍정만 하는 것은 아닙니다. 그는 소시민적인 인간과 그들의 삶이 어떤 한계 위에 놓여 있는가를 잘 알고 있습니다. 그러니까 그는 소시민들의 삶이 놓여 있는 한계를 고스란히 알고 있으면서도 그 소시민들의 작고 평범한 삶을 소중한 것으로 들춰 보이고 있는 것입니다.

오탁번은 소시민들의 한계를 그의 시 〈토요일 오후〉에서 다음과 같이 지적합니다. 그들은 힘있는 사람들이 만들어놓은 세계 안에서 자족하듯, 아니 체념하듯 하루하루의 삶을 살아갑니다. 이를테면 그들은 일주일의 노동을 거부하지 못한 채, 이미 만들어져 있는 제도에 순응하며 토요일 오후가 오기만을 기다리는 사람들입니다. 그들은 또한 국가가 그들을 위하여(?) 못된 장면은 가위질을 하고 그저 알맞게 재미난 영화를 상영해도 아무 불평 없이 그 영화를 보러 가는 사람들입니다.

그들은 이것말고도 서울시가 시민들을 위하여(?) 그들 방식대로 만들어놓은 한강시민공원으로 작은 행복을 위하여 놀이를 나가는 사람들입니다. 그들은 과격하지 않습니다. 그렇다고 해서 쉽게 절망하지도 않습니다. 그들은 그저 주어진 현실과 적절히 타협하거나 화해하며 그들만의 작은 삶을 아기자기하게 꾸려나갈 뿐입니다. 그들의 최대 과제는 주어진 현실 속에서 어떻게 행복의 높이를 키워가느냐 하는 것이고, 그런 꿈을 위하여 베란다에 행운목을 키우듯 그들의 삶에 물기를 더해갈 뿐입니다.

이 시의 화자이자 시인인 오탁번은 자기 자신 역시 이러한 소시민으로 살아갈 수밖에 없으며 그러한 소시민적 삶 속에서 자신 역시 행복의 순간을 체험한다고 고백합니다. 그의 소시민적인 기쁨과 행복은 토요일 오후의 여유로운 시간을 맞이한 가운데서, 딸에 대한 말할 수 없는 애정 속에서, 아파트 베란다에서 자라고 있는 행운목의 잎을 감상하는 데서, 지나간 시절의 아름다운 추억을 되살리는 시간 속에서 이루어집니다. 그에게는 이것이 삶의 대부분을 이루는 일상입니다. 실제로 우리의 삶은 거창한 '대사건'의 연속으로 구성되지 않습니다. 우리의 역사 교과서는 참으로 많고 많은 대사건으로 역사를 채색하고 있지만, 그것의 이면을 잘 들여다보면 인간들의 삶과 그들이 만든 역사란, 일상의 연속에 불과합니다. 우리는 아침 일찍 일어나서 부산하게 아침밥을 먹고 출근하거나 학교에 가고, 그 가운데서 어제와 비슷한 일을 오늘도, 오늘과 비슷한 일을 내일도 하면서 살아갈 뿐입니다. 그리고 시간이 되면 약간의 피로 속에서 퇴근하여 집으로 돌아오고, 우리는 편안한 옷으로 갈아입은 채 9시 뉴스를 보고 세상을 개탄하다 잠이 들곤 합니다. 이러는 사이에 아이들은 자라서 결혼을 하고 한때 힘을 자랑했던 젊은이들은 서서히 나이를 먹어갑니다. 삶이 대사건의 연속인 줄 알았던 사람들, 아니 그렇게 되기를 기대했던 사람들은 저의 이 말을 들으면서 실망했을지도 모르겠습니다. 삶이 이렇게 쩨쩨한 것이냐고 투덜대면서 말이에요. 그러나 일상의 작은 삶은 쩨쩨한 것이 아닙니다. 그것은 아주 소중한 것입니다. 일상을 소중하게 가꾸지 않고는 결코 행복한 삶을 만들어갈 수 없습니다.

오탁번의 시 〈토요일 오후〉에서 빛나는 부분은 그가 일상인의 작은 기쁨과 행복의 문제를 다루었다는 사실 이외에 신화적 시간이라고 말할 만한 시간을 새로이 찾아냈다는 데 있을 것입니다. 신화적 시간이라는 말이 조금 낯설지 모르겠습니다. 그럴 것 같아 약간의 설명을 덧붙이자면 제가 말하는 신화적 시간이란 인간과 신, 인간과 자연, 인간과 인간 사이에 온전한 통합이 이루어졌던 시간을 뜻합니다. 쉽게 설명하자면 아담과 이브가 선악과를 먹고 부끄러움을 알기 이전과 같은 시간, 혹은 신의 사랑을 받아 노동하지 않고도 먹고살 수 있었던 에덴 동산에서의 시간 같은 것을 신화적 시간이라고 합니다. 이런 시간을 다시 바꾸어 표현한다면 낙원의 시간이라고 할 수 있을까요? 지금 우리는 실락원의 시간 속에서 살고 있습니다. 인간과 인간, 인간과 신, 인간과 자연 사이의 그 커다란 단절의 벽을 뛰어넘기 어려운 시간 속에서 살고 있습니다. 우리는 이 단절의 거리를 메우기 위하여 노력하지만 그게 쉽지 않습니다. 그러면 오탁번이 어떻게 신화적 시간을 찾아내고 있는지 그 점을 알아보기 위해 그의 시 〈토요일 오후〉의 해당 부분만 다시 옮겨보기로 하겠습니다.

세 살 난 여름에 나와 함께 목욕하면서 딸은
이게 구슬이냐? 내 불알을 만지작거리며 물장난하고
아니 구슬이 아니고 불알이다 나는 세상을 똑바로
가르쳤는데 구멍가게에 가서 진짜 구슬을 보고는
아빠 이게 불알이냐? 하고 물었을 때
세상은 모두 바쁘게 돌아가고 슬픈 일도 많았지만
나와 딸아이 앞에는 언제나 무진장의 토요일 오후

　오탁번의 시 〈토요일 오후〉가 가장 재미있는 작품으로, 그리고 일상의 소시민적인 삶의 세계를 말하면서도 그 이상의 효과를 만들어내는 작품으로 인정될 수 있는 것은 바로 위의 인용 부분 때문입니다. 저는 이 부분을 읽을 때마다 그 광경이 머리 속에 생생히 떠오릅니다. 그리고 터져나오는 웃음을 참을 수가 없습니다. 평소 우리가 쓰기를 꺼려하는 '불알'이라는 말이 그렇게 재미있게 들릴 수가 없습니다. 그런데 바로 이 부분이 '신화적 시간'이라고 말할 만한 내용을 담고 있습니다. 잠시 뒤에 이 신화적 시간에 대하여 논의해보기로 하고 다른 이야기를 조금만 할까요.

여러분들에게 묻겠습니다. 여러분들은 몇 살 때까지 엄마 혹은 아빠와 목욕을 했습니까? 초등학교 1학년 때까지라고 말하는 사람이 있을 것입니다. 아, 그건 너무하다고요? 그러면 유치원 시절까지라고 말하는 사람도 있을 겁니다. 어쨌든 좋습니다. 여러분들은 분명 엄마 혹은 아빠와 성의 같음과 다름에 관계없이 같은 목욕탕 속에서 목욕한 기억을 갖고 있을 겁니다.

그러나 조금 나이가 들면, 목욕탕 앞까지는 부녀 혹은 모자가 같이 가지만, 목욕탕 입구에 씌어진 남녀 표시의 간판을 보며 서로 다른 길을 찾아 쓸쓸히(?) 목욕탕 안으로 들어갔을 겁니다. 저는 엄마 혹은 아빠와 부끄러움 없이 함께 목욕할 수 있었던 시절까지를 인간사에 깃들인 '신화의 시간'이라고 규정합니다. 그 시간 속에는 너와 나, 선과 악 같은 이분법의 횡포가 끼어들 수 없습니다. 마치 아담과 이브가 벗었어도 부끄럽지 않았던 것처럼, 그 시간 속에서 우리는 부끄러움을 모릅니다. 도대체 부끄럽다는 것은 무엇을 뜻하는 것입니까. 한마디로 말한다면 그것은 너와 나 사이의 구별이 시작되었다는 것을 뜻합니다. 이것을 가리켜 불교에서는 분별심 내지는 시비지심이 생겨났다고 말합니다. 우리에게 분별심과 시비지심이 생기는 그 순간부터 우리는 너와 나를 구별하고 그 속에서 부끄러움을 느끼는 것입니다. 그러므로 불교의 최대 목표 가운데 하나는 분별심과 시비지심을 초월하는 것입니다. 그러나 이것은 참으로 어려운 일이지요. 이미 우리의 눈은 밝아졌고, 우리의 몸은 수도 없이 많은 분별의 논리로 가득 차버렸기 때문입니다.

그러나 현실이 이렇다 하더라도 우리는 분별심과 시비지심이 끼어들지 않은 세계를 그리워합니다. 우리는 신화의 시간에 대한 그리움을 갖고 있습니다. 오탁번은 그의 체험 속에서 신화의 시간을 찾아내고 있는 것인데, 그것의 한 구체적 현장이 딸과 목욕하던 때입니다.

오탁번이 아버지가 되어 어느 토요일 오후 딸과 목욕을 함께 할 때, 딸은 아버지의 가장 은밀하고 부끄러운 부분을 만지작거리며 놀았습니다. 딸은 그것이(아버지의 불알이) 무엇인지 분별하기 이전의 존재입니다. 딸은 인간이 최초의 신화적 시간에 가졌던 순진성과 순수성을 그대로 안고, 아버지의 불알을 장난감 삼아 놀았던 것입니다. 그런데 딸아이는 그가 갖고 놀던 아버지의 불알을 보고 자기 식대로 묻습니다. 뭐라고 물었다지요? 아, 인용문 속에 나와 있습니다. "이게 구슬이냐?" 하고 물었던 것입니다. 그 물음을 받고 아빠는 이미 분별심을 가진 인간으로서 "아니 구슬이 아니고 불알이다"라고 가르쳤습니다. 아빠인 오탁번은 이런 자신의 대답 내용을 성찰하며 이것이야말로 내가 세상의 분별 논리를 제대로 가르친 것이라고 다소 쓸쓸한 표정으로 말합니다. 그는 어른들의 분별세계를 딸에게 가르칠 수밖에 없다는 사실 앞에서 쓸쓸한 심정을 맛본 것입니다. 그런데 아빠의 이런 가르침에도 불구하고 아직 신화적 시간 속에서 살아가는 딸은 또다시 아빠를 당혹스럽게 합니다. 그것은 구멍가게에 가서 진짜 구슬을 보고 "아빠 이게 불알이냐?" 하고 묻는 일이 일어났기 때문입니다. 구슬과 불알, 진짜와 가짜, 너와 나 사이의 분별을 하기 이전 상태에서, 그야말로 신화적 인간과 그 문법으로 살아가는 딸의 행동이, 이들을 구별하며 살아가는 세속적 인간들을 당혹스럽게 만든 것입니다.

그렇지만 아빠인 오탁번은 딸과 가졌던 그 신화적 시간 때문에 무한한 행복을 맛봅니다. 그의 토요일 오후가 무진장의 행복으로 가득 찰 수 있었던 것은 바로 이러한 신화적 시간이 토요일 속에 깃들여 있었기 때문입니다. 참으로 재미있고 아름다운, 그리고 감동적인 신화적 시간의 한 장면입니다.

그런데 딸이 커감에 따라 그들 사이의 이 신화적 시간에 금이 가기 시작합니다. 아빠의 불알을 만지작거리며 놀던 신화적 시간의 주인공—딸은 어느새 중학교 2학년 학생이 되었고, 그는 학생답게 불알과 구슬을 구별하는 것은 물론 아빠에게 "문법도 경어법도 딱 맞게" 말할 줄 압니다. 불알과 구슬을 구별한다는 것과 문법도 경어법도 딱 맞게 말한다는 것은 그가 세속의 문법을 익혀버렸다는 것입니다. 그러므로 딸은 신화적 시간 속에서 자신이 보여줬던 일들을 부끄러워합니다. 이런 부끄러움은 딸아이가 세속적 시간의 논리로 모든 것을 판단한다는 의미입니다. 그렇지만 아빠인 오탁번은 딸과 가졌던 그 신화적 시간을 잊지 못합니다. 그리고 아직도 딸을 보며 신화적 시간이 연속되는 느낌을 갖습니다. 딸은 그에게 신화적 시간을 되돌려주는 존재입니다. 그래서 그는 말합니다. 모의고사에서 열 문제나 틀리는 딸이지만 "강남구에서 제일 예쁜 내 딸아 아이구 예쁜 것!"이라고 말입니다. 무조건적인 사랑, 그것은 신화적인 만남의 산물입니다.

오탁번의 이런 경험은 부녀간의 작은 추억거리에 불과할지 모릅니다. 그러나 자잘한 삶 속에서 하루치의 행복을 조그맣게 만들어가는 소시민들에게 이런 추억거리는 숨겨진 보석과 같이 소중합니다. 하루의 삶이 피곤하고 어두울 때, 그들은 숨겨진 이 추억의 보석을 혼자만의 시간 속에서 꺼내 볼 수 있을 것입니다.

지금 우리는 불알과 구슬을 구별하지 못하던 신화적 시간으로부터 너무 멀리 떨어져 나와 있습니다. 이것을 가리켜 인간사의 발전이라고 말할 수도 있습니다. 그러나 신화적 시간을 회복하지 않는다면 우리는 진정 행복한 삶을 살기 어렵습니다. 오탁번의 시 〈토요일 오후〉를 읽으면서, 우리는 그와 함께 잃어버린 신화적 시간을 찾아낸 기분입니다. 이런 점에서 신화적 시간은 힘이 있습니다. 그것을 가리켜 '신화의 힘'이라고 부르면 어떨까요?

# 이승훈

인생은 언제나 속였다

## 인생은 언제나 우리를 속였다?

1942년 강원도 춘천에서 태어났으며,

1962년 『현대문학』을 통해

등단했다.

시집으로

《당신의 초상》

《당신의 방》《너라는 환상》

《길은 없어도 행복하다》

등이 있다.

## 인생은 언제나 속였다
### 이승훈

인생은 언제나 그를 속였다 그가 다가가면 발로 차고
그가 도망가면 팔을 잡았다 그가 웃으면 울고 그가 울면
웃었다 그가 망하면 웃고 그가 팔을 쳐들면 웃고 그가
걸어가면 웃고 너를 안을 때뿐이다 인생이 그를 속이지
않은 건 너를 안을 때 해가 질 때 너의 눈을 볼 때
너와 차를 마실 때 그러나 너와 헤어지면 인생은 그를
속였다 추운 골목을 돌아가면 골목의 상점에서 담배를
사면 가로등에 불이 켜지면 인생은 속였다 밤이 오면
아파트 계단을 오르면 작은 방에서 잠을 이룰 수 없으면
밖에 바람이 불면 바람 속에 돌아누우면 잠이 안 와
문득 일어나면 새벽 두 시 캄캄한 무덤에 불을 켜면 무덤
속에 앉아 담배를 피우면 책상 위 전기 스탠드를 켜면
위통이 찾아오면 다시 불을 끄면 캄캄한 무덤 속에 누워
있으면 책상 위의 냉수를 마시면 책상 위의 사과를 먹으면
아아 '나'를 먹으면 아무 소리도 나지 않으면 문득 머언
무적이 울면 새벽 연필을 깎으면 이마에 술기운이 남아
있으면 다시 잠이 안 오면 문득 무섭다는 느낌이 들면
턱을 손에 고이면 떨리는 손으로 일기를 쓰면 돌덩어리
우울 황폐한 새벽 인생은 그를 속였다 인생은 언제나 그를
속였다 그를 속이고 그를 감시하는 인생이라는 놈!

저는 **이승훈** 시인을 가리켜 자아 탐구의 시인이라고 말한 적이 있습니다. 그가 시를 쓴 40여 년간이 자아 문제를 탐구하는 데 바쳐진 것입니다. 그렇습니다. 그는 이렇듯 오랜 기간, 그리고 아주 집요하게, 지금까지도, 자아 탐구의 문제에 매달리고 있습니다.

  이런 이승훈에게 처음 찾아온 질문은 '나란 무엇인가'라는 것이었습니다. 그는 이 물음을 붙들고 '나'라는 존재의 내면을 밑바닥이 뚫어질 듯 바라보았습니다. 바라보았다는 표현보다 노려보았다는 표현이 적당할 정도입니다. 그런 그가 어느 날 나라는 존재가 너라는 존재와 연결돼 있다는 사실을 절감하였습니다. 다시 말해 나에 대한 탐구는 곧 너에 대한 탐구로 이어질 수밖에 없다는 생각을 하게 된 것입니다. 그는 곧바로 너를 찾아갔고, 그는 '너'가 살고 있는 이른바 '당신의 방'을 방문하였습니다. 그 결과 그는 《당신의 초상》《당신의 방》《너라는 환상》 등과 같은 시집을 냈을 뿐만 아니라 《너라는 신비》라는 수필집도 냈습니다. 그러나 아쉽게도 이승훈 시인은 '너'라는 존재를 발견하고 그와 하나가 되는 일이 진정 불가능하다는 점을 알았습니다. 그가 '나'로 표상되는 자기 자신을 발견하지 못했다고 한 것처럼, 그는 '너'라는 존재의 실체도 발견하지 못했습니다. 그렇다고 해서 이 문제에 대한 그의 탐구가 멈춘 것은 아닙니다. 그는 지금까지도 '나는 누구인가' 그리고 '너는 누구인가', 더 나아가 '나와 너는 어떤 관계인가'라는 물음 앞에서 고뇌하고 있습니다.

이런 질문에 사로잡힌 시인에게 '인생이란 무엇인가'라는 질문은 자연스럽게 딸려나오는 항목이기도 합니다. 결국 '나는 누구냐'고 묻는 일이나 '너는 누구냐'고 묻는 일은 '인생이란 무엇이냐'고 묻는 것에 귀결되는 것이니까요. 그래서 앞의 물음들을 종합해보면 결국 '인생을 살고 있는 나와 너는 누구냐'라는 것이 되겠지요.

이승훈 시인은 그래서 간혹 자아 탐구라는 문제를 인생 탐구라는 문제로 전환시켜 제시할 때도 있습니다. 바로 그런 작품 가운데 하나가 그의 아홉번째 시집《밝은 방》속의 작품〈인생은 언제나 속였다〉입니다. 도대체 인생이 누구를 속였다고 이 시인은 이런 시를 쓴 것입니까? 이렇게 질문할 수도 있습니다. 그러나 그는 인생이란 존재에게 속았다는 마음을 갖고 있으며, 그것이 한 편의 시로 나타났습니다. 이런 이승훈의 말 앞에서 누군가는 몇 가지 질문을 할지도 모릅니다. '인생이 당신을 속인 게 아니라 당신이 인생을 속인 게 아닙니까?' '자꾸 인생 운운하는데 실제로 인생이란 것의 구체적인 실체가 있기나 한가요?' '인생이란 아무래도 추상명사 같군요' 등과 같은 물음 말입니다. 이승훈 시인은 이런 질문 앞에서 어떤 답을 할지 모르겠으나, 제 생각으로는 말할 것도 없이 이런 질문은 그 나름의 타당성을 갖고 있습니다. 그러나 문제는 인생이 자꾸 어긋나고 있다는 생각을 우리들이 지울 수 없다는 사실이며, 인생이란 늘 엄숙하게 임해오는 대사건처럼 느껴진다는 사실입니다. 그러니 우리는 다시 이승훈 시인의〈인생은 언제나 속였다〉에 귀를 기울여보는 것도 좋을 것입니다.

실제로 인생이라는 주제만큼 말하기 쉬운 것도 없고, 또 이 주제만큼 말하기 어려운 것도 없습니다. 이 세상이 다하는 날까지 사색하고 토론해야 할 주제가 바로 인생이라는 것이겠죠. 일단 이승훈 시인이 이 문제에 대하여 들려주는 목소리에 귀를 기울이면서 함께 생각을 나누어보기로 합시다.

> 인생은 언제나 그를 속였다 그가 다가가면 발로 차고
> 그가 도망가면 팔을 잡았다 그가 웃으면 울고 그가 울면
> 웃었다 그가 망하면 웃고 그가 팔을 쳐들면 웃고 그가
> 걸어가면 웃고 너를 안을 때뿐이다 인생이 그를 속이지
> 않은 건 너를 안을 때 해가 질 때 너의 눈을 볼 때
> 너와 차를 마실 때 그러나 너와 헤어지면 인생은 그를
> 속였다 추운 골목을 돌아가면 골목의 상점에서 담배를
> 사면 가로등에 불이 켜지면 인생은 속였다 밤이 오면
> 아파트 계단을 오르면 작은 방에서 잠을 이룰 수 없으면
> 밖에 바람이 불면 바람 속에 돌아누우면 잠이 안 와
> 문득 일어나면 새벽 두 시 캄캄한 무덤에 불을 켜면 무덤
> 속에 앉아 담배를 피우면 책상 위 전기 스탠드를 켜면
> 위통이 찾아오면 다시 불을 끄면 캄캄한 무덤 속에 누워
> 있으면 책상 위의 냉수를 마시면 책상 위의 사과를 먹으면
> 아 '나'를 먹으면 아무 소리도 나지 않으면 문득 머언
> 무적이 울면 새벽 연필을 깎으면 이마에 술기운이 남아
> 있으면 다시 잠이 안 오면 문득 무섭다는 느낌이 들면
> 턱을 손에 고이면 떨리는 손으로 일기를 쓰면 돌덩어리
> 우울 황폐한 새벽 인생은 그를 속였다 인생은 언제나 그를
> 속였다 그를 속이고 그를 감시하는 인생이라는 놈!
>
> — 〈인생은 언제나 속였다〉 전문

어떠셨습니까? 혹시 인생에 대한 교훈적인 말이라도 기대하신 분이 있으십니까? 아마도 그런 분들은 분명히 실망하셨을 겁니다. 또한 이승훈 시인이 가진 시인으로서의 위치나 학자로서의 위치를 떠올리며 그에 걸맞은 태도를 기대하신 분들도 실망하셨을 겁니다. 그렇더라도 이것은 이승훈 시인이나 그의 시 〈인생은 언제나 속였다〉의 흠이 되지 않습니다. 이승훈 시인이 아주 싫어하는 것, 어찌 보면 기질적으로 잘 맞지 않는 것이 교훈주의적 자세 내지 권위주의적 자세입니다. 그는 가장 꾸밈이 없는 무의식의 저 밑바닥을 관찰하는 데 흥미를 느끼거나 자기 내면의 실상을 아주 사실적으로 적나라하게 표출하는 데 관심을 두지, 누구를 향하여 근엄하게 혹은 고상하게 훈계하는 일에는 아무 관심이 없는 것입니다. 어찌 보면 그는 '자기 노출증'을 가진 사람처럼, 자신의 모든 안쪽을 꾸밈없이 드러냅니다. 교훈과 훈계도 그 나름의 역할과 매력이 있지만, 타인에게 엿보는 자의 쾌감을 제공하는 자기 고백적 언술 방식이나 자기 지향적 언술 방식도 그 나름의 역할과 매력이 있습니다. 우리 사회나 시단이 워낙 교훈적이며 훈계하는 태도를 지향해왔고, 또 지금까지의 유교문화가 어른 위주의 권위주의적 목소리로 가득 차 있었기 때문에, 이들 양자가 각각의 역할과 매력을 갖고 있음에도 불구하고, 이승훈 시인이 보여주는 자기 고백적인 언술 방식이나 자기 지향적인 언술 방식은 많은 사람들에게 좀 낯설게 보일 수도 있을 것입니다. 그러나 이런 언술 방식은 매우 정직하고 사실주의적입니다. 좀 민망할 만큼 사실을 사실적으로 집어올립니다. 장식과 체면의 억압적인 힘 때문에 돌보지 않고 돌려놨던 말 못할 사연들을 거침없이 털어놓는 방식입니다. 그래서 사람들은 이러한 언술 방식으로부터 통쾌한 느낌, 해방된 느낌, 무척이나 자연스러워진 느낌을 받습니다. 그리고 우리 존재를 있는 그대로 인정할 수 있는 너그러움을 키울 수 있게 됩니다.

이승훈 시인은 그의 시 〈인생은 언제나 속였다〉에서 몇 번이고 반복하여 "인생은 언제나 속였다"고 말합니다. 따라서 이 말은 그의 시 〈인생은 언제나 속였다〉에서 시의 문을 여는 열쇠가 되었습니다. 또한 이 말은 확산돼 나아가는 이 시의 다른 문장들을 불러모으는 핵심어 역할을 하고 있습니다. 그러면 도대체 이승훈 시인은 인생으로부터 어떻게 속임을 당했다고 말하는 것일까요? 그것을 하나씩 짚어가보기로 하겠습니다.

그런데 막상 그렇게 하나씩 짚어 나아가려고 하니까, 너무나도 짚어야 할 예가 많아서 다 들기가 곤란할 정도입니다. 뿐만 아니라 시의 내용이나 흐름으로 볼 때 작품 속에 나와 있는 것 이외에도 그는 이런 예를 끝도 없이 더 열거할 수 있을 것 같습니다. 시인은 그저 시를 끝내기 위하여 어느 선에서 그의 말을 그쳤을 뿐입니다. 실제로 한번 생각해보세요. 태어난 이래 지금까지 인생을 살면서 겪어온 모든 것들을 어떻게 종이 위에다 모두 열거할 수 있겠습니까? 불가능한 일이지요. 그렇지만 저뿐만 아니라 여러분들도 이승훈 시인의 속마음을 헤아릴 수 있을 것이라고 생각합니다. 그가 말하고자 하는 것은 살아오는 동안 자신이 겪은 모든 것들이 속임수처럼 여겨졌다는 것입니다. 달리 말하자면 그 모든 것들이 허구(fiction)에 지나지 않는 것으로 보였다는 것입니다.

저는 이승훈 시인의 생각을 두 가지로 이해합니다. 그 하나는 사는 일이란 게 결코 우리들의 뜻과 같은 방향으로 움직이지 않는다는 것입니다. 우주 삼라만상이 그러하듯이, 만약 인생이란 것이 어떤 실체가 있다면, 그것은 우리들의 삶에 호의적이 아니라는 말입니다.

호의적이기는커녕, 적대적일 경우도 아주 많으며, 마치 모든 것을 초월했거나 아무것도 모르는 자처럼, 무심할 뿐이라는 게 그의 생각입니다. 그럼에도 불구하고 우리들은 살아야 하고, 우리의 삶은 흘러갑니다. 다른 하나는 사는 일의 본질이나 궁극이 없다는 것입니다. 분명 우리는 부지런히(?) 살아가고 있지만 그런 삶의 궁극적인 목적이 무엇인지, 그런 삶의 본질이 무엇인지 알기 어렵다는 것입니다. 이승훈 시인이 자기 시론을 전개하면서 쓰는 말을 빌리자면, 시 쓰기가 시니피앙의 유희에 지나지 않는 것과 같이 인생 또한 시니피앙의 유희와 같은 것인지 모른다는 것입니다. 시니피에, 즉 고정된 의미가 없이, 시니피앙, 즉 나타난 발화 양상만의 끝없는 연속이 가능할 뿐이라는 게 이승훈 시인의 시관이자 세계관이라고 말한다면 이 점을 보다 깊이 이해할 수 있을까요? 결국 시니피앙과 같은, 나타난 현상들은 흐름 위를 떠돌 뿐, 절대적인 의미나 세계 속에 고착되지 않는다는 겁니다. 그러므로 앞의 두 가지 사실을 종합한다면, 우리가 산다는 것은 해답이나 목적 또는 본질이 없는 불안한 흐름의 과정일 뿐이고, 우리를 둘러싼 모든 환경은, 그것을 인생이라고 부르든, 우주라고 부르든, 시간이라고 부르든 간에, 결코 우리에게 호의적인 의도도 행동도 보이지 않는다는 것입니다. 한마디로 말해, 그저 우리들의 덧없는, 어긋나는 삶이 이어질 뿐이라는 것입니다.

  이렇게 말하고 나니, 갑자기 사는 일이 재미없는 것으로 보입니다. 희망도 없고, 의미도 없는 것 같습니다. 그렇다고 마냥 절망할 일은 아닙니다. 비록 이 우주 속에, 그리고 인생 속에 본질로서의 희망과 의미는 없을지 모르겠지만, 우리가 그것을 만들어 나아가면 되니까요. 희망을 만들어낼 자도 우리 인간이며, 의미를 창출해낼 자도 우리 인간입니다. 그런 점에서 희망이니 의미니 하는 것은 아주 인간적인 용어입니다. 인간들이 인간들을 위해 만들어낸 창조물과 같은 것입니다.

이승훈 시인도 자신의 시 〈인생은 언제나 속였다〉에서 그런 기미를 보여주고 있지 않습니까? 그의 이 시를 보면 꼭 한 가지 일에서만 그가 인생으로부터 속임을 당하지 않았다고 고백합니다. 그 한 가지 일이란, "너를 안을 때" "너의 눈을 볼 때" "너와 차를 마실 때"로 표현돼 있습니다. 그가 여기서 말하는 '너'란 누구일까요? 그것은 구체적인 어떤 사람일 수도 있고, 그가 같이 살아야만 하는 이 땅의 모든 인간일 수도 있습니다. 또 인간 이외의 다른 존재일 수도 있습니다. 어쨌든 그 '너'가 누구를 지칭하든지 간에, 그가 말한 것에서 중요하게 다루어야 할 점은 '너와 내가 온전히 하나가 되었을 때', 바로 그 순간에만 인생이 자신을 속이지 않은 것처럼 여겨진다는 것입니다. 어떻게 우리는 다른 존재와 '온전히' '하나'가 될 수 있을까요? 순간적으로라도 이런 일이 가능할 수 있는 것일까요? 아니면 영원히 불가능한 것일까요? 아주 불가능하다고 말하기도 곤란하지만, 언제고 쉽게 찾아오는 일이라고 말하는 것도 적절하지 않습니다. 저 자신의 삶을 돌이켜보더라도 제가 타존재와 완벽한 합일의 상태를 이룬 경우는 거의 없거나, 있다 하더라도 그 합일 정도가 느슨한 경우만 있었던 것 같습니다. 제가 이런 말씀을 드린 것은 앞서 말했듯이, 희망이니 의미니 하는 것이야말로 인간들이 만들어내야 할 인간들의 몫이라는 점을 강조하기 위해서였습니다. 그리고 더 구체적으로는 이승훈 시인도 그의 시 〈인생은 언제나 속였다〉에서 '너'와의 만남과 합일의 가능성을 열어놓음으로써, 이 부분에 대한 기대를 완전히 포기한 것 같지는 않다는 점을 보여주기 위해서였습니다.

여러분도 이승훈 시인처럼 인생이 자신의 뜻과 어긋나는 경험을 했을 것입니다. 그런 경험이 없는 분은, 단언하건대 한 분도 없을 것입니다. 그래서 이럴 때면 역시 이승훈 시인처럼 인생이 나를 속였다고, 인생은 언제나 나에게 '오리발'을 내밀었다고 불편한 마음을 토로했을 것입니다. 그래도 자꾸만 삶이 어긋나고 삶 자체가 허구 같을 때는, 아예 삶 자체를 유보하고 싶은 충동도 느꼈을 것입니다. 이런 자기 인식과 세계 인식은 우리의 정신을 한 단계 성장시켜주기에 부족함이 없습니다. 물론 이런 성장의 과정 속에는 삶의 허구성과 모순성 그리고 배반성을 인정하고 수용하는 고통이 따를 것입니다. 그러나 이런 고통의 과정을 거친 후에 우리는 좀더 담담히 우리의 삶을 지켜볼 수 있을 것입니다. 그리고 마침내는 희망과 의미란, 다른 어떤 세계가 인간을 위해 마련해놓은 것도, 그런 세계의 호의적인 배려에 의하여 만들어지는 것도 아닌, 그야말로 인간들이 인간 자신을 위하여 만들어가는 것일 뿐임을 알고 성실히(?) 살아가게 될 것입니다. 이쯤까지 인간살이의 진도가 나가게 된다면, 인생에 무작정 목숨 거는 일도, 인생을 통째로 부정하는 일도, 인생 앞에서 좌절하는 일도 훨씬 줄어들 것입니다. 그리하여 평온하나 뜨거운, 뜨거우나 담담한 하루하루를 보낼 수 있게 될 것입니다.

# 김승희

세상에서 가장 무거운 싸움 2

## 당연한 세계에 소송을 걸어봅시다

1952년 전남 광주에서 태어났으며,

1973년 『경향신문』 신춘문예를 통해

등단했다.

시집으로

《태양미사》

《왼손을 위한 협주곡》《미완성을 위한 연가》

《달걀 속의 생》

등이 있다.

# 세상에서 가장 무거운 싸움 2
## 김승희

아침에 눈뜨면 세계가 있다.
아침에 눈뜨면 당연의 세계가 있다.
당연의 세계는 당연히 있다.
당연의 세계는 당연히 거기에 있다.

당연의 세계는 왜, 거기에,
당연히 있어야 할 곳에 있는 것처럼,
왜, 맨날, 당연히, 거기에 있는 것일까,
당연의 세계는 거기에 너무도 당연히 있어서
그 두꺼운 껍질을 벗겨보지도 못하고
당연히 거기에 존재하고 있다

당연의 세계는 누가 만들었을까,
당연의 세계는 당연히 당연한 사람이 만들었겠지,
당연히 그것을 만들 만한 사람,
그것을 만들어도 당연한 사람,

그러므로, 당연의 세계는 물론 옳다,
당연은 언제나 물론 옳기 때문에
당연의 세계의 껍질을 벗기려다가는
물론의 손에 맞고 쫓겨난다.
당연한 손은 보이지 않는 손이면서
왜 그렇게 당연한 물론의 손일까,

당연한 세계에서 나만 당연하지 못하여
당연의 세계가 항상 낯선 나는

물론의 세계의 말을 또한 믿을수가 없다,
물론의 세계 또한
정녕 나를 좋아하진 않겠지

당연의 세계는 물론의 세계를 길들이고
물론의 세계는 우리의 세계를 길들이고 있다.
당연의 세계에 소송을 걸어라
물론의 세계에 소송을 걸어라
나날이 다가오는 모래의 점령군,
하루종일 발이 푹푹 빠지는 당연의 세계를
생사불명, 힘들여 걸어오면서, 세상에서 가장 무거운 싸움은

그와의 싸움임을 알았다.
물론의 모래가 콘크리트로 굳기 전에
당연의 감옥이 온 세상 끝까지 먹어치우기 전에
당연과 물론을 양손에 들고
아삭아삭 내가 먼저 뜯어먹었으면.

**김승희**는 얼마 전까지만 해도 미국 캘리포니아 주에 있는 캘리포니아 주립대학 어바인 캠퍼스에서 한국어문학을 가르쳤습니다. 참 먼 곳에 가서 생활하였습니다. 그가 몇 년간 미국에서 생활하며 겪은 마음의 행로는 1998년 가을, 계간 『세계의문학』에 발표한 소설 〈내 마음의 안나푸르나〉 속에 들어 있습니다. 김승희의 문학세계를 누구보다 흥미롭게 처음부터 계속 따라가며 그의 문학 읽기에 즐거움을 느끼던 저에게 그 소설은 가슴 찡한 여운을 남겨주었습니다. 그 소설을 읽던 날 밤, 저는 김승희 시인에게 한 통의 편지를 썼습니다. 그런데 어찌 된 일인지 여태껏 부치지 못하고 책상 서랍에 넣어두고 있습니다. 문자로 혹은 편지로 표현할 수 없는 마음속의 그 무엇을 더 전하고 싶기 때문에 이렇듯 그에게 쓴 편지를 책상 서랍 속에 넣어두고 있는 것 같습니다.

김승희는 아주 뜨거운 시인입니다. 그는 마음속에 '안나푸르나'로 상징되는 초인적 세계를 간직하고 있습니다. '안나푸르나'가 무엇입니까? 그것은 저 눈 덮인 히말라야 산맥에서 가장 아름답다고 말하는 신비한 봉우리 이름입니다. 이처럼 자신만의 '안나푸르나'를 마음속에 간직하고 사는 사람은 그것이 이끄는 힘을 어쩌지 못합니다. 안나푸르나는 일상의 문법을 초월해 있습니다. 김승희의 시와 소설 그리고 수필을 읽을 때마다 아주 뜨거운 열기가 온몸으로 전해져 오는 것은 그가 가진 '안나푸르나'의 힘 때문입니다. 어찌 보면 인생은 마음속에 숭고한 '안나푸르나'를 품고 살지 않아도 흘러갑니다. '안나푸르나'를 품고 살기는 커녕, 적당히 찌든 세상과 타협하거나 야

합하며 사는 것이 더 잘 사는 일인지도 모릅니다. 그러나 '안나푸르나'가 의미하는 그 숭고하고 신성한 세계를 일단 마음속에 품어본 사람은 그 세계에 대한 그리움을 저버릴 수 없습니다. 잠시 그것을 잊어버린 것 같아도 언젠가 다시금 그 '안나푸르나'의 세계가 충동질을 할 것이기 때문입니다. 그리고 그 세계에 도달하지 못한 자신을 불행하다고 생각할 터이기 때문입니다.

앞에서도 말했듯이 '안나푸르나'와 같은 세계를 마음속에 품지 않고도 잘 살아가는 사람들이 많습니다. '안나푸르나'와 같은 세계를 마음속에 품고 살아가는 일은 어리석은 것이라고 힐난하는 사람도 많습니다. 이 세속사회에서 웬 '안나푸르나'의 세계람? 하고 세속사회 너머를 넘보는 사람에게 혀를 차며 동정의 눈길을 보내는 사람도 많습니다. 그렇지만 어쩌겠습니까? 김승희는 잊을 수 없는, 잊었다고 생각해도 다시금 언젠가 솟구쳐오르는, '안나푸르나'의 세계를 보고 말았으니 말입니다. 그런 만큼 그의 시는 언제나 뜨겁고 간절한 목소리로 가득 차 있습니다.

방금 말했듯이 김승희가 간직하고 산다는 '안나푸르나'의 세계를 모르거나 아예 못 본 체하고도 인생을 잘 살 수 있습니다. 그러나 '안나푸르나'라는 그 뜨거운 세계를 껴안고 발언하는 사람은 세속의 무게로 가라앉는 세계를 들어올려줍니다. 그의 뜨겁고 순정한 열기 속에서 그가 가진 진실한 목소리가 울려나오니까요. 요컨대 '안나푸르나'의 세계를 몸 속에 간직하고 산다는 것은 그가 순수하고, 높고, 진실하다는 표시입니다.

김승희는 시인으로서뿐만 아니라 수필가로도 대중들에게 널리 알려졌습니다. 그는 《태양미사》《왼손을 위한 협주곡》《미완성을 위한 연가》《달걀 속의 생》《어떻게 밖으로 나갈까》《세상에서 가장 무거운 싸움》 등의 시집과 《33세의 팡세》《고독을 가리키는 시계바늘》《바람아 멈춰라 내리고 싶다》《넝마로 만든 푸른 꽃》 등의 수필집을 냈습니다. 또한 그는 몇 년 전 신춘문예에 소설이 당선되어 소설가가 되었고, 그 성과물로 《산타페로 가는 사람》이라는 소설집을 출간하였습니다. 사람들이 자기 존재를 확인하는 방식은 다양합니다. 그런데 김승희는 글을 씀으로써만 자신의 존재를 확인할 수 있는 사람처럼 참으로 많은 것을 썼습니다. 여러분들은 무엇으로 여러분들의 존재를 확인하고 있습니까? 물론 자신에게 가장 절실한 방식으로 자기 존재를 확인하며 이 땅에서 살아갈 이유를 만들어 살겠지요. 누구는 스포츠로, 누구는 농사짓는 일로, 누구는 방랑생활로, 자신들이 살아 있음을 확인하며 살아갈 것이라 생각합니다. 이것은 아주 중요한 일이지요.

　김승희는 기성 체제가 만든 세상에 강력하게 저항하는 시인입니다. 그를 위해 저는 '나는 반항(저항)한다. 그러므로 나는 인간이다'라는 말을 만들어줄 수 있을 것 같습니다. 이것은 그가 '안나푸르나'의 세계를 간직하고 있기 때문입니다.

　인간들이 이 땅에 모여 사회를 이루며 살아가는 동안, 인간들은 그들이 의식하는 사이에, 또는 의식하지 못하는 사이에 무수한 금기를 만들었습니다. 그 금기 중에는 문자로 성문화된 것도 있고, 단지 사람들의 마음속에 입력되기만 한 것도 있습니다. 그게 어떤 형식을 취하고 있든 간에, 모든 금기는 인간의 원시적인 자유분방함을 제어합니다. 이렇게 금기가 만들어지는 까닭은 너 자신이 산꼭대기에 가서 혼자 살지 않는 한, 너의 원시적인 자유분방함은 제어될 필요가 있다는 인간관과 사회관에 근거한 것이지요. 한마디로 말한다면 세상의 질서와 통치를 위하여 너의 타고난 자유분방함을 통제하겠다는 것입니다. 인간들의 자유분방함이란 위험한 부분을 너무나도 많이 가지고 있으니까요. 그래서 우리 주변에는 태어나는 그날부터 무수한 종류의, 그리고 무수한 형태의 금기가 우리를 다소곳하게 길들이며 찾아듭니다. 이것은 하지 마라, 저것은 해야 한다는 목소리가 사방에서 들려옵니다. 우리는 이런 세상 속에서 자율의 기쁨을 누리기 이전에 타율의 억압을 맛보기 시작합니다. 세상은 열려 있지 않고 닫혀 있는 것처럼 보입니다. 그 정도가 하도 촘촘해서 도저히 빠져나갈 틈이 없는 듯합니다. 금기에 예민한 사람은 질식해서 넘어질 것만 같습니다.

그러나 아주 다소곳한(?) 인간을 제외하면 그 정도의 차이가 있을지언정, 자신의 몸 깊숙한 곳에서 들리는 저 유목민의 노매드(nomad)적인 피가 들끓는 소리를 들을 것입니다. 우리는 너나 할 것 없이 들판에서, 산 속에서, 초원에서, 짐승들을 따라다니며 야생의 피가 부르짖는 소리를 들었던 사람들이거든요.

저는 몇 년 전 몽골에 갔었습니다. 이미 저는 현대사회 속에서 너무나도 다소곳한 교양인(?)으로 순치되어 저의 몸 속에 숨어 있던 저 유목민의 피기운이 잦아든 것 같은 느낌을 받곤 하던 사람입니다. 그러나 몽골에 도착하여 그 넓디넓은 대초원 위로 말이 달리고, 양들이 노닐고, 바람이 불고, 사람들이 달리는 것을 보았을 때, 저는 제 몸 속의 저 아래로부터 솟구쳐오르는 유목민의 피기운을 느끼지 않을 수가 없었습니다. 저는 그때 마구 달리고 싶었습니다, 마구 뛰고 싶었습니다, 마구 소리지르고 싶었습니다, 마구 뒹굴고 싶었습니다, 제 몸이 진정 생동하는 존재임을 느꼈습니다. 저에게 몽골의 대초원은 그야말로 제가 유목민의 자손임을 확인시켜주는 곳이었습니다. 지금 이 글을 쓰는 순간에도 저는 그 대초원의 야생성과 자유분방함을 잊을 수가 없습니다. 제게 몽골의 대초원은 김승희를 사로잡고 있는 저 히말라야의 '안나푸르나'와 같은 존재였습니다.

김승희의 시 〈세상에서 가장 무거운 싸움 2〉는 '안나푸르나'의 세계를 마음속에 간직한 자, 노매드적인 유목민의 피소리를 듣고 있는 자, 몽골의 대초원이 부르는 소리에 넋을 빼앗긴 자의 시입니다. 김승희는 이 시에서 우리가 그동안 당연시했던 세계에 소송을 겁니다. 이 시는 그의 시집 《세상에서 가장 무거운 싸움》 속에 들어 있습니다. 시집 제목과 시의 제목이 같습니다. 어디 한번 그가 던진 소송장의 내용을 들어볼까요?

아침에 눈뜨면 세계가 있다.
아침에 눈뜨면 당연의 세계가 있다.
당연의 세계는 당연히 있다.
당연의 세계는 당연히 거기에 있다.

당연의 세계는 왜, 거기에,
당연히 있어야 할 곳에 있는 것처럼,
왜, 맨날, 당연히, 거기에 있는 것일까,
당연의 세계는 거기에 너무도 당연히 있어서
그 두꺼운 껍질을 벗겨보지도 못하고
당연히 거기에 존재하고 있다.

당연의 세계는 누가 만들었을까,
당연의 세계는 당연히 당연한 사람이 만들었겠지,
당연히 그것을 만들 만한 사람,

그것을 만들어도 당연한 사람,

그러므로, 당연의 세계는 물론 옳다,
당연은 언제나 물론 옳기 때문에
당연의 세계의 껍질을 벗기려다가는
물론의 손에 맞고 쫓겨난다.
당연한 손은 보이지 않는 손이면서
왜 그렇게 당연한 물론의 손일까.

당연한 세계에서 나만 당연하지 못하여
당연의 세계가 항상 낯선 나는
물론의 세계의 말을 또한 믿을 수가 없다,
물론의 세계 또한
정녕 나를 좋아하진 않겠지

당연의 세계는 물론의 세계를 길들이고
물론의 세계는 우리의 세계를 길들이고 있다.
당연의 세계에 소송을 걸어라
물론의 세계에 소송을 걸어라
나날이 다가오는 모래의 점령군,
하루종일 발이 푹푹, 빠지는 당연의 세계를
생사불명, 힘들여 걸어오면서, 세상에서 가장 무거운 싸움은

그와의 싸움임을 알았다.
물론의 모래가 콘크리트로 굳기 전에

당연의 감옥이 온 세상 끝까지 먹어치우기 전에

당연과 물론을 양손에 들고

아삭아삭 내가 먼저 뜯어먹었으면.

─〈세상에서 가장 무거운 싸움 2〉 전문

김승희의 위 인용시 〈세상에서 가장 무거운 싸움 2〉에서 계속하여 반복되는 두 가지 말이 있습니다. 벌써 여러분들은 그 두 가지 말이 무엇인지 알 것입니다. 그것은 "당연의 세계"와 "물론의 세계"라는 말입니다. '당연(當然)의 세계'란 무엇입니까? 마땅히 그러해야만 한다는 세계를 뜻합니다. '물론(勿論)의 세계'란 무엇입니까? 논할 필요도 없이 그러해야만 한다는 세계를 뜻합니다. 어찌 보면 우리들이 사용하는 말 중에서 가장 폭력적인 말이 '당연'과 '물론'이라는 말인지도 모릅니다. 여기서는 이의가 허용되지 않습니다. '무조건' 그렇게 해야만 한다는 명령과 강요만 들어 있습니다. '무조건(無條件)'이란 또한 무슨 뜻입니까? 조건을 붙일 여지가 허락되지 않는다는 뜻이지요. 이 말 또한 아주 폭력적입니다. 아예 다른 사람으로 하여금 조건을 달지 못하게 하니까요.

김승희 시인은 우리가 사는 세상 속에서 숱하게 많은 '당연의 세계'와 '물론의 세계'를 봅니다. 그는 이 '당연의 세계'와 '물론의 세계'가 우리를 노예 상태로 감금한다고 생각합니다. 어느 날, 나의 의지와 관계없이, 이 땅에 태어난 우리들에게, '당연의 세계'와 '물론의 세계'가 근엄한 얼굴을 하고 다가옵니다. 해가 뜨면 너는 당연히 일어나야 한다고, 눈을 떴으면 당연히 세수를 해야 한다고, 세수를 했으면 당연히 밥을 먹어야 한다고, 밥을 먹을 때는 당연히 예의 바르게 먹어야 한다고, 밥은 언제나 수저로 먹어야 한다고, 밥을 먹고 나면 이를 닦아야 한다고, 당연히 깨끗하고 단정하게 옷을 입어야 한다고, 옷에는 아래위가 있고 옷 입는 데도 당연히 순서가 있다고, 6세가 되면 당연히 유치원에 가야 하고, 8세가 되면 당연히 초등학교에 들어가야 한다고, 책은 당연히 책가방에 넣어야 한다고, 어른들에게는 당연히 인사를 해야 한다고, 선생님께는 당연히 공손해야 한다고, 당신들은 당연히 인도로 걸어다녀야 한다고, 책을 사려면 당연히 서점으로 가야 한다고, 교양인이 되려면 당연히 지식을 쌓아야 한다고, 가을은 당연히 독서의 계절이라고, 나이가 차면 당연히 결혼을 해야 한다고, 여성은 당연히 여성다워야 한다고, 남성은 또한 남성다워야 한다고…… 아, 저는 이러한 예를 죽을 때까지 들어도 다 들 수가 없을 것 같군요. 이런 예를 머리 속에 그리다 보니 숨이 막힐 것 같습니다.

　김승희 시인은 제도권 내의 제도적 요청에 부응하지 못하는 '야인 (野人)의 피'를 갖고 있습니다. 누구라도 어느 정도는 '야인의 피'를 갖고 있을 것입니다. 그런데 김승희는 그 정도가 대단합니다. 초기 시에서 그는 우리의 바짓가랑이를 잡아당기는 이 대지를 벗어나 태양의 나라에 닿고자 했습니다. 그래서 그는 '태양미사'를 드렸습니다. 그의 첫 시집 이름이 '태양미사'입니다. 그는 신에게 미사를 드린 것이 아니라 태양에 미사를 드렸습니다. 지상 위의 초인을 그리워했던 것입니다. 그러던 김승희는 초기 시를 지나면서 자유나라의 유목민 혹은 야인이 되고자 했습니다. 그는 거침없이 그의 불타는 생의 에너지를 풀어놓고 싶어했습니다. 이런 그에게 당연의 세계와 물론의 세계는 감옥이나 마찬가지였습니다. 그에게는 감옥으로부터의 탈출이라는 문제가 남았습니다.

　아침에 눈을 뜨면 달려드는 당연의 세계와 물론의 세계를 그는 참을 수가 없었습니다. 당연의 세계와 물론의 세계가 왜 있는 것인지 끊임없이 되물었습니다. 당연의 세계와 물론의 세계가 왜 높은 권위를 갖고 우리에게 군림하는지 이해할 수가 없었습니다. 이 세상은 당연의 세계와 물론의 세계로 가득 찬 것 같았습니다. 그리고 그러한 세계를 만드는 사람이 성공하는 세상 같았습니다. 당연의 세계와 물론의 세계는 진리라는 이름을 달고 있었습니다. 그것은 언제나 진리로 행세하였습니다.

김승희는 이런 당연의 세계와 물론의 세계가 낯설고 불편했습니다. 모두들 당연의 세계와 물론의 세계를 사랑하거나 사랑하지는 않더라도 길들여져 살고 있는데, 그만은 이 세계를 믿을 수 없고 사랑할 수도 없었습니다. 그는 당연의 세계와 물론의 세계야말로 인간들을 순하게 길들이는 무서운 장치라고 생각했습니다. 마땅히, 물을 것도 없이, 조건을 댈 필요도 없이, 그렇게 살아가라는 신의 명령처럼 협박적이라고 생각했습니다. 믿는 자에게 복이 있다고 외치는 것처럼 두렵게 들렸습니다. 그 당연의 세계와 물론의 세계를 따르기만 한다면 당신의 삶에 평화가 깃들일 것이라고 유혹하며 속삭이는 듯했습니다.

우리는 수많은 당연의 세계와 물론의 세계를 문화라는 이름으로, 풍습이라는 이름으로, 관습이라는 이름으로, 관례라는 이름으로, 제도라는 이름으로 부르곤 합니다. 이런 세계를 공유한 사람들을 가리켜 같은 부족이니 같은 민족이니 하고 부릅니다. 그러므로 이러한 당연의 세계와 물론의 세계를 거부한다는 것은 같은 동아리에서 벗어나 자기만의 정부를 홀로 세우겠다는 뜻이거나, 그 세계에 대한 반항자가 되어 투쟁하겠다는 뜻입니다. 실제로 용기와 능력이 있는 사람이라면 '나에게 또 다른 정부가 있다'고 공표하며 자신만의 독자적인 정부를 마련할 수도 있습니다. 또한 당연의 세계와 물론의 세계에 순종하기를 거부한다면 그 영역 바깥으로 뛰어나와 야인의 삶을 자유롭게 살아갈 수도 있습니다.

김승희는 이런 당연의 세계와 물론의 세계에 소송을 겁니다. 그는 당연의 세계와 물론의 세계를 점령군이라고 표현합니다. 우리의 삶을 침략해 들어왔다는 뜻이겠지요. 그러나 이 땅에서 학교 다니고 아이 낳고 주민등록증을 갖고 살아가는 한, 우리는 당연의 세계와 물론의 세계에 소송장을 내고 결투를 감행하는 것이 얼마나 어려운 일인가를 너무나도 잘 압니다. 이 글을 읽는 분들이 학생이라면 비록 학교라는 제도가 당연의 세계이자 물론의 세계와 같은 것임을 안다 하더라도 이 시대의 컴퓨터 황제라고 불리는 빌 게이츠처럼 오늘 당장 학교에서 뛰쳐나오기는 쉽지 않습니다. 이 글을 읽는 분들이 또한 가정주부라면, 비록 가정이라는 제도가 남성중심주의 이데올로기에 감염된 세계이자 물론의 세계라 하더라도 그 모든 것을 집어치우고 다른 삶을 구상하기가 쉽지 않습니다. 이만큼 당연의 세계와 물론의 세계를 대상으로 싸움을 벌이는 일이란 쉽지 않습니다. 그렇다고 해서 포기하고 체념하며 순종할 수만은 없습니다. '나는 나다'라는 이 명제를 우리는 저버릴 수 없습니다. 그리고 당연의 세계와 순종의 세계가 고착되면 그것이 우리를 노예로 만들며 횡포를 부린다는 걸 무시할 수 없습니다. 김승희는 이런 현실을 알고 계속하여 소송장을 제출합니다. '나는 나다'라는 사실과, '나의 싸움은 계속된다'는 사실을, 그는 알리고 싶은 것입니다. 실제로 인간이 존경스러운 것은 '나는 나다'라는 명제를 확인하고 지켜 나아가려는 데 있습니다.

당연의 세계와 물론의 세계를 거부하는 만큼 우리는 힘겹습니다. 그러나 이들을 거부한 만큼 우리는 자유롭습니다. 내가 나임을 주장하고 확립하는 일은 이처럼 어렵고도 소중합니다.

오늘, 이 글을 읽는 여러분들은 한번 자신이 지금까지 살아온 삶을 되돌아보세요. 여러분들이 당연의 세계와 물론의 세계에 얼마나 길들여져 있는가를, 그리고 그 세계에 저항했는가를…… 이런 골치 아픈 생각은 하지 않고 그냥 남들 사는 대로 살아갈 수도 있습니다. 그래서 편안하다면 그렇게 살아도 괜찮겠지요. 그러나 인간인 우리들은 그렇게 사는 것으로 만족할 수 없는 운명을 지닌 것 같습니다. 그렇다면 힘들지만 소중한 질문을 또다시 자신에게 던져봐야겠지요? 나는 얼마나 당연의 세계와 물론의 세계에 길들여져 있는가, 그리고 그 세계에 저항했는가 하고 말입니다.

오늘, 이 순간 내가 이 땅에서 사라진다 해도, 오늘 저녁 해는 지고, 내일 아침 해는 뜰 것이며, 사람들은 사랑을 하며 아이를 낳을 것입니다. 그러나 오늘 이 순간 내가 이 세상에서 사라진다면, '나는 나다'라고 부르짖는 하나의 소중한 별이 이 세상에서 빛을 잃는 대사건이 벌어질 것입니다. 나는 그만큼 미미하면서 또 그만큼 대단한 존재입니다. 그러기에 나는 금기에 저항하며 나를 지킬 수밖에 없습니다.

# 감태준

흔들릴 때마다 한 잔

## 흔들리지 않는 인생이 어디 있겠습니까?

1947년 경남 마산에서 태어났으며,

1972년 『월간문학』을 통해

등단했다.

시집으로

《몸 바뀐 사람들》

《마음이 불어가는 쪽》이 있다.

## 흔들릴 때마다 한 잔
### 감태준

포장술집에는 두 꾼이, 멀리 뒷산에는 단풍 쫀 나무들이 가을비에 흔들린다 흔들려, 흔들릴 때마다 한 잔씩, 도무지 취하지 않는 막걸리에서 믹걸리로, 소주에서 소주로 한 얼굴을 더 쓰고 다시 소주로, 꾼 옆에는 반쯤 죽은 주모가 살아 있는 참새를 굽고 있다 한 놈은 너고 한 놈은 나다, 접시 위에 차례로 놓이는 날개를 씹으며, 꾼 옆에도 꾼이 판 없이 떠도는 마음에 또 한 잔, 젖은 담배에 몇 번이나 성냥불을 댕긴다 이제부터 시작이야, 포장 사이로 나간 길은 빗속에 흐늘흐늘 이리저리 풀리고, 풀린 꾼들은 빈 술병들에도 얽히며 술집 밖으로 사라진다 가뭇한 연기처럼, 사라져야 별 수 없이, 다만 다같이 풀리는 기쁨, 멀리 뒷산에는 문득 나무들이 손 쳐들고 일어서서 단풍을 털고 있다

**감태준**의 고향은 마산입니다. '마산' 하고 소리를 내면 제 머리 속에는 내륙으로 깊숙이 흘러든 이 도시의 여성적인 바다와, 이은상이 작사하고 김동진이 작곡한, 10절이나 되는 노래 〈가고파〉가 떠오릅니다. 이들이 각각 작사하고 작곡한 노래 〈가고파〉를 10절까지 듣고 있노라면 이은상의 고향 '마산'은 모든 사람들이 그리워하는 고향의 원형처럼 살아납니다.

감태준은 그런 고향을 떠나 서울로 왔습니다. 그는 서울에서 중앙대학교 문예창작과의 전신인 서라벌예술대학의 문예창작과를 다녔습니다. 그는 고향을 떠나 서울 사람이 되기 시작한 것입니다. 그는 지금까지 서울 사람이 되어 살고 있습니다.

이런 감태준의 초기 시에는 고향을 떠나 도시로 흘러든 사람들의 이른바 '떠돌이 의식'이 강하게 배어 있습니다. 그의 첫 시집 이름이 '몸 바뀐 사람들'이고, 그의 시선집 이름이 '떠돌이의 새'라는 것만을 보아도 그를 사로잡고 있는 의식을 눈치챌 수 있을 것입니다.

그런데 그의 '떠돌이 의식'은 일차적으로 자신의 개인적 체험에 토대를 두고 나타난 것이겠지만, 그것은 더 나아가 산업화의 진전과 더불어 도시가 확대되고 그에 따라 이농 현상이 급속화되던 1970년대와 1980년대, 그때 고향을 떠난 자들이 도시에서 보편적으로 갖고 살았던 의식이기도 합니다. 여기서 한 발짝 더 나아간다면 그런 '떠돌이 의식'은 고향을 떠났든 그렇지 않든 간에, 인간이라면 이 광야 같은 인생의 길을 걸어가며 시도 때도 없이 만나야만 하는, 이른바 인간된 자가 감당해야 할 하나의 의식 같은 것이기도 합니다.

여러분, 고향이란 어떤 곳입니까? 그리고 '떠돈다는 것'은 어떤 것입니까? 제가 한마디로 말씀드리자면 고향이란 우리가 태어나서 처음으로 낯을 익힌 곳입니다. 우리는 캄캄한 어머니의 뱃속에서 살다가 아무런 영문도 모른 채 낯선 곳으로 밀려나왔습니다. 이 세상에 처음으로 나온 우리들에게 이곳은 얼마나 낯설고 어색했을까요? 이 낯선 세상으로 나온 신생의 아기들은 3일이 지나서야 눈을 뜹니다. 그리곤 한 달이 다 될 때까지 하루에 약 20시간씩 잠을 잡니다. 과학적으로는 그것이 어떻게 설명될지 모르지만, 저로서는 아마도 그들이 맞이한 세상이 낯설기 때문에, 그것이 호기심 이전에 공포감을 주기 때문에 그런지도 모르겠다는 생각을 하지 않을 수 없습니다. 그러나 이 세상에 '던져진' 아기들은 비록 이 세상이 그가 선택한 곳은 아닐지라도 낯선 세상을 떠나지 않는 한 그 세상과 낯을 익히며 살아갈 수밖에 없습니다. 이렇게 세상에 태어나 처음으로 낯을 익힌 곳, 그곳을 우리는 고향이라는 이름으로 부른다고 했습니다. 그런 고향은 우리 몸 속에 맨 처음 체화된 것이라서 우리는 쉽게 그곳을 잊을 수 없습니다. 방금 말씀드렸듯이 고향은 관조와 관찰의 대상이 아니라 우리 몸 그 자체가 돼 있는 것입니다. 그렇게 세상에 나와 처음으로 낯을 익힌 곳으로부터 우리는 굳이 떠나고 싶지 않습니다. 비록 어쩔 수 없는 사연으로 인하여 그곳을 떠났다 하더라도 처음 낯을 익힌 고향은 늘 우리의 몸 속에서 자신의 존재를 알립니다. 앞을 보며 달려가느라고 잠시 고향을 잊거나 무시해버려도, 아니 몇십 년간을 의도적으로 잊은 체하거나 못 본 체해버려도, 고향은 언젠가 다시금 그런 세계가 네 삶 속에 있었노라고, 그리로 돌아가지 않겠느냐고, 그것을 받아들여야 하지 않겠느냐고 속삭입니다.

이런 고향을 떠나지 않고 살 수 있는 시대는 어쩌면 행복한 시대일지도 모릅니다. 그러나 현대에 닥쳐온 문명사의 엄청난 변화는 고향을 떠나지 않고 살 수 있도록 우리를 그대로 내버려두지 않습니다.

저는 지금까지 '고향'에 대해서 말했습니다. 그렇다면 '떠돈다는 것' 혹은 '떠돌이 의식'이란 무엇일까요? 인간이라면 누구나 느꼈겠지만 우리들의 마음 한편은 항상 떠돌고자 하는 욕망으로 저 먼 곳의 수평선을 바라보면서도, 다른 한편은 땅 속에 깊이 뿌리를 내린 나무처럼 한 곳에 붙박여 살고 싶어합니다. 이런 양가감정 속에서 살아가는 것이 인간이기에, 낯선 곳으로 떠난다는 일은 아주 흥미롭고 호기심을 불러일으킬 만한 사건이기도 하지만, 막상 낯선 곳으로 떠난 다음에는 어쩔 수 없이 '떠돌이 의식'으로 불안정한 나날을 보낼 때가 많습니다. 그렇다면 답은 분명합니다. '떠돈다는 것' 혹은 '떠돌이 의식'이라는 것은 아직도 그가 고향을 떠나 새로 맞이한 곳에서 낯을 익히지 못하고 있다는 뜻입니다. 제자리를 찾지 못했다는 것입니다. 소외감과 이질감으로 밤을 하얗게 지새울 때가 많다는 뜻입니다. 체제 내로 진입해 들어가서 기득권자와 권력을 공유하지 못하고 있다는 뜻입니다. 그가 만나는 것들 속에서 아직도 이물감이 느껴진다는 것입니다. 자신이 왜 이곳으로 떠나왔는가를 알 수 없거나, 알면서도 금세 수용되지 않는다는 것입니다. 한번 더 말한다면 자신이 떠나온 일이 진정 바람직한 것인지를 확신할 수 없다는 것입니다.

여러분들은 이런 '떠돌이 의식'을 가져본 적이 있습니까? '떠돌이 의식'을 가져보지 않은 사람은 그 나름대로 텃세와 기득권과 안정감 속에서 행복한 삶을 살아가는 사람이지만, '떠돌이 의식' 속에서 허덕여본 사람은 또 다른 그들 나름대로의 특성이 있어 떠돈 자만이 가질 수 있는 삶의 깊은 비밀과 만난 사람들입니다. 그런 점에서 '떠돌이 의식' 속에서 허덕여본 사람 역시 행운(?)을 소유한 사람이라고 이야기하는 것이 허용될지도 모르겠습니다.

실제로 이 세상 속에서 이루어지는 모든 일들은 다 그 속에 양면성을 내재시키고 있는 까닭에 어떤 것도 절대적인 우월함을 가질 수 없습니다. '필요한 아픔' 혹은 '필요한 실패'라는 말이 있듯이 '떠돌이 의식'을 체험하게 되었다는 것은 역설적 진실을 맛볼 기회가 주어졌다는 뜻입니다. '떠돌이의 시간'을 통하여 긴 고통과 방황과 불안의 날들을 보낸 자만이 그 속에서 터득할 수 있는 생의 비밀과 그 속에서 쌓아올릴 수 있는 내면의 계단 수를 늘려갈 수 있기 때문입니다. 그러나 현실은 현실인지라, '떠돌이 의식'을 갖고 산다는 일은 그 결과와 관계없이 우선 괴로운 일이며, 어서 빨리 벗어나고 싶은 심리적 상태입니다.

고향 이야기와 떠돌이 의식에 관한 이야기를 하느라고 많은 시간이 흘러갔군요. 그것은 제 탓이기도 하지만 감태준의 시세계가 저를 그리로 이끈 탓이기도 합니다. 1980년대 후반부터 현재까지 감태준의 시창작이 좀 뜸해져서 아쉬운 감은 없지 않으나 그가 등단 후 여러 편의 시들을 통해 보여준 이 '떠돌이 의식'은, 이제 누구나 도시인이 되어 아스팔트 위를 유목민처럼 흘러다니는 것이 일상이 된 이 시대의 인간들에게 공감을 주기에 충분할 것입니다.

여러분과 함께 감상할 감태준의 시는 그 제목이 '흔들릴 때마다 한 잔'입니다. 한 10여 년 전쯤 될 거예요. 그때 저는 서울의 신촌에서 광화문 쪽으로 오는 버스를 탔는데, 오는 도중 한 허름한 술집의 간판이 '흔들릴 때마다 한 잔'인 것을 보았습니다. 그가 감태준의 시세계를 잘 아는지, 아니면 그의 시 가운데서 이 시만을 잘 아는지, 이것도 저것도 아니라면 제목이 그냥 매력적이어서 술집 간판을 그렇게 붙였는지 저는 알 수 없습니다. 그러나 술집 이름치고는 꽤 괜찮지 않습니까?

그러면 이제 시집 《몸 바뀐 사람들》 속에 들어 있는 감태준의 작품 〈흔들릴 때마다 한 잔〉을 소개해보기로 하겠습니다.

> 포장술집에는 두 꾼이, 멀리 뒷산에는 단풍 쓴 나무들이 가을비에 흔들린다 흔들려, 흔들릴 때마다 한 잔씩, 도무지 취하지 않는 막걸리에서 막걸리로, 소주에서 소주로 한 얼굴을 더 쓰고 다시 소주로, 꾼 옆에는 반쯤 죽은 주모가 살아 있는 참새를 굽고 있다 한 놈은 너고 한 놈은 나다, 접시 위에 차례로 놓이는 날개를 씹으며, 꾼 옆에도 꾼이 판 없이 떠도는 마음에 또 한 잔, 젖은 담배에 몇 번이나 성냥불을 댕긴다 이제부터 시작이야, 포장 사이로 나간 길은 빗속에 흐늘흐늘 이리저리 풀리고, 풀린 꾼들은 빈 술병에도 얽히며 술집 밖으로 사라진다 가뭇한 연기처럼, 사라져야 별 수 없이, 다만 다같이 풀리는 기쁨, 멀리 뒷산에는 문득 나무들이 손 쳐들고 일어서서 단풍을 털고 있다
>
> ―〈흔들릴 때마다 한 잔〉 전문

여러분들은 '흔들릴 때' 어디로 가십니까? 아니, 무엇을 하십니까? 우리가 여태껏 사용해온 말을 빌려다 이야기하자면 여러분들은 '떠돌이 의식'으로 괴로울 때 도대체 어디로 가십니까? 그리고 무엇을 하십니까? 사람마다 흔들리는 자신을 달래는 방법이, 떠도는 마음을 떨쳐버리고자 하는 방법이 모두 다를 것입니다. 누구는 독서를 할 것이고, 누구는 바닷가로 나갈 것이고, 누구는 하늘을 우러를 것이고, 누구는 그림을 그릴 것이고, 누구는 한 잔의 차를 마실 것입니다. 사실 어떻게 그 숱한 방법들을 여기에다 다 열거할 수가 있겠습니까?

그런데 위 인용시 속의 화자는(혹은 시인은) 포장술집을 찾아들었

습니다. 그 허술한 포장술집에서 그는 흔들리는 자신을 어떻게든 다 잡아보고자 애를 쓰고 있습니다. 포장술집에서 마시는 그 한 잔의 술이 흔들리는 자신의 내면과 삶을 다스릴 수 있게 해줄 것이라 믿었던 것일까요? 아니면 습관적으로 그곳을 찾아들었던 것일까요? 어쨌든 좋습니다. 여기서 중요한 것은 다른 그 무엇보다도 한 인간이 흔들리고 있다는 사실과, 그 흔들림을 이겨내기 위하여 포장술집을 찾아 들어갔다는 사실이기 때문입니다. 흔들린다는 사실과, 흔들림을 어떻게든 다스려보고자 하는 안간힘이 무엇보다 중요하다는 말입니다.

　술은 차와 더불어 인간의 문화가 만들어낸 아주 매력적인 존재입니다. 술은 차가워진 인간의 몸에 열기를 더해주고, 차는 뜨겁게 달아오른 인간의 몸에 차분한 기운을 가져다 줍니다. 술을 마심으로써 우리는 잠자는 에너지를 깨우며 생명감으로 충만해질 수 있고, 차를 마심으로써 우리는 지나치게 타올라서 위험하기까지 했던 생의 에너지를 다스릴 수 있습니다. 그러고 보면 술과 차는 둘 다 생의 에너지에 균형을 가져오기 위해 고안된 것들인 것 같습니다. 술은 맹물과 다르며, 차는 휘발성의 콜라나 탄산수와 다릅니다. 맹물이 너무나도 이성적이라면, 콜라나 탄산수는 너무나도 불안정하고 가볍습니다.

　위 인용시의 본문 내용에 좀더 가까이 다가가기 위하여 시의 기본 틀을 생각해보기로 하겠습니다. 우선, 위 인용시에서 시간적 배경은 가을 단풍이 든 저녁시간입니다. 그리고 공간적 배경은 허름한 포장술집입니다. 그런 시공 속에 몇 사람의 인물이 등장합니다. 그중 한 사람은 참새구이를 안주로 내놓으면서 막걸리와 소주를 파는 주모이고, 나머지 사람들은 그 주모의 포장술집에서 떠돌이가 되어 술을 마시는 '꾼'들입니다. 가을이라는 시간적 배경, 그중에서도 저녁이라는 시간적 배경, 포장술집이라는 공간적 배경, 싼 술이나 마시며 떠도는 '꾼'들과 무표정하게 술을 팔고 있는 주모, 이 모두가 어울려서 환기시키는 분위기는 쓸쓸하고, 적막하고, 어둡습니다.

 이런 분위기 속에서 앞서 언급한 몇 가지 배경과 인물들이 뒤섞여서 만들어내는 드라마는 구체적으로 다음과 같습니다. 인용시를 보면, 포장술집에서는 두 꾼이, 뒷산에서는 단풍 든 나무들이 흔들립니다. 그리하여 세상은 온통 흔들리는 존재들로 가득한 것 같습니다. 그런 가운데서도 유독 흔들림에 대한 자의식으로 괴로워하는 두 꾼은(짐작하건대 이 두 꾼은 중년의 남성인데다 그럭저럭 살아가는 서민 같음), 막걸리를 마시며, 다시 소주를 마시며, 그 괴로움을 이겨보고자 합니다. 이런 두 꾼의 눈은 자신들과 같이 떠도는 또 다른 '꾼'들을 포장술집에서 발견합니다. 흔들리는 괴로움을 어지간히 이겨내기가 힘든지 두 꾼들이나 그 꾼들 옆의 또 다른 꾼들이나 꽤 취할 만큼 술을 마신 것 같습니다. 이런 꾼들에게 주모가 구워낸 초라한 참새구이는 꼭 자신들의 처지를 대변하고 있는 것 같습니다. 그래서 그들은 자학적인 말을 주고받습니다. "한 놈은 너고 한 놈은 나"라고 말입니다. 이렇게 고통스러워하는 그들의 몸과 마음은 "젖은 담배에 몇 번이나 성냥불을 댕"길 만큼 흔들리면서 젖어 있습니다. 그럼에도 불구하고 그들이 중얼거리는 말을 잘 들어볼 필요가 있습니다. 왜냐하면 그들의 진의가 그 속에 들어 있기 때문입니다. 그것은 바로 "이제부터 시작이야"라는 말입니다. 결국 그들이 포장술집을 찾은 것은 이 말을, 이 결의를 확인하고 싶었기 때문입니다.

 그들은 분명 자신들에게 달라붙는 그 흔들림의 시간들을 툭툭 털고 일어나서 "이제부터 다시 시작"하고 싶은 사람들입니다. 비록 그들의 결의가 다시금 세상의 벽 앞에서, 더 나아가 인간 존재의 의미를 묻는 심각한 자리 앞에서 힘을 잃고 또다시 흔들리게 될지라도, 죽을 수 있는 용기가 없는 한, 사회의 제도 바깥으로 튕겨져 나갈 용기가 없는 한, 그들은 여전히 "이제부터 시작이야"라고 거듭거듭 외쳐대며 이 세상이라는 늪을 살아서 건너고자 할 것입니다.

여러분들은 어떠십니까? 저나 여러분들 역시 매일매일 "이제부터 시작이야"라고 외쳐대며 오늘을 견디고 내일을 기다리는 사람들이 아닙니까? 포장술집을 찾아간다고 해서 존재의 흔들림이 온전히 해결될 수 없는 것인 줄을 뻔히 알면서도 또다시 그 포장술집에 앉아 막걸리에서 소주로 술을 바꿔가며 "이제부터 시작이야"라고 힘주어 외쳐댈 수밖에 없는 존재들이 아닙니까? 이렇게 반복되는 흔들림과 '시작에의 결의' 속에서 우리의 인생은 하루하루 흘러갑니다.

위 인용시의 후반부를 보면 술에 취한 꾼들의 몸과 마음처럼 시인의 눈에는 포장마차 사이로 보이는 길 또한 비에 젖어 흐늘흐늘 풀려 있는 것으로 보입니다. 꾼들도 풀려 있고, 길들도 풀려 있는 것입니다. 모두가 풀려 있는 것처럼 보이는 것입니다. 이들이 풀려 있다는 것은 '흔들리고 있다'는 말과 마찬가지입니다. 이런 것을 보며 시인은 술에 취해 포장마차를 떠난다고 해서 자신을 포함한 '꾼'들의 흔들림이 근원적으로 치유될 것이 아님을 알고 있습니다. 아니, 포장마차를 떠나는 그 순간에조차 흔들림은 치유되지 않은 채 고스란히 남아 있다는 것을 알고 있습니다. 그러므로 그는 다음과 같이 말했습니다 : "풀린 꾼들은 빈 술병에도 얽히며 술집 밖으로 사라진다 가뭇한 연기처럼, 사라져야 별 수 없이". 술을 마시는 일도, 비틀거리며 술집을 빠져나가는 일도, "별 수 없"는 일이라는 것입니다.

그러나 시인은 그 속에서도 순간적으로나마 스치고 지나가는 한

가닥의 '기쁨'을 찾아냅니다. 그가 위 인용시의 뒷부분에서 말한 "풀리는 기쁨"이 그것을 뜻하지요. 그러면서 그는 의도적이기라도 한 듯, 지금까지의 분위기와는 상당히 다르게 비약을 감행하면서, "멀리 뒷산에는 문득 나무들이 손 쳐들고 일어서서 단풍을 털고 있다"는 기운찬 말을 하고 있습니다. 물론 이것은 그가 앞에서 "이제부터 시작이야"라고 한 말과 일맥상통하는 말이라고 볼 수 있습니다. 그는 흔들리지 않는 자세로 겨울을 이겨내려고 준비하는 단풍나무들의 모습을 닮고 싶었던 것입니다. 그는 흔들림 때문에 인생을 소진시킬 수는 없다고 생각했던 것입니다.

여러분들은 무엇 때문에 흔들립니까? 어떻게 사는 것이 바람직한 것인지 도대체 알 수 없기 때문인가요? 인간을 신뢰할 수 없기 때문인가요? 인생의 참된 의미를 찾을 수 없기 때문인가요? 질병과 죽음이 두려워서인가요? 사회와 역사의 낙오자가 될 것 같은 두려움 때문인가요? 타인들의 인정을 받지 못해서인가요? 일이 뜻대로 풀리지 않아서인가요? 자신만의 철학을 만들지 못해서인가요? 크고 작은 이유가, 무거운 이유가 혹은 가벼운 이유가, 육체적인 이유가 혹은 정신적인 이유가 우리를 흔들림 속에서 살도록 할 것입니다.

그러나 가만히 생각해보면 《우리는 사소한 것에 목숨을 건다》라는 책의 저자 리처드 칼슨이 한 말처럼 우리를 흔드는 많은 것들은 참으로 사소한 것들이 대부분입니다. 죽는 것을 제외한다면 이 세상의 모든 것들은 다 사소한 것들인지도 모릅니다. 더욱이 상상이 불가능할 만큼 거대한 우주를 생각하면 인간사 속의 모든 것들이 아주 사소한 것으로 보일 것입니다. 제가 너무 거칠게 말을 했나요? 그러나 이렇게 거친 생각을 한 번 하고 나면, 작고 사소한 것에 집착하며 좌절과 흔들림 속에서 나날을 소모하던 우리의 삶이 조금 더 여유로워지고 우리의 마음 또한 한결 편안해지지 않을까요?

물론 저는 압니다. 이런 생각들로 우리의 몸과 마음이 잠시 평온을 찾고 반석처럼 의연해진 것 같아도, 세상 사람으로 살아가는 한 머지않아 우리의 몸과 마음은 또다시 흔들릴 것이고 우리는 '떠돌이 의식'을 안고 포장술집의 막걸리잔과 소주잔을 거울 삼아 고뇌의 시간을 보낼 것임을…… 그러나 이 세상의 그 누가 흔들림 없이 살아갈 수 있겠습니까? 주변에 보이는 모든 사람들이 다 흔들리는 사람들이라고 생각하면서 그들을 바라보면 그들에 대한 연민과 더불어 자기 위안의 시간도 찾아오지 않겠습니까? 그리고 흔들리는 인간의 모습이야말로 '인간적인 너무나도 인간적인' 모습이라고 생각하면 좀 견딜 만하지 않겠습니까? 또한 흔들릴 때마다 찾아갈 수 있는 포장술집이 있다는 사실과 그럴 때마다 마실 수 있는 술 한 잔이 있다는 것도 우리를 위로해주지 않겠습니까? 그런 가운데서 "이제부터 시작이야"라고 외칠 수 있는 힘이 나올 수 있다는 것 또한 우리로 하여금 영원히 절망하지 않도록 해주지 않겠습니까? 그러고 보면 '흔들린다는 것'과 '떠돌이 의식'을 갖고 산다는 것은 그렇게 특별한 일도 아니고 그렇게 나쁜 일만도 아닌 것 같습니다. 흔들리는 자와 떠도는 자에게 깨달음의 축복이 있기를…….

# 정진규

놀고 있는 햇볕이 아깝다

## 놀고 있는 햇볕이 아깝다는 말씀을 아시나요?

1939년 경기도 안성에서 태어났으며,

1960년 『동아일보』를 통해

등단했다.

시집으로

《마른 수수깡의 비애》《연필로 쓰기》

《옹이에 대하여》

《별들의 바탕은 어둠이 마땅하다》

등이 있다.

## 놀고 있는 햇볕이 아깝다
### 정진규

놀고 있는 햇볕이 아깝다는 말씀을 아시는가 이것은 나락도 다 거두어 갈무리하고 고추도 말려서 장에 내고 참깨도 털고 겨우 한가해지기 시작하던 늦가을 어느날 농사꾼 아우가 무심코 한 말이다 어디 버릴 것이 있겠는가 열매 살려내는 햇볕, 그걸 버린다는 말씀이 당키나 한가 햇볕이 아깝다는 말씀은 끊임없이 무언갈 자꾸 살려내고 싶다는 말이다 모든 게 다 쓸모가 있다 버릴 것이 없다 아 그러나 나는 버린다는 말씀을 비워낸다는 말씀을 겁도 없이 지껄이면서 여기까지 왔다 욕심 버려야 보이지 않던 것 비로소 보인다고 안개 걷힌다고 지껄이면서 여기까지 왔다 아니다 욕심도 쓸모가 있다 햇볕이 아깝다는 마음으로 보면 쓸모가 있다 세상엔 지금 햇볕이 지천으로 놀고 있다 햇볕이 아깝다는 뜻을 아는 사람은 지금 아무도 없다 사람아 사람아 젖어 있는 사람들아 그대들을 햇볕에 내어 말려라 햇볕에 내어 말려 쓰거라 끊임없이 살려내거라 놀고 있는 햇볕이 스스로 제가 아깝다 아깝다 한다

정진규 시인은 지금(2000년) 한국시인협회 회장이며 우리나라의 대표적인 월간 시잡지 『현대시학』의 주간입니다. 그러나 이런 직함은 그의 외양에 불과합니다. 그는 한국시인협회 회장이기 이전에, 『현대시학』지의 주간이기 이전에, 우리 시대의 아주 좋은 시인 가운데 한 사람입니다. 저는 방금 정진규를 가리켜 '우리 시대의 아주 좋은 시인'이라고 했습니다. 그렇습니다. 그는 우리 시대의 아주 좋은 시인입니다. 제가 그를 이렇게 부른 데는 평론가 이전의 한 인간으로서 그의 시를 좋아할 뿐만 아니라 평론가로서도 그의 시를 높이 평가하기 때문입니다.

정진규의 시 중에는 여러분들과 함께 목소리를 맞추어 읽어보고 싶은 시가 아주 많습니다. 그의 시는 쉽게 읽히면서 손에 잡힐 듯한 실감을 갖게 하고, 정신도 아주 심원합니다. 그래서 그의 시를 읽고 나면 온몸이 편안해지는 느낌과 더불어 감각의 즐거움, 그리고 영혼의 깊은 울림을 맛보게 됩니다.

방금 말한 것처럼 그의 작품 중에는 여러분들과 함께 감상해보고 싶은 좋은 작품이 아주 많습니다. 그러나 그 작품들을 다 함께 감상할 시간은 없을 것 같기 때문에 우선 한 편을 같이 감상해보기로 하겠습니다. 여기서 함께 감상할 작품의 제목은 〈놀고 있는 햇볕이 아깝다〉입니다. 이 시는 그의 시집 《별들의 바탕은 어둠이 마땅하다》 속에 들어 있습니다.

놀고 있는 햇볕이 아깝다는 말씀을 아시는가 이것은 나락도 다 거두어 갈

무리하고 고추도 말려서 장에 내고 참깨도 털고 겨우 한가해지기 시작하던 늦가을 어느날 농사꾼 아우가 무심코 한 말이다 어디 버릴 것이 있겠는가 열매 살려내는 햇볕, 그걸 버린다는 말씀이 당키나 한가 햇볕이 아깝다는 말씀은 끊임없이 무언갈 자꾸 살려내고 싶다는 말이다 모든 게 다 쓸모가 있다 버릴 것이 없다 아 그러나 나는 버린다는 말씀을 비워낸다는 말씀을 겁도 없이 지껄이면서 여기까지 왔다 욕심 버려야 보이지 않던 것 비로소 보인다고 안개 걷힌다고 지껄이면서 여기까지 왔다 아니다 욕심도 쓸모가 있다 햇볕이 아깝다는 마음으로 보면 쓸모가 있다 세상엔 지금 햇볕이 지천으로 놀고 있다 햇볕이 아깝다는 뜻을 아는 사람은 지금 아무도 없다 사람아 사람아 젖어 있는 사람들아 그대들을 햇볕에 내어 말려라 햇볕에 내어 말려 쓰거라 끊임없이 살려내거라 놀고 있는 햇볕이 스스로 제가 아깝다 아깝다 한다

─〈놀고 있는 햇볕이 아깝다〉 전문

    정진규의 이 시를 읽는 동안 제 마음속에는 초등학교 다니던 시절 저의 고향집 앞마당 고추멍석 위에 내리쬐던 햇볕이 떠올랐습니다. 고추멍석 위로 햇볕이 투명하게 쏟아지고 나면 고추는 몸을 뒤척였고, 햇볕 속에서 마른 고추는 몸 속에 그 햇볕을 간직한 것처럼 아주 맑고 신비로운 얼굴을 붉게 드러냈습니다. 고추장을 광고하는 어느 회사의 광고 문안처럼, 그야말로 그 고추는 몸 속에 '햇살'을 담고 있었습니다.

    정진규의 이 시를 읽는 동안 또한 제 마음속에는 골목마다 뛰어다니며 놀고 있는 동네 조무래기들의 머리 위로 아주 따스하게 내리쬐던 시골 마을의 햇살이 떠올랐습니다. 난방시설도 시원치 않고, 겨울옷도 제대로 갖추지 못한 시골 마을의 동네 아이들에게, 햇살은 아주 부드럽게 내리쬐어 그들을 덥혀주곤 하였습니다. 그 햇살을 동

무 삼아 아이들은 해가 지는 줄도 모르고 놀았습니다.

　이외에도 정진규의 시를 읽으면서 저는 햇살과 관련된 많은 정경들을 떠올릴 수 있었습니다. 농부의 지게 위로 내리쬐던 햇살, 졸고 있는 부뚜막의 파리 위로 내리쬐던 햇살, 마루 끝 한 자락을 오랫동안 밝히던 햇살, 사립문의 강아지 코 위로 부서지던 햇살, 물결 위에 켜켜이 쌓이던 햇살, 적막한 방죽 위로 내리꽂히던 햇살, 황금색 들판 위로 쏟아지던 햇살, 문 창호지에 스며들던 햇살, 장독대 위에서 놀고 있던 햇살, 늙은 호박의 뒤통수를 비추던 햇살, 말똥구리의 허리께를 비추던 햇살, 할아버지의 담뱃대 위로 쏟아지던 햇살, 낡아빠진 옛날 잡지 위에 앉았다 가던 햇살, 사과의 한쪽 볼을 붉게 적시던 햇살, 구멍가게 과자 봉지 위로 내려앉던 햇살, 햇병아리의 첫 나들이길을 밝히던 햇살 등 그야말로 수도 없이 많은 정경들이 떠올랐습니다. 어떠십니까, 여러분들은? 여러분들에게도 햇살과 관련된 많은 정경들이 저 이상으로 떠올랐을 것이라 생각합니다.

　이처럼 시를 감상하는 데는 한 개인의 체험 내용이 아주 중요합니다. 만약 어떤 시에 '시냇물이 졸졸졸 흘러간다'는 구절이 나온다면, 그 시를 감상하는 사람들은 모두 자신이 알고 있거나 만난 적이 있는 시냇물의 모습을 떠올리게 됩니다. 아마 여러분들은 앞에서 한 제 말에 귀를 기울이면서도 끊임없이 여러분들의 마음속에 숨어 있는 햇볕 혹은 햇살을 떠올렸을 것입니다. 이렇듯 시를 감상한다는 것은 은밀하고 주관적인 일입니다.

　정진규는 그의 시 〈놀고 있는 햇볕이 아깝다〉에서 "놀고 있는 햇볕이 아깝다"는 말의 의미를 계속하여 살펴보고 있습니다. 이 시가 전하는 바에 의하면 정진규는 "놀고 있는 햇볕이 아깝다"는 말을 농사꾼인 그의 아우로부터 들었다고 합니다. 아우의 이 말은 형인 정진규 시인에게 아주 깊은 인상을 안겨주었습니다. 그는 이 말을 잊지 못하고 그것을 살려 시를 썼습니다. 그 시가 바로 〈놀고 있는 햇볕이 아깝다〉입니다.

이 시 〈놀고 있는 햇볕이 아깝다〉의 의미는 "놀고 있는 햇볕이 아깝다"는 말 속에 다 숨어 있습니다. 이 말의 뜻을 읽어낼 수 있다면 이 시의 비밀을 거의 다 읽어낸 것이나 마찬가지입니다. 마치 선문답의 한 구절 혹은 경구의 한 구절 같은 이 말, "놀고 있는 햇볕이 아깝다"는 말의 속뜻은 무엇일까요?

이 말의 속뜻을 이해하고 거기서 감동의 순간을 맛보려면, 먼저 어떤 대상과 상생(相生)의 관계를 맺을 줄 알아야 합니다. 여러분도 아시겠지만 상생의 관계란 서로가 살아나는 관계입니다. 여기서 양자는 서로를 살려내는 일을 합니다. 그러므로 어느 편에도 죽음과 패배가 찾아들지 않습니다. 다음으로 이런 순간을 맛보려면 살림의 신비가 무엇인지를 알아야 합니다. 살림의 신비를 아는 사람은 어떤 것도 도구화하지 않습니다. 그는 존재를 살리는 일에만 열성적으로 몰두합니다.

조금 추상적인 이야기가 되었습니다. 그래서 정진규의 시 〈놀고 있는 햇볕이 아깝다〉의 이야기를 직접 예로 들면서 말씀드리겠습니다. 정진규의 시에서 작품 속의 농사꾼인 아우와 이 시의 작자인 시인은 모두 햇볕과 상생의 관계를 맺고 있습니다. 햇볕은 아우와 시인을 살려내고, 아우와 시인은 햇볕을 살려냅니다. 그들 양자는 아주 조화로운 관계를 맺고 있습니다. 완벽한 합일의 관계입니다. 바로 이런 관계 속에서 아우와 시인은 햇볕을 통하여 살림의 일에 참여합니다. 그들은 햇볕의 힘을 빌려 무엇을 도구화하려고 하지 않습니다. 도구화란 한마디로 말해서 어떤 존재를 죽은 존재처럼 만들어 소유한다는 것입니다. 그러나 아우와 시인은 모든 존재를 살려내서 그들과 생생한 교감의 관계를 맺고자 합니다. 이때 햇볕은 물론이고 아우와 시인 자신도 살림의 일에 참여하는 신비로운 존재가 됩니다. 구체적으로 아우와 시인은 햇볕을 통하여 고추도 살려내고, 참깨도 살려내고, 젖어 있는 마음도 살려내고, 추운 사람도 살려냅니다.

그럼에도 불구하고 그들은 놀고 있는 햇볕이 아깝습니다. 이처럼 놀고 있는 햇볕이 아깝다고 생각되는 것은 그들의 마음속에 햇볕과 더 오래, 더 깊이, 상생의 관계를 맺고 싶다는 소망이 꿈틀대고 있다는 증거이며, 동시에 더 많은 존재를 살려내고 싶다는 소망이 숨어 있다는 증거입니다. 아마도 세상에서 제일 아름답고 신비로운 광경은 어떤 존재와 상생의 관계 속에서 살림의 일에 참여하는 것일 터입니다. 그곳에는 탐욕이 끼어들지 않습니다. 그리고 경쟁과 도구화로 인한 폐해가 끼어들지 않습니다.

빌딩 숲으로 변한 도시에서, 우리는 햇볕을 제대로 느끼며 살지 못합니다. 우리가 햇볕을 느낀다 해도 그것은 아주 기계적이고 도구적이며 제한적입니다. 저는 정진규의 시 〈놀고 있는 햇볕이 아깝다〉 속의 아우나 시인같이 햇볕을 속깊이 느끼려면, 우리의 삶이 자연 속에서 자연과 더불어 이루어져야 하고, 생명 속에서 생명을 만나고 키우는 가운데서 이루어져야 한다고 생각합니다. 지금 우리들의 삶은 너무 도구화된 인공물 속에서 이루어지고 있습니다. 이 말을 듣는 즉시 여러분 주위를 한번 둘러보십시오. 그러면 자연은 고사하고 살아 있는 것조차 거의 없는 환경 속에 여러분들이 끼여 있다는 것을 발견할 것입니다. 저도 이 글을 쓰면서 저의 집을 한번 둘러봅니다. 저의 집에 자연이라곤 자연답지 않은 베란다의 화초 몇 분 이외에 눈에 띄는 게 없습니다. 생명 또한 저의 가족 세 명말고는 거의 찾아볼 수 없습니다.

　이런 말을 하는 것은 정진규의 시 〈놀고 있는 햇볕이 아깝다〉 속의 아우나 시인 같은 감정을 맛보려면, 우리의 삶이 달라질 필요가 있다는 것을 말씀드리고 싶기 때문입니다. 이 글을 읽고 시간이 나시면, 들로, 산으로 나가봅시다. 그곳에 가서 햇볕을 느껴봅시다. 그 햇살과 더불어 살림의 일에 참여해봅시다. 또다시 기회가 되거들랑, 늦가을 들판으로 나가봅시다. 그곳에 가서 늦가을의 햇볕을 느껴봅시다. 그리고 그 햇살과 더불어 살림의 일에 참여하는 기쁨과 신비를 느껴봅시다.

# 최두석

전쟁놀이

## 전쟁이 놀이가 될 수 있나요?

1955년 전남 담양에서 태어났으며,

1980년 『심상』을 통해

등단했다.

시집으로

《대꽃》《성에꽃》

《임진강》

《사람들 사이에 꽃이 필 때》

등이 있다.

## 전쟁놀이
### 최두석

국사봉엔 늘 상도동 봉천동 신림동의 아이들이 몰려다니며 논다. 어른들도 달려와 역기를 들고 평행봉에 오른다. 사자암 약수터를 찾는 노인네의 발길도 끊이지 않는다. 자못 부지런한 한 시민의 일생이 여기저기 눈부시게 펼쳐지는 것이다. 오리나무 아카시아 백양 도토리나무 등속이 무리를 이루거나 혹은 섞여서 적자 생존이요 인공 도태다. 어깨를 부딪히며 들어앉은 집 사이로 수많은 교회들이 십자가를 높이 달려고 안달이다. 가까이 공사 연병장이 보이고 청소년들은 사관학교에 진학해서 정치를 하겠다고 벼른다. 그러나 열살 아이 박근중의 죽음은 너무 사소해 모른다. 전쟁놀이하다 포로로 잡혀 구두끈으로 목졸린 사고의 의미에 대하여는. 잊어버린다, 전쟁이 어떻게 놀이가 되며 한반도에서 전쟁을 왜 하는지에 관하여는.

**최두석**은 우리 시단에서 '이야기시'를 발전시킨 시인입니다. 쉽게 말하자면 이야기를 시 속에 끌어들여 시적 효과를 자아낼 때, 우리는 그것을 가리켜 이야기시라고 부릅니다. 본래 이야기는 소설로 대표되는 서사 양식의 핵심적인 요소입니다. 그런데 최두석은 이런 이야기를 서정 양식인 시 속에 이끌어들여 새로운 시양식을 발전시키는 데 성공하였습니다. 그의 첫 시집 《대꽃》도, 둘째 시집 《성에꽃》도, 서사시집인 《임진강》도 다 이런 시양식을 주조로 삼고 있습니다. 그것도 대부분 실화에 바탕을 둔 이야기로 시를 쓴다는 점이 특징적입니다. 그러나 가장 최근에 출간된 시집 《사람들 사이에 꽃이 필 때》에만은 이야기시의 비중이 적고 전통적인 형태의 서정시들이 많이 들어가 있습니다.

최두석은 자신이 이야기시에 치중한 것에 대하여, "지난 1980년대의 어두운 시대적 상황 속에서 내가 체험하고 들은 가슴 아프고 충격적인 이야기들을 도저히 기존의 서정시 양식으로 표출하다가는 나의 내면에서 솟구치는 격정을 다스릴 길이 없을 것 같았기 때문"이었다고 말한 바 있습니다. 그러니까 최두석에게, 이야기시는 어찌할 수 없이 솟구치는 시대의 격정을 다스리는 한 방식이었던 것입니다. 요컨대 그는 노래를 닮은 기존의 서정시 양식으로 격정을 말하다가는 서정시 양식 본래의 그 엄청난 감정적 격랑에 휩쓸려 자신의 격정이 너무나도 뜨겁게 달아오를 것 같아, 이야기 형식으로 그것을 잠재우고자 했던 것입니다. 격정이 너무도 대단하여 그것을 이야기로 잠재우지 않을 수 없었다면, 그의 격정은 과연 어느 정도였던 것일까요.

어쨌든 최두석은 대단한 격정을 내면에 지니고 있었지만, 그것을 이야기 형식으로 아주 차분하게 풀어나갔습니다. 우리 시단에서 아마도 최두석만큼 언어가 차분하고 정갈한 경우도 드물 것입니다. 그는 언제나 흥분하지 않고, 차근차근 이야기를 하나씩 조용히 풀어갑니다. 하지만 최두석이 들려주는 이야기를 듣고, 독자인 우리들은 많은 감정의 떨림을 경험합니다. 그만큼 그의 이야기는 느끼고 생각해야 할 사연을 많이 갖고 있습니다. 요컨대 이야기하는 시인은 차분한데, 그 이야기를 듣고 난 사람은 격정에 가까운 마음의 떨림을 경험하는 것입니다.

도대체 어떤 이야기들이 그토록 격정에 가까운 내면의 떨림을 유발하는 것일까요? 최두석은 가히 이야기꾼이라 할 수 있습니다. 참 많은 이야기를 알고 있습니다. 주변의 이야기에서부터 저 먼 전설 속의 이야기까지 그가 알고 있는 이야기는 다양합니다. 그는 이런 이야기들을 전함으로써 실화가 상상 속의 이야기나 시적 정서보다 더 큰 울림의 대상이 될 수 있다는 것을 알려줍니다. 항간에 떠도는 말로는, 현실이 드라마틱한 충격적 사건의 연속으로 이어지면, 소설가들이 꾸며낸 소설이 잘 팔리지 않는다고 합니다. 왜냐하면 당장 눈앞의 현실에서 벌어지는 실화가 더 흥미진진할 뿐만 아니라 느낄 거리와 생각할 거리를 더욱더 많이 제공하니까요. 이처럼 실화가 소설이나 시보다 더 충격적인 시대란, 일반적으로 불행한 시대일 경우가 많습니다. 우리는 일제 강점기 36년간은 물론 해방과 6·25한국전쟁으로 이어지는 과정 속에서, 그런가 하면 대한민국 정부 수립 이후 계속되는 역사적 진통 속에서, 실화가 소설이나 시보다 더 큰 충격을 주는 경우를 많이 경험했습니다. 그 시대에 우리는 '사건'들에 휩싸여서 평상심을 되찾기가 쉽지 않았습니다. 최두석이 이야기에, 그것도 실화에 특별히 관심을 두고 이야기시를 발전시킨 것은 이런 점들과 관련이 있습니다.

여기서 여러분들과 함께 감상해보고 싶은 최두석의 작품은 〈전쟁놀이〉라는 것입니다. 이 작품은 그의 첫 시집 《대꽃》 속에 수록돼 있습니다. 최두석의 고향은 대나무가 많이 자라고, 대나무 제품의 명산지이기도 한 전라남도 담양입니다. 그래서 시집 이름을 '대꽃'이라고 붙인 것 같기도 하고, 대나무로 창을 만들어 민중 봉기에 앞장선 동학농민운동을 생각하며 그렇게 제목을 붙인 것 같기도 합니다. 또 그의 가난한 부모님의 생활상과 관련된 것이 대나무이기 때문에 그렇게 제목을 단 것 같기도 합니다. 어쨌든 《대꽃》이라는 시집 제목은 지역적, 생활사적, 역사적, 시대적 상징성을 띱니다. 그러면 이제 함께 감상하기로 한 작품 〈전쟁놀이〉의 전문을 옮겨보기로 하겠습니다.

국사봉엔 늘 상도동 봉천동 신림동의 아이들이 몰려다니며 논다. 어른들도 달려와 역기를 들고 평행봉에 오른다. 사자암 약수터를 찾는 노인네의 발길도 끊이지 않는다. 자못 부지런한 한 시민의 일생이 여기저기 눈부시게 펼쳐지는 것이다. 오리나무 아카시아 백양 도토리나무 등속이 무리를 이루거나 혹은 섞여서 적자 생존이요 인공 도태다. 어깨를 부딪히며 들어앉은 집 사이로 수많은 교회들이 십자가를 높이 달려고 안달이다. 가까이 공사 연병장이 보이고 청소년들은 사관학교에 진학해서 정치를 하겠다고 벼른다. 그러나 열 살 아이 박근중의 죽음은 너무 사소해 모른다. 전쟁놀이하다 포로로 잡혀 구두끈으로 목졸린 사고의 의미에 대하여는, 잊어버린다. 전쟁이 어떻게 놀이가 되며 한반도에서 전쟁을 왜 하는지에 관하여는.

— 〈전쟁놀이〉 전문

아시다시피 이 시의 제목은 '전쟁놀이'입니다. '전쟁'이란 말과 '놀이'라는 말이 결합돼 있습니다. 참으로 어울리지 않는 두 말이 결합돼 있는 형국입니다. 누구나 알다시피 전쟁은 살생과 승리를 목표로 하는 싸움이지만, 놀이란 재미와 우정을 쌓기 위한 행위이기 때문입니다. 그런가 하면 절대로 패배해서는 안 되는 것이 전쟁이지만, 일부러 져줄 수도 있는 것이 놀이입니다. 그런데 최두석 시인은 이 두 가지 상반되는 말을 한자리에 모아놓았습니다. 그래서 이른바 '전쟁놀이'라는 말을 탄생시켰습니다.

하긴, 저 너머 다른 나라에서 일어나는 전쟁을 우리는 한갓 얘깃거리 정도로 듣기 일쑤이며, 텔레비전을 보고 있노라면 요즘은 전쟁조차도 놀이하듯 벌어지는 것 같습니다. 몇 년 전 소위 '걸프전'이 일어났을 때, 당사자들 이외의 사람들이 보여준 태도나 방송사들이 보여준 뉴스 내용은 정말로 전쟁이 놀이처럼 보이는 게 아닌가 하는 의구심을 자아내기에 충분했습니다. 그렇더라도 전쟁은 놀이일 수 없습니다. 전쟁은 어떤 말로도 합법화될 수 없는, 인간 최대의 죄악입니다. 그런데 이게 웬일입니까? 아이들이 하는 놀이 중에 '전쟁놀이'가 있고, 최근에는 한술 더 떠서 '서바이벌 게임'이라는 것이 있으니까요. 그래도 이것은 어디까지나 놀이니까 봐줄 만한 것인가요? 이것으로라도 인간의 공격욕과 지배욕이 대리만족될 수 있는 것인가요? 그런 점도 있을지 모르겠지만, 저는 거꾸로 이런 놀이를 통하여 인간의 공격욕과 지배욕이 더 격화되는 게 아닌가 염려됩니다. 총이 없다면 총을 쏘지 않을 것입니다. 그러나 총이 있다면, 쏘지 않아도 될 만큼 사소한 사건 앞에서도, 총자루로 눈길이 가고 말 것입니다.

최두석의 시 〈전쟁놀이〉는 바로 전쟁놀이를 하다가 숨진 이 땅의 박근중이라는 어린아이의 죽음이라는 문제를 이야기의 핵심으로 삼아 창조한 시입니다. 전쟁놀이를 하다가 어린아이가 죽다니요! 이에 대하여 인간들은 무슨 말로 변명을 할 수 있겠습니까. 어른들이 하는 전쟁을 흉내내다가, 아니면 전쟁이 놀이가 될 수 있는 줄로 철없이 여기다가, 이런 불행이 닥쳐온 게 아닙니까? 최두석은 박근중의 죽음이 전쟁을 놀이하듯 해댄 어른들의 책임이라고, 아니 인류의 책임이라고 말하는 듯합니다. 사실상 인간사는 어떻게 보면 전쟁사의 연속입니다. 우리가 역사시간에 역사 공부를 한다고 책을 펴면, 온통 전쟁 이야기로 가득 차 있지 않습니까? 어느 나라가 어느 나라를 이기고, 어느 장군이 어느 장군에게 패배하고, 어느 왕이 어느 지역을 점령하고 하는 등의 그야말로 땅뺏기 싸움이 역사책의 전면을 장식하고 있는 것이지요. 우리가 살고 있는 20세기의 100년 동안에 전쟁 혹은 그와 유사한 일들로 죽은 인구가 약 1억 명 정도라는 통계는 우리로 하여금 벌어진 입을 도저히 다물지 못하게 합니다. 인간으로 태어나서 휴머니즘이 어떠니, 인류애가 어떠니 하고 말하는 입이 부끄러울 따름입니다. 세계 제1차 대전으로부터 시작된 20세기의 전쟁, 그리고 일제의 한국 침략으로부터 시작된 이 땅의 20세기 역사는 참으로 끔찍합니다. 그러나 어디 20세기뿐이겠어요? 20세기에 이처럼 많은 사람이 죽게 된 것은 무기 발달에 따른 것일 뿐, 인간들은 언제 어디서나 전쟁을 놀이처럼 해댔습니다. 최근에는 다양한 매스컴을 통하여 그야말로 고도로 발달된 무기로 일명 단추 누르기 시합이라도 하듯, 가볍게(?) 전쟁하는 광경을 보고 있노라면, 인간 및 인간사의 끔찍함에 현기증이 날 정도입니다. 최두석의 시가 지적하는 바는 바로 이러한 인간과 인간사의 끔찍하고 무모한 전쟁놀이의 비극상입니다.

20세기에 들어와 우리가 살고 있는 이 땅에도 끔찍한 전쟁이 벌어졌음은 모두가 다 아는 사실입니다. 북한의 도발로 일어난 6·25 한국전쟁 이후 우리는 분단된 국가로 정착되었고, 지금도 우리는 휴전이라는 안타까운 상황 속에서 전쟁에 대비하고 있습니다. 최두석의 말처럼 어떻게 전쟁이 놀이가 될 수 있는 것이고, 한반도에서 왜 전쟁을 해야 했는지(혹은 하는지) 우리로서는 납득하기 어렵습니다. 누구를 위한 전쟁인가요. 무엇을 위한 전쟁인가요. 전쟁의 결과는 어떤 것인가요. 그 끔찍한 전쟁을 겪고도 왜 이 땅의 수많은 사람들이 자신의 자식들에게 전쟁놀이 할 장난감을 사줄 수 있는 것인가요. 그리고 아이들이 벌이는 전쟁놀이를 어떻게 그토록 무심하게 방치할 수 있는 것인가요. 인간이 폭력을 휘두르고, 그 폭력이 권력의 제일 꼭대기에 올라가 있고, 그 권력으로 전쟁을 놀이하듯 일으킨다는 것은 그 어떤 말로도 용서받을 수 없는 행위입니다. 그런데도 이 땅에 사는 모든 사람들은 오늘도 전쟁 콤플렉스에 시달리고 있으며, 전쟁이 아직 이 땅에서 끝나지 않았기에 그 어떤 다른 나라보다도 전력투구하여 전쟁 예방을 계속합니다. 그러다 보니 전쟁은 아이들에게까지 관심사가 되었고 아이들마저도 전쟁놀이에 열중하게 된 것일까요?

최두석의 마음을 쓰게 하는 것이 또 있습니다. 그것은 국사봉 봉우리에 올라가니 다른 것이 바라다보이는 게 아니라 웬일인지 저 멀리 공사 연병장이 뚜렷하게 바라다보인다는 것 때문입니다. 그것은 시인의 관심이 전쟁이라는 문제에 집중돼 있기 때문인지도 모르죠. 그러나 달리 생각하면 그렇게 뚜렷이 들어오는 공사 연병장의 풍경이 그로 하여금 전쟁 문제에 대해 집중하게 만든 것인지도 모릅니다.

최두석의 시 〈전쟁놀이〉는 방금 앞에서 말한 이런 전쟁 문제를 기본 소재로 삼아 쐬어졌지만, 그는 이 시에서 다른 이야기도 많이 합니다. 그가 하는 이야기들을 조금 더 들어보기로 합시다. 우선 최두석은 그의 시 〈전쟁놀이〉에서 시민들의 삶을 묘사합니다. 철모르고 국사봉에 가서 뛰어노는 아이들, 국사봉에 가서 역기를 들고 평행봉에 오르며 운동을 하는 어른들, 약수물을 마시겠다고 국사봉의 사자암을 찾는 노인양반들, 이런 사람들의 삶을 그는 묘사하고 있습니다. 그런데 이상하게도 최두석의 눈에는 이런 시민들의 삶이 유난히 분주한 것으로 보입니다. 누군들 이 땅에서 분주하게 살지 않겠는가마는, 그에게 이들의 그와 같은 삶은 분주한 것으로 보였고, 그는 이에 대해 다소 냉소적인 표정을 지은 것입니다. 그 까닭은, 이 비극의 땅에서라도 너나 할 것 없이, 더 오래, 더 건강히, 더 재미있게 살려고 하는 소시민들의 모습이 참을 수 없는 비애감을 갖도록 하였기 때문입니다.

　최두석은 또한 이 국사봉에서 모든 나무들이 무리를 이루고 있는 것 같으나 실은 '적자생존'이요 '자연도태'라고 할 만한 엄격한 투쟁 속에 놓여 있는 것을 봅니다. 그에게는 인간사뿐만 아니라 자연사까지도 이런 적자생존과 자연도태의 비정함이 작용하는 세계로 인식된 듯합니다. 어디 국사봉의 나무들뿐인가요? 최두석의 눈에는 자연사와 인간사를 넘어 초월의 세계를 꿈꾼다는 종교인들까지도 그들을 이 땅에서 더 경쟁적으로 알리느라고 세속의 문법을 좇는 것으로 보입니다. 그는 여기서 또한 냉소적인 표정을 짓습니다. 그야말로 다방 숫자보다 많다는 교회들이, 그것도 다닥다닥 붙은 판잣집 일색의 가난한 동네까지 인간적 탐욕이 깃들인 바벨탑을 세우듯 십자가만 하늘 높이 치솟게 하려는 것을 보면서, 그는 착잡한 마음을 저어할 수가 없었기 때문입니다.

최두석의 마음은 또 다른 것 때문에 언짢습니다. 앞에서도 잠깐 언급했지만 그것은 국사봉에서 멀리 바라다보이는 공사 연병장 때문입니다. 공사 연병장 자체가 전쟁과 관련된 일을 하는 곳이라는 점말고도, 그는 그곳에 다니는 사관 생도들이 전쟁보다 더 무서운 (?) 정치를 하겠다고 벼른다는 사실을 기억하고 있기 때문입니다. 물론 우리의 사관학교는 나라를 지키기 위해 당연히 있어야 할 것이고, 그것도 정당방위의 차원에서 존재하는 것이겠지만, 그에게 전쟁의 기억은 참기 어려운 고통을 줍니다. 그런데 더욱이나 사관학교 출신들이 정당한 절차를 거치지 않은 상태로 이 나라의 정치판에서 활동해온 것을 모르는 척할 수 없기에, 그의 마음은 더욱더 불편하기만 합니다. 여러분들도 아실 겁니다. 우리나라의 역대 대통령들이 대부분 사관학교 출신이고, 또 그 주변에서 권력을 휘두른 자들이 많은 경우 사관학교 출신이라는 것을…… 박정희 대통령 - 전두환 대통령 - 노태우 대통령으로 이어지는 사관학교 출신들의 정당한 절차를 거치지 않은 정치인화가 그동안 얼마나 많은 사람들의 마음을 어지럽고 또 삐뚤어지게 만들었는지도 잘 알 것입니다. 최두석은 이러한 우리 정치사의 파행성을 기억하며 공사 연병장을 아픈 마음으로 바라다보고 있는 것입니다.

최두석은 이렇게 권력자들이 대단한(?) 영광과 관심의 대상이 되는 것에 비하여 전쟁놀이 하다 구두끈에 목졸려 죽게 열 살 아이 박근중의 죽음이야말로 얼마나 사소한 일로 잊혀지고 무시되는가 하는 점에 대하여 한탄합니다. 분명 전쟁놀이를 가르친 것은 어른들인데, 그 가르침의 피해자는 어린 박근중이고, 박근중의 죽음은 사소한 게 아니라 이 땅의 아주 큰 모순과 비극상을 그대로 증언하는 것인데, 누구도 그에 대해 귀 기울이지 않는다고, 그는 생각하는 것입니다.

어찌 보면 역사는 잔인하고 냉정합니다. 지금 이 순간에 수많은 사람이 한꺼번에 사라진다 하더라도 역사는 아무 일도 없는 듯 흘러갑니다. 역사의 수레바퀴는 언제나 많은 사람들을 외로운 데로 내던지고 돌아가는 것만 같습니다. 마치 그것이 역사의 당연한 법칙인 듯, 역사는 무심한 표정을 짓고 있습니다. 말할 것도 없이 이런 역사를 만드는 것은 인간들입니다. 이 땅에서 역사를 만드는 존재란 인간이란 종(種)밖에 없으니까요. 그러니 역사 밖으로 내던져진 사람들을 되살려내는 데 앞장서야 할 존재도 바로 사람입니다. 저는 다른 사람들도 많지만, 특별히 시인들이 이런 사람들을 휴머니즘의 정신으로 되살려내는 데 공들여오지 않았나 생각합니다. 물론 소위 어용시인이라고 불릴 수 있는 시인들도 있고, 시인들은 사회주의 국가에서처럼 철저히 당론에 따라 사회주의 혁명의 전사 역할을 할 수도 있지만요.

여러분들은 여러분들이 역사의 수레바퀴 밖으로 떨어져 나간 존재가 될지도 모른다고 생각해본 적이 있으십니까? 비록 내일 그런 일이 일어난다 하더라도 우리는 오늘만이라도 그런 끔찍한 일들을 상상하고 싶지 않습니다. 그러나 인간사를 보면 이런 일들은 비일비재합니다. 그렇더라도 크게 염려하지 마십시오. 시인들의 예민한 감성과 휴머니즘 정신이 수레바퀴 바깥의 외로운 영혼들을 찾아 나설 테니까요. 또한 그렇다고 역사를 증오하거나 역사 자체를 포기하는 심정으로 방관하지만은 마십시오. 역사란 인간이, 인간을 위해 만들어 나아가는 인공물이므로 인간들이 하기에 따라 역사의 수레바퀴는 조금씩 친절하고 온순하게 돌아갈 수도 있을 터이니까요.

최두석은 그의 시 〈전쟁놀이〉에서 너무 사소해 잊혀져버렸다는 박근중 어린이의 죽음을 되살려냄으로써, 우리로 하여금 아주 많은 것들을 되새기도록 해주었습니다. 특히 이 시는 이야기로 만들어졌기 때문에, 순간적인 감정의 울림만이 아니라 뇌수 깊이 사건을 각인시켜주는 데도 성공하였습니다. 최두석 시인이 시인으로서 역사에 참여하는 일은 이런 것일 수 있겠지요.

# 박세현

행복

## '행복'을 무엇이라고 정의내리면 좋을까요?

1953년 강원도 강릉에서 태어났으며,

1983년 『문예중앙』을 통해

등단했다.

시집으로 《꿈꾸지 않는 자의 행복》

《오늘 문득 나를 바꾸고 싶다》

《길찾기》

《정선 아리랑》

등이 있다.

## 행복

박세현

오늘 뉴스를 말씀드리겠습니다
오늘 뉴스는 없습니다

우리나라 국영방송의 초창기 일화다
나는 그 시대에 감히
행복이란 말을 적어넣는다

**박세현**의 본명은 박남철입니다. 그는 1983년도에 계간 『문예중앙』을 통하여 등단하였는데 그때는 본명인 박남철이라는 이름을 갖고 나왔습니다. 그런데, 아쉽게도 이미 우리 시단에는 박남철이라는 이름을 가진 시인이 있었습니다. 박남철 시인은 1979년도에 계간 『문학과지성』을 통하여 시인으로 얼굴을 드러냈습니다.

문단에는 간혹 같은 이름을 가진 사람이 있습니다. 그러나 일반적으로 뒤에 등단한 사람이 앞에 등단한 사람에 대한 예의로, 이름을 다시 짓는 게 보통이지요. 뒤에 등단한 박남철은 그래서 시를 쓸 때 시단에서 사용하는 그의 이름을 '박세현'으로 바꿨습니다. 본래부터 원했던 이름은 아니었겠지만, 그는 어쨌든 박세현으로 불리어졌고, 이런 사실을 소상히 알고 있는 사람이 아니라면 박세현이라는 이름이 그의 본명인 것으로 착각하고 있는 경우도 적지 않을 것입니다.

먼저 등단한 박남철과 뒤에 등단한 박남철은 외양이 아주 다릅니다. 먼저 나온 박남철이 키가 크고 골격이 장대하며 이목구비가 큼직큼직한 북방계 인간형이라면, 뒤에 나온 박남철은 키가 작고 골격이 섬세하며 이목구비 또한 아기자기한 남방계 인간형을 하고 있습니다. 그들의 시세계 또한 먼저 등단한 박남철의 시세계가 난폭할 만큼 과격한 실험성을 내보이며 기존의 시세계에 도전하고 있다면, 뒤에 등단한 박남철(박세현)의 시세계는 조용한 어법으로 자아와 세계의 진실이 무엇인가를 성찰하고 있습니다. 두 사람의 대조적인 모습을 스케치하다 보니 이렇게 거친 비교가 되고 말았습니다. 어쨌든, 뒤에 등단한 박남철은 그의 필명을 박세현으로 바꿨습니다. 그는 이 이름으로 지금까지 네 권의 시집을 출간했습니다.

저는 박세현을 1980년대의 대표적인 시인 가운데 한 사람으로 논하는 자리에서 그의 시세계를 '아웃사이더의 삶과 꿈'이라는 제목을 붙여 논한 적이 있습니다. 제가 그의 시에서 가장 인상적으로 찾아낸 것은, 그리고 그의 시에서 기저를 이룬다고 생각한 것은, 바로 아웃사이더로 살아본 사람만이 느끼고 가질 수 있는 세계였습니다.

여러분들은 스스로를 아웃사이더라고 생각해본 적이 있나요? 아웃사이더의 심정을 느껴본 적이 있나요? 아웃사이더의 자리가 어떤 자리인지를 실감해본 적이 있나요? 우리는 너나없이 아웃사이더가 되지 않으려고 안간힘을 씁니다. 그 길이 얼마나 외롭고 힘든 길인지 잘 알고 있기 때문이겠지요. 그래서 우리는 남들이 많이 가고 있는 대로로 인생의 항로를 정하곤 합니다. 언제 어디서건 많은 사람들이 모여 있는 이른바 체제 내 속으로 들어가고자 합니다. 그래서 사람들은 많은 사람들이 가는 초등학교, 중학교, 고등학교, 대학교 등과 같은 체제 내의 길을 걸어가고, 그래서 사람들은 또한 남들이 하듯 결혼하고 자식 낳으면서 이 사회의 규범을 존중합니다. 뿐만 아니라 우리는 이 사회가 높이 평가하는 사람들이 되고자 애를 쓰고, 가능하면 그 체제 안에서 성공한 사람이 되고자 합니다.

이것은 물론 좋은 일입니다. 그러나 제아무리 체제 내로 들어가고 싶어도 들어갈 수 없는 운명도 우리에게는 있습니다. 체제 바깥에서 체제 안을 그리워하며 맴도는 운명이 우리에게 있다는 것입니다. 체제 안은 강력합니다. 체제 안은 안전합니다. 그러나 체제 안으로 들어가려면 우리는 아주 온순하게 그 체제 안의 요구에 순종해야 하고, 필사적으로 그 체제 안으로 들어가고자 노력해야 합니다. 그럼에도 불구하고 체제 안은 우리에게 문을 열어주지 않는 경우가 있습니다.

다른 한편 체제 안의 삶이 체질적으로 맞지 않는 경우도 있습니다. 그런 사람은 체제 안의 구속과 편안함을 참을 수 없습니다. 그런 사람들은 체제 바깥으로 뛰어나옵니다. 체제 바깥은 자유의 땅입니다. 그들은 이 체제라는 금 바깥에서 무소속의 인간으로, 영원한 야당으로 살아갑니다. 그야말로 이런 사람들은 자유인의 계보에 속할 수 있는, 운명적인 야인(野人)이지요. 박세현의 시에는 앞의 두 가지 경우가 다 있습니다. 그는 체제 안으로 들어가고 싶으나 체제가 그것을 허용하지 않기 때문에 아웃사이더로서 느끼는 느낌과, 체제 안에 들어가서는 결코 살기 어려운 무소속의 자유인과 같은 측면을 동시에 가지고 있습니다. 그는 이런 가운데 아웃사이더로서 느껴야 할 비애, 외로움, 절망, 우울 등과 같은 감정은 물론 자유, 방랑, 여유 등과 같은 감정까지 함께 느낍니다. 그런데 좀 정확히 말하자면 그는 비애, 외로움, 절망, 우울 등과 같은 비극적 감정을 더 많이 느끼는 것 같습니다. 체제 내라는 금 안에 들어가지 못하고, 금 밖에 서 있다는, 그런데 그것이 체제가 밀어내기 때문에 어쩔 수 없이 서 있는 것이라는 마음이 그에게는 강했던 것 같습니다. 아웃사이더의 심정을 갖고 살아가는 것이 어떤지를 알고 싶은 사람들은 그의 시집을 한번 읽어보세요. 참고로 말씀드리자면 그에게는 첫 시집 《꿈꾸지 않는 자의 행복》이외에 《오늘 문득 나를 바꾸고 싶다》《길찾기》《정선 아리랑》과 같은 시집이 있습니다.

여기서 여러분들과 함께 감상할 박세현의 시는 그의 제2시집 《오늘 문득 나를 바꾸고 싶다》속의 작품 〈행복〉입니다. 저는 개인적으로 '행복'이라는 시제목보다도 '오늘 문득 나를 바꾸고 싶다'는 시집 제목에 관심이 갑니다. 어디, 여러분들은 자기 자신이 마음에 들지 않아, '오늘 문득 나를 바꾸고 싶다'는 생각에 잠겨본 적이 있으십니까? 절대 그런 적이 없다고요. 그야말로 물가에 핀 수선화를 보다가 제 모습에 홀려 물 속에 빠져 죽은 나르키소스처럼 오늘 보아도 내일 보아도 자신의 모습이 대견스럽고 사랑스럽다고 생각하셨습니까? 하긴 인간사를 움직이는 원천은 나르시시즘(자기애)에 있다고 볼 수 있습니다. 이 엄청난 나르시시즘이 없다면 어떻게 인간사가 앞으로 돌진해 나아가겠어요? 그러니까 나르시시즘은 인간사를 움직이는 원동력이자 추동력이지요.

그러나 여러분들은 어느새인가 나르시시즘에 빠져 있던 자기 자신이 자기 비판, 자기 분노, 자기 혐오 등과 같은 부정적 자기 인식으로 빠져드는 것을 발견할 때가 있을 거예요. 자신의 모습을 보면 볼수록 싫어질 때가 있을 거예요. 그럴 때면, 만약 가능하기만 하다면, 박세현의 시집 제목처럼 '오늘 문득 나를 바꾸고 싶다'는 감정이 되기도 하겠지요. 그러나 우리는 다행인지 불행인지 우리 자신을 바꿀 수가 없습니다. 그저 달래며 고쳐 쓰거나, 저 존재의 밑바닥에 숨어 있는 나르시시즘의 감정을 되살려내는 수밖에 없습니다. 하긴 크게 걱정할 것도 없습니다. 나르시시즘이라는 이 괴물은 언제고 끈질긴 생명력을 갖고 살아나니까요. 그때를 기다리면 그만이지요.

박세현은 이처럼 그의 시에서 아웃사이더의 삶과 꿈이 어떤 것인가를 보여주었고, 그리고 바꿀 수만 있다면 자신을 바꾸어버리고 싶다는 생각으로 현실적인 자기를 미워했습니다. 그런데 실은 이처럼 '오늘 문득 나를 바꾸고 싶다'는 소망이야말로 엄청난 자기애의 다른 표현 아니겠어요? 더 좋은 자신을 창조하여 그 세계 속에서 나르시시즘의 즐거움을 누리고 싶은 것이지요.

여러분들과 함께 감상할 박세현의 시 〈행복〉의 전문을 인용해보겠습니다. 이 작품은 앞서 말한바 아웃사이더의 삶과 꿈이라는 박세현의 시세계와 조금 다른 쪽에 있는 작품입니다. 그러나 함께 읽어보는 동안 서로 공감하면서 여러 가지 생각을 할 수 있을 것 같아 골라보았습니다. 시의 제목에 나오는 '행복'이란 말은 아주 흔해빠졌고 그래서 신선감도 덜한 말이지만, 인간들의 마음속에서 영원히 사라지지 않을 말이기도 합니다. 그러면 박세현은 도대체 행복이라는 주제를 앞에 놓고 무슨 말을 한 것일까요?

오늘 뉴스를 말씀드리겠습니다
오늘 뉴스는 없습니다

우리나라 국영방송의 초창기 일화다
나는 그 시대에 감히
행복이란 말을 적어넣는다
　　　―〈행복〉 전문

아주 재치 있는 시입니다. 그렇게 생각하지 않으세요? 제목만 볼 때는 행복이란 문제에 대하여 아주 철학적으로 또는 정서적으로 접근할 줄 알았는데, 그와는 다른 방향에서 접근했군요. 사회사적, 정치사적, 시대사적 접근을 했다고 말하면 될까요? 박세현의 이런 접근 방식 속에는 행복이란 문제가 존재론적인 문제이기도 하지만, 사회사적, 정치사적, 시대사적 문제라는 인식이 숨어 있어요. 다시 말하자면 한 인간의 행복은 개인의 노력만으로 되는 문제가 아니라 사회, 정치, 시대 등의 문제와 깊은 관련을 맺고 있다는 것이지요.

여러분들은 행복하십니까? 그러면 무엇 때문에 행복하다고 생각하십니까? 여러분들은 불행하십니까? 그렇다면 역시 무엇 때문에 불행하다고 생각하십니까? 자기 자신 때문에 그렇다고 생각하십니까, 아니면 사회 혹은 시대 때문에 그렇다고 생각하십니까? 자기 자신 때문에 그렇다고 생각하신다면 문제는 비교적 간단하나, 사회 혹은 시대 때문에 그렇다고 생각하신다면 문제는 좀더 복잡합니다.

박세현은 그의 시 〈행복〉에서 우리의 행복과 불행이 개인의 문제보다 사회 및 시대의 문제에 더 큰 영향을 받고 있다는 생각을 하고 있는 것 같습니다. 네가 아프니까 내가 아프고, 네가 기쁘니까 내가 기쁘다는 말처럼, 사회와 시대가 아프니까 내가 아프고 역시 사회와 시대가 행복하니까 나도 행복해진다는 말이 떠오릅니다.

우리는 우리가 살고 있는 이 세상에 참으로 많은 일들이 일어나는 것을 압니다. 산다는 것은 마치 사건의 연속이자 그 연속적인 사건들을 풀어가는 과정처럼 보입니다. 그야말로 세상은 사건투성이의 연장인 것입니다. 그런데 그 사건은 좋은 것보다도 그렇지 않은 것이 더 많은 것처럼 보입니다. 하기야 행복한 사건을 사건이라고 부르는 것이 이상한 일이지요. 실제로 일일이 통계를 내보지 않았으니까 우리는 불행한 사건과 행복한 사건 중 어느 것이 더 많은지 알기 어렵습니다. 그러나 우리들의 눈에는 불행한 사건들이 더 많은 듯합니다. 불행한 사건이란 과장되기 쉬워서인가요? 불행한 사건이란 말하지 않고는 배길 수 없는 속성을 갖고 있어서인가요? 불행한 사건은 금방 표가 나기 때문일까요? 불행한 사건은 사람들에게 먼저 기억되기 때문일까요? 무엇이 그 원인인지 자세히 알 수 없습니다. 어쨌든 우리는 신문기사 속에서, 때맞춰 전해지는 텔레비전 뉴스 시간에서, 참으로 엄청나게 많은 불행한 사건들을 봅니다.

조석으로 신문을 보고 나면, 그리고 텔레비전 뉴스를 보고 나면, 세상이 캄캄하게 보입니다. 어느 때는 대문 밖으로 발을 내어놓기가 무섭습니다. 문을 잠그고 잠이 들어도, 잠이 깊게 들지 않습니다. 이웃 사람을 만나도 그들의 마음속에 검은 강이 흐르는 것만 같습니다. 세상은 온통 난리통 같습니다. 그렇다고 과감하게 신문을 끊을 용기도 없습니다. 텔레비전 뉴스에서 완전히 눈을 돌릴 수도 없습니다. 매일매일의 의식처럼, 신문은, 그리고 텔레비전은 우리 앞에 강림합니다. 원하든 원하지 않든, 이 강림하는 뉴스 신(神)을 맞이하지 않을 수가 없습니다.

신문과 텔레비전은 행복한 뉴스, 밝은 뉴스, 아름다운 뉴스보다는 불행한 뉴스, 어두운 뉴스, 끔찍한 뉴스를 전해주는 데서 더 신을 내는 듯합니다. 아직도 당신들을 놀래켜줄 더 많은 뉴스가 남아 있는데, 아쉽게도 지면과 시간이 부족하여 오늘은 이쯤에서 그만두겠다는 듯이, 그들은 하루의 뉴스를 마감하곤 합니다. 신문과 텔레비전을 통하여 뉴스를 보고 들을 때마다, 우리는 놀란 가슴을 쓸어내리거나 흥분된 마음을 가라앉히느라 애를 씁니다. 누군가의 말처럼 '뉴스' 없는 세상에서 살고 싶을 정도입니다. 뉴스가 공해라고 말하는 사람들도 있습니다.

박세현은 그의 시 〈행복〉에서 뉴스 없는 세상을 행복한 세상이라고 표현했습니다. 오늘 뉴스를 말씀드리겠다고 나선 아나운서가 오늘 뉴스 거리는 뉴스가 없다는 사실이라고 말하는 날이 올 때, 그날이 곧 행복한 날이 될 것이라고 그는 말하고 있습니다. 여기서 박세현이 말하는 뉴스는 부정적이고 어두운 뉴스이겠지요? 그러나 좀 다르게 해석하자면, 불행한 사건도 없고 행복한 사건도 없는, 그리하여 참으로 잔잔하고 조용하게 하루가 지나가게 된다면, 그날을 가리켜 행복한 날이라고 말한 것일 수도 있겠지요. 왜냐하면 불행한 뉴스도 우리를 격하게 합니다. 그러나 아주 행복한 뉴스도 우리를 격하게 합니다. 앞서 말했듯이 뉴스 거리가 없어서 잔잔하고, 조금은 지루한 듯 지나간 하루, 그런 하루가 행복한 하루는 아닐는지요? 그러나 이런 해석은 심장의 고동이 마구 뛰는 그 행복한 세계를 꿈꾸는 우리들을 실망하게 만들기 쉽습니다. 그래서 다시 아주 인간적인(?) 해석을 하자면, 너무나도 행복한 뉴스 거리가 넘쳐, 그들의 행복한 이야기를 통하여, 그것을 보고 듣는 다른 사람들조차도 행복이라는 전염병에 감염된 것 같은 시간을 맞이하였을 때, 그것이 진정 행복에 값하는 뉴스를 전한 것이라고 볼 수도 있겠지요. 인간들에게 가장 참을 수 없는 것은 지루할 정도로 조용한 것일지도 모르니까요. 또한 인간의 본성에 비추어볼 때, 사건 없는 세상은 밋밋해서 재미없고, 재미가 없다는 것을 누군가는 불행하다고 표현할지도 모르죠.

  여러분들은 박세현이 그의 시 〈행복〉에서 말했듯이, 저녁 9시 뉴스 시간이 되었는데, 전과 다름없이 아나운서가 나오더니 불현듯 "오늘 뉴스는 없습니다"라고 말하며 쑥 들어갈 때, 아 오늘은 행복한 날이었구나 하고 박수를 치시겠습니까? 또한 아침 신문을 받아 들고, 오늘 뉴스는 없다고 백지로 된 신문이 펼쳐지면 역시 아 오늘은 행복한 날이었구나 하고 박수를 치시겠습니까? 박세현은 너무나도 어둡고 두려운 사건, 야비하고 음흉한 사건들로 가득 찬 내용들이 뉴스의 지면이나 화면을 도배하는 세상, 그런가 하면 그와 같은 일들이 영 끝날 기색이라곤 조금도 보이지 않은 채 끝도 없이 벌어지는 세상을 보면서, 엉뚱하게도 아예 뉴스 거리가 없는 시간을 상상하였던 것 같습니다.

이 땅에서 살아온 여러분들과 저는, 그리고 이 어수선한 세계사 속에서 몸 비비며 사는 여러분들과 저는, 박세현의 시 〈행복〉이 무엇을 간절히 지향하는지 쉽게 이해할 수 있을 것입니다. 이렇게 글을 쓰는 지금, 저 자신도 "오늘 뉴스를 말씀드리겠습니다/ 오늘 뉴스는 없습니다"라는 아나운서의 목소리를 듣고 싶습니다. 그런 시간이 왔으면 하고 바랍니다. 그런 목소리와 시간을 만나게 된다면, 오늘 밤에는 아주 편안하게 인간과 세상을 신뢰하며 그들에 대하여 다시 희망을 키우며 깊은 잠을 잘 수 있을 것 같습니다.

　아, 너무나도 많은 사건들로 뉴스의 지면과 화면이 부족한 이 시대여! 그리고 무한에 가까운 숫자의 역사책으로도 다 담을 수 없는 뉴스들의 연속이여! 진정 우리가 사는 이 세상에 뉴스 거리로 놀라지 않는 참다운 평화와 행복이 가득 찰 때는 올 것인가?

　인류 탄생 이래 단 한번도 인간사 속에는 우리가 바라는 유토피아와 같은 행복한 세상이 존재하지 않았다는 사실을 잘 알면서도 그런 세상이 오기를 꿈꾸어보는 것은 누가 보아도 어리석은 짓일지 모릅니다. 그러나 우리는 인간이기에, 그것도 행복한 시간을 소망하는 인간이기에, 그런 꿈을 꾸는 것이 헛된 일인 줄 알면서도 영원히 그런 꿈을 꾸며 살아갈 수밖에 없을 것입니다. 또한 어쩌면 그런 꿈을 꾸는 일 그 자체가 행복한 시간으로 들어가는 것일지도 모릅니다.

# 신현림

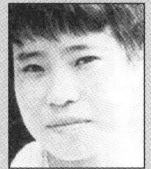

아들 자랑

## 아직도 아들 자랑으로
## 인생이 흘러가다니요

1961년 경기도 의왕에서 태어났으며,

1990년 『현대시학』을 통해

등단했다.

시집으로

《지루한 세상에 불타는 구두를 던져라》

《세기말 블루스》

등이 있다.

## 아들 자랑

신현림

백년 전의 조선엔
아들 낳은 여인이 유방을 내보이는
특이한 풍속이 있었다
무명 치마저고리 사이에
여인의 유방이 두 개의 노을처럼 달렸지
여인의 유방은 혁명의 깃발처럼 펄럭이고
여인의 유방에서 위풍당당한 행진곡이 흘러나오고
사방팔방 강가에 조선의 모유가 흘러넘치지

백년, 다시 백년 후의 조국엔
딸을 낳은 여인도 유방을 드러내놓고

남태평양처럼 화통방통하게 웃는
마땅한 일상사가 이어질것다
허허벌판에서 두 개의 우주를 털렁이며
어화어화 내 사랑
어화둥둥 내 딸년
그 딸년들을 위해 인디언 추장처럼 춤추는
나, 신현림과 내 딸의 딸들이 있을 것이다
하하하하하……

　　　　　　　　신현림은 최근 들어 많은 대중들에게
알려졌습니다. 그가 이렇게 대중들에게 알려진 것은 그의 두번째 시
집 《세기말 블루스》가 많은 사람들로부터 사랑을 받았기 때문입니
다. 그런데 저는 한 사람의 독자이자 평론가로서, 신현림을 대중들
에게 널리 알리는 데 공헌한 시집 《세기말 블루스》보다 그의 첫 시
집 《지루한 세상에 불타는 구두를 던져라》를 더 좋아하고 높이 평
가합니다. 이 시집 속에는 신인다운 겸손함과 진지함 그리고 긴장감
이 고스란히 스며 있기 때문입니다.
　신현림은 사진에도 조예가 깊습니다. 그의 시집을 읽다 보면 이
점을 자연스럽게 알 수 있을 겁니다. 그의 시집을 넘기다 보면 예기
치 않게 아주 충격적인 사진들이 들어 있는 걸 볼 수 있습니다. 심
지어는 자신이 직접 찍은 자신의 나상까지도 들어 있지요. 한마디로
신현림은 사진과 시를 한자리에서 결합시켜보고자 한 시인입니다.
그런 점에서 신현림은 요즘 유행하는 장르의 파괴 및 통합을 창출한
사람 가운데 하나이기도 하지요.
　신현림은 대학원에서 사진학을 공부하고 있어요. 그는 원래 아주
대학교에서 국문학을 전공하였는데 사진에 대한 그의 관심과 애정
때문에 대학원 사진학과에 진학한 겁니다. 여러분은 사진과 시의 거
리를 어떻게 설정하고 계십니까? 그리고 또 이 둘 사이의 만남의
문제를 어떻게 생각하고 계십니까? 사진과 시는 모두 삶의 한 장면
을 강하게 포착해서 그 장면의 의미를 물어보는 일을 한다는 데 공
통적인 점이 있습니다. 사진이나 시 모두 사실을 전달하지 않고 사

실의 의미를 탐구하는 양식입니다. 그런 점에서 사진과 시를 비롯한 예술 전반은 어떤 일을 앞에 놓고 '과연 그것이 무슨 의미가 있느냐'고 묻는 일로부터 시작됩니다.

　가령 밥을 먹는다고 합시다. 영양학자는 밥의 영양소를 분석할 것입니다. 법학자는 밥을 먹는 일이 합법적이냐고 따져 물을 것입니다. 그러나 예술가들은 밥을 먹는 일이 우리들의 삶 속에서 무슨 의미를 갖는 것이냐고 물을 것입니다. 그러니까 신현림이 사진을 공부하는 것이나 시를 쓰는 것이나 크게 보아 다를 게 없습니다. 단지 사진은 영상으로, 시는 문자로 의미를 묻는다는 점이 서로 다릅니다. 그리고 사진은 거창한 기계를 사용하나, 시는 고작해야 연필 하나와 종이 한 장만 있으면 가능하다는 점도 다릅니다. 그래서 시인들의 가방은 무거울 필요가 없습니다. 아예 가방이 없어도 좋습니다. 가방을 들지 않고 다닐 수 있다는 것은, 이 무거운 세상에서 아주 가볍게 사는 방법이기도 해요. 중고등학교 시절, 무거운 가방을 들고 다녀본 사람은 알 것입니다. 그러나 시인들은 마음속에 무거운 가방을 짊어지고 다닙니다. 그들은 세상의 어느 것도 무심히 흘려보지 않으니까요.

　신현림의 첫 시집 《지루한 세상에 불타는 구두를 던져라》 속에는 아주 인상적인 작품 하나가 들어 있어요. 신현림의 시적 특징답게 사진과 시가 한꺼번에 어우러진 작품입니다. 그 시는 바로 〈아들 자랑〉입니다. 제목만 봐도 짐작이 간다고 생각하는 사람도 있을 것입니다. 그럴 겁니다. 이 세상에 자랑할 게 얼마나 없으면 아들 자랑을 하고 다니겠습니까. 신현림은 그의 시 〈아들 자랑〉에서 이에 대하여 다음과 같이 말합니다.

백년 전의 조선엔
아들 낳은 여인이 유방을 내보이는
특이한 풍속이 있었다
무명 치마저고리 사이에
여인의 유방이 두 개의 노을처럼 달렸지
여인의 유방은 혁명의 깃발처럼 펄럭이고
여인의 유방에서 위풍당당한 행진곡이 흘러나오고
사방팔방 강가에 조선의 모유가 흘러넘치지

백년. 다시 백년 후의 조국엔
딸을 낳은 여인도 유방을 드러내놓고
남태평양처럼 화통방통하게 웃는
마땅한 일상사가 이어지것다
허허벌판에서 두 개의 우주를 털렁이며

어화어화 내 사랑

어화둥둥 내 딸년

그 딸년들을 위해 인디언 추장처럼 춤추는

나, 신현림과 내 딸의 딸들이 있을 것이다

하하하하하……

— 〈아들 자랑〉 전문

  저는 여러분들이 시의 제목 아래 바로 나온 사진을 보고 아주 충격을 받았을 거라고 생각합니다. 다시 한 번 그 사진을 잘 보세요. 무엇이 가장 먼저 눈에 들어오던가요. 물을 것도 없이 여인이 내놓은 유방일 것입니다. 물론 우리가 제4세계 사람들이라고 부르는 오지의 원주민들을 보면 유방쯤 내놓고 다니는 일이야 아무것도 아닙니다. 그들은 거의 아무것도 가리지 않은 채 벌거숭이 몸으로 다니는 경우가 허다하니까요. 남녀노소 가리지 않고 말입니다. 그러나 문명의 땅이라고 자처하는 곳에서, 그것도 여성들에게 요조숙녀가 되기를 요구하는 조선 땅에서, 여인이 유방을 드러내고 있다는 것은 무척이나 이색적인 일입니다. 물론 우리의 관습이란 하나의 암묵적인 약속에 불과하기 때문에 어떤 형태든 다양하게 띨 수 있습니다. 여름날 벌거벗고 다니는 것이 관습이 된다면, 그리고 그것이 예의를 지키는 일이라고 무언의 약속이 되어 있다면, 옷을 입고 몸을 가리는 일이야말로 지탄받을 만한 이색적인 행동이겠지요. 저는 터키 여행 중 이슬람 교도들의 성전인 블루모스크에 들어간 적이 있습니다. 그런데 흥미로운 것은 그 모스크 앞에 수도꼭지가 죽 늘어서 있다는 것이에요. 저것이 무엇을 하는 것인가 살펴보았더니 사원에 들어가기 전에 발을 씻는 곳이었어요. 그들은 발을 씻고 맨발로 사원에 들어가는 것이 신에 대한 겸손과 공경의 표시라고 약속한 것입니다. 힌두 교도도 마찬가지이고 자이나 교도도 마찬가지입니다. 그들 역시 성전에 들어갈 때는 양말을 모두 벗고 맨발로 들어갑니다. 그런데 우리의 경우는 어떻습니까. 푹푹 찌는 한여름에도 성전은 물론 타인의 집을 방문할 때 양말을 꼭 챙겨 신고 가는 것이 예의가 아닙니까.

다른 얘기를 조금 했습니다. 저는 신현림의 위 시에 나오는 그림 속의 여인이 유방을 내놓은 것은 그 자체로 선도 아니고 악도 아니라는 점을 말하고자 한 것입니다. 그러나 당시의 관습이나 정황에 비추어볼 때, 이 여인이 유방을 내놓은 것은 분명 파격적입니다. 저는 이 사진을 신현림의 시에서 보기 이전에 동아일보사에서 나온 한국 역사 및 풍습 기록 사진첩에서 보았습니다. 거기에 보니까, 위와 같이 유방을 내놓은 것은 아들을 낳았다는 표시인데, 그것은 주로 하층 계급사회에서 행해졌다고 적혀 있더군요.

어쨌든 위 시의 앞부분을 장식하는 사진에서 여인의 유방은 돋보입니다. 그래서 시를 읽는 우리들은 이 사진 앞에서 오랫동안 유방에 눈길을 주고 서 있을 수밖에 없습니다. 사람의 몸은 정말 너무나도 자연스러운 생명의 실체에 불과할 뿐인데, 여기에 인간이 만든 역사와 문화의 흔적이 더해지면 온갖 의미를 다 뒤집어쓰게 됩니다. 제가 이런 말을 하는 것은 유방을 내놓았다는 것이 왜 우리에게 그토록 낯설게 보이느냐 하는 점을 다시 생각해보기 위해서입니다. 방금 말했듯이 여러분들과 제가 인간으로서 역사와 문화의 자장 안에 살고 있는 한 위 그림 속에서 여인이 유방을 내놓은 것은 낯설 뿐입니다.

우리는 이런 낯선 감정을 잔뜩 품고 신현림이 사진 아래에 문자로 써놓은 시구로 눈길을 옮깁니다. 그러고 나면 마침내 그 여인이 왜 유방을 내놓고 서 있는지를 이해할 수 있게 됩니다. 여기서 이해한 내용을 다시 한 번 말한다면 "백년 전의 조선엔 / 아들 낳은 여인이 유방을 내보이는 / 특이한 풍속이 있었다"는 것입니다. 우리는 여기서 분노, 안타까움, 슬픔, 가엾음 등의 감정이 복합적으로 밀려오는 것을 느낍니다. 이런 복합적인 감정의 한가운데에는 남성 중심 이데올로기에 무자각적으로 맹종하는 한 여인의 초상이 있습니다. 아니, 한 시대의 인간적 초상이 있습니다. 저의 상상은 더 거칠게 발동하여 아들 낳은 전 조선의 여인이 유방을 내놓고 한꺼번에 자랑스럽게(?) 무리지어 서 있는 어처구니없는 풍경이 떠오릅니다.

위 시의 사진 속에 있는 주인공은 분명 여성입니다. 그런데 자신이 여성이면서도 아들 낳은 것에 환호합니다. 여기에는 자기 멸시와 여성 멸시 그리고 아들 혹은 남성 콤플렉스가 똬리를 틀고 들어 있습니다. 인간이란 한편으로 아주 지혜롭고 똑똑한 것 같으면서도 다른 한편으로는 어리석기 짝이 없는 존재라서 어떤 강한 이데올로기에 감염되고 나면 그것의 로봇이 되고 맙니다. 위 사진 속의 여인도 이런 어리석은 인간 군상의 적나라한 한 예입니다.

이 글을 읽고 있는 사람 중에는 여성도 있고 남성도 있을 겁니다. 여러분은 자신이 남성이거나 아들을 갖고 있다 해서 은근히 으스대는 마음이 있습니까? 여러분은 자신이 여성이거나 딸을 갖고 있다 해서 2등 시민처럼 기가 죽어 있습니까? 여러분은 아들을 낳았다고 유방을 내놓을 마음이 있습니까? 여러분은 딸을 낳았다고 젖가슴을 동여매며 자신의 몸을 학대할 만큼 나약합니까? 이런 일을 떠올리면 한숨이 나옵니다.

저는 제가 가르치는 학생들에게 '페미니즘과 문학'이라는 문제에 대하여 강의합니다. 그때마다 많은 학생들이 자기들 세대는 이전 세대와 달리 새로운 세대가 될 거라고 말합니다. 저는 그렇게 되기를 소망합니다. 그러나 이렇게 되기에는 꽤 많은 시간과 노력이 요구됩니다. 몇 해 전이군요. 서울의 어느 초등학교 1학년 신입생의 남녀 비율을 보니까 143 : 106이었습니다. 저는 이 내용을 보고 경악했습니다. 얼른 따져보더라도 37명의 남학생들이 홀아비로 살아야 한다는 결론이 나왔으니까요. 그래서 우스갯소리로 말했습니다. 남녀 비율을 해결하는 데는 몇 가지 방법이 있다, 그런데 요즘 상황으로 봐서 가장 좋은 방법은 남자들을 외국으로 수출하는 것이다, 외환 위기 이후 국가경제가 말이 아닌데 수출을 한다면 일석이조가 아니겠느냐고. 그러나 여기에도 문제가 있습니다. 아시다시피 한국 남성의 남녀평등지수는 세계에서 아주 뒷자리에 있습니다. 이것은 한국의 남자들이 권력을 독점하고 있다는 말인데, 이처럼 권력을 독점하고 군림하는 한국의 남성들을 수출한다면 상품 가치가 아주 떨어질 수밖에 없다는 것은 당연하니까요. 그러면 덤핑이나 하는 수밖에 더 있겠느냐고 저는 농담을 이어갔습니다. 이제 이런 농담을 거두고 진지하게 생각해볼까요. 말할 것도 없이 남녀 성비의 파괴는 생태계 파괴의 제1요인입니다. 아들 자랑하다가 무서운 일을 만나는 것이지요.

저는 페미니즘 문제에 대해 할말이 아주아주 많습니다. 한 학기 강의를 하고도 충분할 정도입니다. 그렇지만 이 자리에서 지면상 그 이야기를 다 할 수는 없습니다. 그래서 이제 시의 본문 속으로 들어가기로 하겠습니다. 신현림은 위 시에서 남성의 노리개가 된, 아니 남성의 노리개가 되기를 스스로 자청한 한 여인의 서글픈 초상에 초점을 맞췄습니다. 그리고 그 여인은 자기 자신보다 아들을 믿고 그로부터 힘을 얻고 있다는 데에 초점을 맞췄습니다. 세상에 그토록 자신감이 없어서 아들을 믿고 살다니…… 아들 낳은 것을 노후 보험

쯤으로 생각한다니…… 아들을 믿고 사는 사람은 자기가 없습니다. 남편을 믿고 사는 사람도 자기가 없습니다. 아버지를 믿고 사는 사람도 자기가 없습니다. 그렇다면 누구를 믿어야 할까요? 바로 자기 자신을 믿어야 합니다. 나를 구원하고 나를 지탱해줄 사람은 나밖에 없지 않습니까?

 아들을 낳은 것 때문에 유방을 내놓고 자랑스러워하는 사진 속의 여인에게 신현림은 냉소를 보냅니다. 그보다 먼저 신현림은 아들 낳고 자랑스러워하도록 조작한 남성과 남성중심주의 이데올로기에 냉소를 보내는군요. 그의 웃음은 분명히 차가운 웃음이고, 그 차가운 웃음 속에는 날카로운 비판의 화살이 숨어 있습니다. 그래서 우리는 신현림의 웃음 앞에서 긴장할 수밖에 없습니다. 그는 다음과 같이 비꼬는 말을 웃음 섞어 내뱉고 있습니다.

  무명 치마저고리 사이에
  여인의 유방이 두 개의 노을처럼 달렸지
  여인의 유방은 혁명의 깃발처럼 펄럭이고
  여인의 유방에서 위풍당당한 행진곡이 흘러나오고
  사방팔방 강가에 조선의 모유가 흘러넘치지

 얼마나 우습습니까. 신현림은 여인의 유방을 "두 개의 노을" "혁명의 깃발" 등으로 비유했고, 여인의 모유를 "위풍당당한 행진곡"으로 비유했습니다. 이 여인은 아들을 낳았기 때문에 무서울 것이 없습니다. 그는 약자에서 강자로 부활한 것입니다. 그는 장엄한 두 개의 노을을 가슴에 달고 있는 것입니다. 그는 혁명에 성공한 사람답게 깃발을 나부끼고 있는 것입니다. 그는 당당한 모습으로 행진곡에

맞춰 축하의 퍼레이드를 열고 있는 것입니다. 그는 아들을 낳음으로써 비로소 인간이 된 것입니다. 아, 그러나 이것은 얼마나 큰 비극인가요. 얼마나 어리석은 인간들의 행태인가요.

지크문트 프로이트 식으로 말한다면 아들을 낳고 당당해 하는 여성은 아들이 음경을 달고 있는 것을 자신이 단 것과 동일시하는 사람입니다. 그는 남자들이 달고 있는 음경을 자신은 달고 있지 못해서 늘상 주눅들어 있었는데 비로소 아들을 통해 그것이 해결된 것입니다. 그에게 아들은 자신의 분신이거나 자신 그 자체입니다. 그러므로 아들을 낳은 어머니는 이제 자신이 여성이었다는 사실로부터 멀어집니다. 그는 반쯤 남성과 마찬가지가 됩니다. 적어도 그는 아들의 것이지만 음경을 달고 있는 것이나 마찬가지라고 생각합니다. 그러므로 아들이 어머니의 품안을 벗어나기 시작하면 어머니는 커다란 상실감에 사로잡힙니다. 그가 달았다고 믿었던(실은 착각이지만) 음경이 자신의 것이 아님을 뒤늦게 깨닫기 시작했기 때문입니다. 더욱이 아들이 결혼해서 아내와 살림이라도 나게 된다면 그는 정말로 심각하게 음경상실증에 시달립니다. 자신의 것으로 믿었던 음경을 며느리에게 빼앗겼다고 여기는 거지요. 참으로 가여운 일입니다. 그러나 가여움은 그 여성의 어리석음에서 옵니다. 다른 한편 이런 일은 참으로 분노를 느끼게 하는 일입니다. 그 여성의 어리석음은 지독한 남성중심주의 혹은 남근중심주의의 결과이기 때문입니다. 그리고 음경을 인간됨의 중심에 두고 남녀 관계를 설명한 프로이트 또한 지독한 남성중심주의자요 남근중심주의자입니다.

그러고 보면 아들을 낳은 것은 하나의 생명을 낳은 것 이상의 그 무엇도 아니라고 보아야 마땅합니다. 아들은 인간의 한 종일 뿐, 결코 여성의 상위에 있는 특수한 존재가 아닙니다. 남성의 음경은 특별히 대단한 것이 아닙니다. 남성의 음경이 힘을 갖는다면, 여성의 음부도 힘이 있습니다. 남성의 음경이 아름답다면 여성의 음부도 아름답습니다. 남녀의 성기는 다 함께 생명 창조의 원천입니다. 그리고 우리를 자연의 세계와 연결시키는 신비한 길입니다.

혹시 저의 이 말을 들으면서 여러분들 가정의 앨범 속이나 안방 벽에 붙어 있는 남자 형제의 벌거벗은 백일 사진이나 돌 사진을 떠올리는 사람이 있을지 모르겠습니다. 지금은 조금 달라졌지만 얼마 전까지만 해도 남자 아이의 백일 사진이나 돌 사진은 음경을 자랑스럽게 드러낸 벌거숭이 그대로의 사진이었고, 여자 아이의 백일 사진이나 돌 사진은 반드시 아랫도리를 입힌 채 얌전히 앉아 있는 모습이었습니다. 이것이야말로 자랑스러운(?) 남자의 성기와 부끄러운(?) 여자의 성기를 대비시킨 하나의 실례이겠지요.

신현림은 우리가 다루고 있는 시 〈아들 자랑〉 속에 나오는 여성의 저 기막힌 삶 앞에서 남성중심주의 이데올로기와 그에 예속된 여성들의 삶을 한꺼번에 꼬집습니다. 제발 좀 정신 차리는 것이 어떠냐고, 신현림은 말합니다. 남성은 가학의 삶을, 여성은 자학의 삶을 살고 있으니 그 본질을 꿰뚫어보지 않겠느냐고, 신현림은 말하는 것입니다. 아들을 통해, 또는 자식을 통해 인간이 되고 자신의 생을 보상받겠다는 태도야말로 유치하고 미숙한 태도가 아니냐고, 그는 말하는 것입니다.

그런데 신현림은 위 시의 제2연에서 앞의 제1연에서와는 다른 분위기로 시를 이끌어갑니다. 그는 이곳에서 딸의 탄생을 한껏 축하하고 그 딸들의 미래에 기대를 겁니다. 아들을 낳고 유방을 내놓았듯이 딸을 낳고도 유방을 내놓을 수 있는 시대가 올 것이라고 그는 기대합니다. 다시 말하면 아들을 낳았다고 유방을 내놓을 필요도 없으며 딸을 낳았다고 역시 유방을 조여맬 필요도 없는 시대가 올 것이라고 기대하는 것입니다. 아들을 낳았든 딸을 낳았든, 그 모든 일은 다 신성한 생명을 낳았다는 행위이니까요.

그런데 이 제2연을 읽어가다 보면 아주 재미있는 표현이 나옵니다. 신현림은 여성의 유방을 "두 개의 우주"라고 표현하였습니다. 여러분들은 여성의 유방이 우주라는 사실에 동의할 수 있습니까. 어색한 비유라고요. 그러나 저는 동의할 수 있습니다. 여성의 유방은 자녀의 생명을 자신의 생명과 연결시키는 곳인 동시에 자녀의 생명을 키워내는 원천이기 때문입니다. 그런 점에서 여성의 유방은 참으로 풍요롭고 아름답습니다.

이렇게 본다면 우주를 몸에 달고 있는 사람이 바로 여성입니다. 여성은 그 스스로 품고 있는 우주 속에서 생명을 잉태하고 키우는 것입니다. 따라서 딸을 낳는 것이야말로 우주를 몸에 품고 있는 한 인간을 낳는 최대의 사건일 수 있습니다. 그 대사건을 제대로 인식하고 인정하는 시대가 올 것이며, 그때가 되면 이 대사건 앞에서 사람들은 환희의 춤을 추며 그의 탄생을 축하할 것이라고 신현림은 기대합니다.

저도 한때는 제가 여성이라는 것에 대하여 불만을 품은 적이 있었습니다. 그러나 이제 저는 제가 여성이라는 것에 대단한 만족감과 감사의 마음까지 가질 때가 많습니다. 여성으로서, 여성의 몸으로서 체험하고 창조할 수 있는 세계란 남성의 그것보다 윗길에 있다는 것을 느낄 때가 아주 많으니까요.

신현림의 〈아들 자랑〉을 읽어가다 '딸 자랑'과 '여자 자랑'을 하게 되었군요. 의도적으로 딸 자랑을 할 필요는 없겠지만 여자로서 만족감과 자부심을 느낀다는 것은 참으로 중요한 일이지요.

### 황인숙

말의 힘

## 말의 힘을 느껴보세요

1958년 서울에서 태어났으며,

1984년 『경향신문』 신춘문예를 통해

등단했다.

시집으로

《새는 하늘을 자유롭게 풀어놓고》

《슬픔이 나를 깨운다》《우리는 철새처럼 만났다》

《나의 침울한, 소중한 이여》

등이 있다.

## 말의 힘

### 황인숙

기분 좋은 말을 생각해보자.
파랗다. 하얗다. 깨끗하다. 싱그럽다.
신선하다. 짜릿하다. 후련하다.
기분 좋은 말을 소리내보자.
시원하다. 달콤하다. 아늑하다. 아이스크림.
얼음. 바람. 아아아. 사랑하는. 소중한. 달린다.
비!
머릿속에 가득 기분 좋은
느낌표를 밟아보자.
느낌표들을 밟아보자. 만져보자. 핥아보자.
깨물어보자. 맞아보자. 터뜨려보자!

**황인숙** 시인은 우리 시단에서 감각이 가장 발달한 시인입니다. 이게 무슨 말인지 궁금하실 겁니다. 인간의 인지 영역을 감각, 감성, 이성의 세 영역으로 나눈다면 황인숙 시인은 그중에서도 감각 쪽이 예민하게 그리고 유연하게 발달한 시인이라는 뜻입니다. 저의 설명이 미진하다고 느끼실지 모르겠습니다. 하긴 저도 이렇게 말해놓고 나니 뭔가 미진하다는 생각이 드는군요. 그러니까 조금 더 설명을 해야 함은 너무나도 당연한 일이 되었습니다. 인간 일반은 물론 감성이 잘 발달되었다고 말하는 시인들도, 실제로 보면 감각, 감성, 이성의 세 영역 중 어느 한 부분이 특별히 발달된 것을 볼 수 있어요. 따라서 시인들은 그들의 발달 영역에 따라 이성이 발달한 시인은 형이상학적 탐색에, 감성이 발달한 시인은 심정적 표출에, 감각이 발달한 시인은 사물과 관념과 심정의 감각화에 남달리 뛰어난 모습을 보여주지요.

　감각이 발달한 시인은 아주 작은 것에도 예민합니다. 그를 스치면 모든 것이 감각화됩니다. 이처럼 모든 것이 감각화된다는 것은 그가 모든 것을 우리로 하여금 몸각으로 느끼게끔 만든다는 것이지요. 몸각이라는 말이 조금 어색하기는 하나, 이 말을 구체적인 몸의 감각이라고 이해하면 좋을 것 같습니다. 지금까지 우리 시대는 형이상성과 이념성을 존중하는 대신 감성과 감각의 비중은 낮은 것으로 평가했습니다. 특히 감각의 비중은 감성보다도 더 낮은 것으로 여겼습니다. 심장은 언제나 머리 앞에서 쩔쩔맸습니다. 손과 발 역시 두뇌 앞에서 쩔쩔맸습니다. 그래서 지식은 감성 위에, 관념은 감각 위에 군림했습니다. 일면 그럴 만한 시대적 요청이 있었겠지요.

그러나 이제 저는 그렇게 생각해서는 곤란한 시점에 왔다고 생각합니다. 이성과 감성 그리고 감각의 값은 대등합니다. 이들은 분리되어 있으면서 또한 통합되어 있습니다. 굳이 인식의 순서를 매기자면 저는 이성보다 감성이, 감성보다 감각이 앞선다고 말하는 것이 더욱 타당하다고 봅니다. 감각은 이제 명예를 복권할 때가 왔습니다. '감각적'이라는 말을 우리는 나쁜 뜻으로 쓸 때가 많았습니다. 그러나 감각은 인간이 살아 있다는 확실한 징표입니다. 우리는 감각을 통하여 세계를 읽습니다. 세계를 감각적으로 읽을 때만이 세계를 살아 있는 것으로 받아들일 수 있습니다. 감각은 변덕스럽지만 정직합니다. 감각은 순간적이지만 강하게 각인됩니다.

우리가 사용하는 말은 기호로서 추상성을 갖고 있습니다. 그러나 말이 원래부터 추상적이었다고 생각하는 것은 곤란합니다. 아마도 사람들은 그들이 만들어낸 말 속에 가장 감각적인 실감을 넣어보려고 애썼을 겁니다. 눈에 밟히듯, 살에 와 닿듯, 그들의 말을 만들고, 또 그 말들로부터 그런 느낌을 받고자 했을 겁니다.

그러나 말은 시간의 흐름 속을 흐르는 동안, 수많은 사람들의 욕망에 지배당하는 동안, 그들이 지니고 있던 생생한 감각적 실감을 잃고 마른 종이 껍질같이 삭막한 기호로 변해갔을 것입니다. 언어의 추상화, 언어의 도구화, 언어의 물건화가 진행된 것이지요.

이제 사람들은 말을 부립니다. 그들은 아무렇게나 말을 다룹니다. 그들은 말을 기계적으로 사용합니다. 그들은 말을 개념 정의해서 사전에 넣어버렸습니다. 그들은 말을 느끼지 말고 외우라고 강요합니다.

그러나 아직도 말의 아래쪽에 가만히 손을 밀어넣어보면, 아니 그 말들의 볼에 가만히 우리의 볼을 갖다 대보면 말 속에 숨어 있는 감각이 느껴집니다. 그 말 속에서 냄새가 납니다. 그 말 속에서 소리가 납니다. 그 말 속에서 무엇인가가 보입니다. 그 말 속에서 맛이 나옵니다. 그 말 속에서 살이 만져집니다. 말은 아직도 그들만의 몸 속에 그들만의 감각을 숨겨놓고 있는 것입니다.

그래서인지 말은 '힘'을 갖고 있습니다. 그 힘은 신비할 정도입니다. 그 힘에 사람이 지배당합니다. 사람이 말을 부리는 게 아니라 말이 사람을 부립니다. 말이 살아 있다는 느낌이 생생하게 전해온다고나 할까요?

황인숙 시인은 말의 이런 감각적 실감을 아주 잘 살려내는 시인입니다. 그래서 우리는 그의 시를 읽는 동안 감각의 매력 혹은 마력이라고 할 만한 것을 느낍니다. 언어를 통해 우리의 시들였던 감각뿐만 아니라 언어 자체의 시들였던 감각을 생생하게 살려내는 시인, 그가 바로 황인숙인 것입니다.

그의 시 한 편을 이런 맥락에서 읽어보기로 하겠습니다. 시의 제목은 '말의 힘'인데 이 시는 그의 최근 시집 《나의 침울한, 소중한 이여》 속에 들어 있습니다.

기분 좋은 말을 생각해보자.
파랗다. 하얗다. 깨끗하다. 싱그럽다.
신선하다. 짜릿하다. 후련하다.
기분 좋은 말을 소리내보자.
시원하다. 달콤하다. 아늑하다. 아이스크림.
얼음. 바람. 아아아. 사랑하는. 소중한. 달린다.
비!
머릿속에 가득 기분 좋은

느낌표를 밟아보자.

느낌표들을 밟아보자. 만져보자. 핥아보자.

깨물어보자. 맞아보자. 터뜨려보자!

— 〈말의 힘〉 전문

　앞에서 말씀드렸듯이 이 시의 제목은 '말의 힘'입니다. 말이 힘을 가지고 있다는 전제 아래, 그 말의 힘을 좋은 방향으로 사용해보자는 뜻이 위 시 속에 들어 있습니다. 황인숙은 이처럼 말이 힘을 갖고 있다는 걸 아는 시인입니다. 시인치고 누가 말의 힘을 모르겠습니까마는, 그가 살려내는 말의 감각적인 힘을 살펴보면 황인숙이야말로 남다르게 말의 힘을 아는 시인이라고 말할 수 있습니다.

　그는 자신의 시 〈말의 힘〉에서 우리에게 "기분 좋은 말을 생각해보자"고 제안해옵니다. 살기가 힘들다고 느꼈나 봅니다. 그만이 아니라 우리 모두가 이 세상에서 사는 일이 힘들다는 생각에 이르렀나 봅니다. 어떻게 해서든 이렇듯 힘든 세상에서 힘을 얻어야 하겠다고 생각하였나 봅니다. 밥을 먹고도 힘을 얻을 수 있지만, 종이 위의 말로도 힘을 얻을 수 있다고 생각하였나 봅니다. 그는 힘을 내게 할 수 있다고 생각한 말들을 우리에게 제시했습니다.

　어디 그가 제시한 말들을 만나보면서 우리가 어떻게 달라지는지 기다려볼까요? 그럼 제가 대신해서 황인숙 시인이 제시한 말들을 큰 소리로 발음해보겠습니다. 여러분들도 그 말을 발음해보면서 한 번 그 말들의 느낌에 대하여 생각해보십시오.

\* 파랗다

\* 하얗다

* 깨끗하다
* 싱그럽다
* 신선하다
* 짜릿하다
* 후련하다

무슨 생각을 하셨습니까? 무슨 상상을 하셨습니까? 무슨 몽상을 하셨습니까? 우선 '파랗다'는 말을 발음하며 무엇을 떠올리고 느끼셨습니까? 파란 하늘을, 파란 바다를, 파란 풍선을, 파란 우산을, 파란 사랑을, 파란 지붕을, 파란 물감을…… 아, 여기서 여러분은 그 무엇을 상상하셔도 좋습니다. 그것은 여러분의 내밀한 삶과 관련된 부분이니까요. 황인숙 시인은 우리에게 기분 좋은 말을 많이 제시했습니다. 그러나 이 말을 여기서 다 논의하기 어려우니까 한 가지 말만 더 선택해서 함께 이야기를 나누어보기로 하겠습니다. 이번에는 '싱그럽다'는 말을 택하기로 하겠습니다. 자, 한번 이 말을 발음하면서 여러분들의 마음속에 떠오르는 것들을 말해보세요. 싱그러운 오이, 싱그러운 아침, 싱그러운 웃음, 싱그러운 몸짓, 싱그러운 풀잎, 싱그러운 키스, 싱그러운 농담, 싱그러운 정원, 싱그러운 들길, 싱그러운 바람…… 역시 많은 것들이 떠오르는군요. 그리고 이런 행위를 통하여 우리의 기분은 싱그럽게 살아오르는군요. 말의 힘이 실감나는 순간입니다. 말의 마력이 느껴지는 시간입니다.

황인숙이 그의 시 〈말의 힘〉에서 제시한 다른 '기분 좋은' 말들을 적어볼까요?

* 시원하다

* 달콤하다
* 아늑하다
* 아이스크림
* 얼음
* 바람
* 아아아
* 사랑하는
* 소중한
* 달린다
* 비

여러분들은 어느 말에 가장 매력을 느끼십니까? 저는 왠지 '아늑하다'는 말에 마음이 가는군요. '아늑한' 세계만큼 좋은 것이 또 있겠어요? 아늑한 이불 속, 아늑한 품안, 아늑한 찻집, 아늑한 동굴, 아늑한 풍경, 아늑한 노을, 아늑한 어둠, 아늑한 불빛…… 이런 것들을 한없이 생각해낼 수 있겠지요. 이런 것들을 생각하고 상상하고 말하는 순간, 우리는 참으로 '아늑해지는' 느낌 속으로 빠져듭니다. 거칠고 험한 세상을 잠시 잊은 듯합니다. 거칠고 험한 세상 너머에 쉴 만한 땅이 남아 있는 듯합니다. 여러분은 황인숙 시인의 어느 말에 끌립니까? '아아아'라고요? 물론 이것은 제 짐작입니다만, 이 미완성의 의성어도 제 마음에 듭니다. 더 이상의 설명이나 묘사가 필요하지 않은 의성어의 세계야말로 진짜 맨몸 그대로의 솔직한 세계가 아니겠어요? 어떻게 감탄의 말을 전할 수 없을 때, 우리는 '아아아'라고 말하면 됩니다. 어떻게 기쁨의 말을 표현할 수 없을 때, 역시 '아아아'라고 소리내면 됩니다. 어떻게 사랑의 마음을 전달할 수 없을 때, 또한 '아아아'라고 소리치면 됩니다. 밝은 색조의 양성으로만 이루어진 소리 '아아아', 한 살짜리 어린아이도 말할 수 있는 소리 '아아아', 한마디로 부족해서 세 번씩이나 반복한 소리 '아아아', 이 소리 앞에서 우리는 '기분 좋은' 느낌이 됩니다. 다 같이, 아니면 혼자서라도 '아아아'라고 소리내어봅시다.

이와 같이 황인숙 시인은 우리에게 여러 가지 '기분 좋은' 말들을 불러주었습니다. 그런데 진짜 중요한 것은 시의 맨 뒷부분에 있습니다. 그는 이곳에서, 자신이 불러준 '기분 좋은' 말들을 "밟아보자"고, "만져보자"고, "핥아보자"고, "깨물어보자"고, "맞아보자"고, "터뜨려보자"고 제안합니다. 황인숙 시인이 해보자고 제안한 이 말들의 특징이 무엇인지 알 수 있겠습니까? 제가 앞에서 말씀드린 바 있는데, 아마도 몸의 감각이 발달한 사람은 금방 눈치채셨을 거라 생각합니다. 황인숙 시인이 제안한 말들은 모두 '몸각'(몸의 감각)의 언어들입니다. 그는 우리들에게 자신이 제안한 기분 좋은 말들을 몸으로 깊이 체득(體得)하라고 말한 것입니다. 기분 좋은 말들을 밟아보고, 만져보고, 핥아보고, 깨물어보고, (그 말로부터) 맞아보고, 터뜨려보고 할 때, 비로소 그 말들이 살아서 우리의 몸 속에 생생하게 들어온다는 것입니다. 이것을 두고 말의 몸각화, 아니면 말의 생명화라고 부를 수 있을 것입니다.

말은 힘을 가지고 있습니다. 그런데 그 말의 힘은 외우는 데 있지 않고 몸각화하는 데 있습니다. 그 말들에서 향기를, 촉감을, 색깔을 볼 수 있을 때, 그리고 그 말들과 몸으로 깊숙이 교감할 수 있을 때, 비로소 그 말들은 살아 있는 힘을 갖게 됩니다.

이 글을 쓰면서 갑자기 〈늑대와 함께 춤을〉이라는 영화가 떠오릅니다. 이 영화의 배경을 이루는 인디언들의 이름 때문입니다. 그들의 이름은 우리들의 추상적인 이름과 달리 참으로 감각적입니다. 예를 들면 '주먹 쥐고 일어서' '늑대와 함께 춤을'과 같이 이름이 직접 우리의 몸각으로 스며옵니다. 그들의 이름을 대하노라면 진정 살아 있는 존재를 만나는 것 같습니다. 어쩌면 이름의 추상화가 이루어졌다는 것은 그만큼 당대 사회가 명분과 형식을 존중하게 되었다는 걸 의미하는지도 모르죠.

어쨌든 저는 이 시대 사람들의 죽어 있는 감각을 살려내고 싶습니다. 무엇인가를 머리로 알기 이전에 몸으로 느끼게끔 하고 싶습니다. 외운 지식은 개념화 혹은 추상화된 세계라서 시험만 보고 나면 잊어버리고 말지만 몸각으로 체득하고 느낀 세계는 영원히 우리의 몸 속에 살아 있습니다.

말이 죽었다는 것은 말이 추상화의 극치를 이루었다는 의미일 수 있습니다. 황인숙 시인이 그의 시에서 권유하듯, 우리 한번 말을 '밟아봅시다' '만져봅시다' '핥아봅시다' '깨물어봅시다' (말로부터) 맞아봅시다' '터뜨려봅시다'. 그러면 말이 살고 우리의 몸이 살아날 것입니다.

그리고 기분이 울적한 날이 되면, 황인숙 시인이 그의 시 〈말의 힘〉에서 '기분 좋은' 말들이라고 우리에게 알려준 말들을 상상하고, 생각하고, 소리내어 발음하며 그 세계 속으로 들어가봅시다. 갑자기 몸의 저 밑바닥으로부터, 우리의 전 존재가 서서히 두터운 흙 속에서 깨어나는 봄의 꽃들처럼, 밝게 피어날 것입니다.